译文经典

空间的诗学

La Poétique de l'Espace

Gaston Bachelard

〔法〕加斯东 · 巴什拉 著

张逸婧 译

上海译文出版社

目 录

引　言

I

一个哲学家，如果他的整个思想都是围绕科学哲学的基本问题而形成的，并且曾一度如此坚定不移地追随主动的理性主义，即当代科学中日益兴盛的那种理性主义，那么当他想要研究诗歌想象力所提出的各种问题时，就必须忘掉他的知识，摆脱他所有的哲学研究习惯。在此，教育背景变得无关紧要；在推理和建构思想上所花费的日积月累的努力也是收效甚微。他应该做的是到场，在形象出现的那一刻来到形象面前：如果说有一种诗的哲学，这种哲学必须诞生又再生于关键诗句出现之际，对独特形象的彻底认同之中，更确切地说，对形象新颖性的忘我陶醉之中。诗歌形象是心理现象中突然出现的异常，在种种附属的心理学因果性中没有得到充分研究的一种异常。同样也没有任何普遍并且融贯的理论能够充当诗的哲学的基础。原则的概念或“基础”

的概念在这里可能是破坏性的。它妨碍了最重要的现实，即诗最重要的心理上的新颖性。那种在长期形成的科学思维方式的基础上进行的哲学思考会要求把新观念纳入已经过检验的观念体系中去，即使那个新观念会迫使整个观念体系发生深刻的重组，就像当代科学中的所有革命一样。与此相反，诗的哲学必须承认，诗歌创作行为没有过去，至少没有紧密相连的过去可以让人追踪它酝酿和完成的过程。

下面我将要提到新颖的诗歌形象和沉睡在无意识深处的原型之间的关系，首先我必须说明这个关系严格说来不是因果关系。诗歌形象不依靠推动。它不是过去的回声。恰恰相反，正是由于形象的突然巨响，遥远的过去才传来回声，而我们并不能看到这些回声将在多远的地方反射和消失。诗歌形象在其新颖性和主动性中具有一种特有的存在，一种特有的活力。它属于一种直接的存在论（*ontologie directe*）。我要研究的正是这样一种存在论。

因此，往往正是和因果性相反，在闵可夫斯基(Minkowski)[1]细心研究过的回响（*retentissement*）之中，

① 参见闵可夫斯基：《走向宇宙论》，第九章。[闵可夫斯基（1885—1972），法国精神分析学家，受柏格森的“生命冲动”概念启发，即生命的本质是一种参与到滚滚向前的洪流中去的感受，这种感受必须首先表现为时间，其次才表现为空间。由此闵可夫斯基选择了他称之为听觉隐喻的“回响”，因为声音同时浓缩了时间与空间。——译者]

可以认为我们找到了诗歌形象的真正存在形式。在这回响之中，诗歌形象将获得一种存在的音色。诗人在存在的门槛处言说。为了确定一个形象的存在，我们必须以闵可夫斯基现象学的方式，去考察它的回响。

声称诗歌形象不受因果性的支配，这无疑是一个严肃的宣告。可是，心理学家和精神分析学家所提出的原因从来都不能很好地解释新形象所具有的确实出人意料的特征，也不能解释新形象在另一个处于其产生过程之外的灵魂中所激起的认同。诗人并没有为我提供他的形象的过去，然而他的形象却立刻在我心里生了根。奇特形象的可交流性是一个具有重要存在论意义的事实。稍后我们将探讨这种由一些短暂的、独特的、主动的行为所构成的共同体。形象引发一些东西，但这只是在事后，形象并不是引发过程本身的现象。当然，我们能在心理学研究中采用精神分析方法来确定一个诗人的性格，这样我们就能找到诗人在他的生命历程中所必然经受过的压力的程度，特别是压抑的程度。但是诗歌创作行为、突然产生的形象、在想象力中存在的爆发，都不是这类研究力所能及的。为了从哲学上阐明诗歌形象这一问题，必须远离这种研究，来到想象力的现象学。我们把想象力的现象学理解为对诗歌形象这一现象的研究：当形象在意识中浮现，作为心灵、灵魂、人的存在的直接产物，在它的现实性中被把握。

II

或许有人会问，为什么我改变了先前的观点，从现在起寻求形象的现象学规定。实际上，在以往关于想象力的研究中，我曾以为恰当的做法是尽可能客观地置身于物质四元素的形象面前，也就是直观宇宙起源论所包含的四个本原的形象。[①]由于坚持我作为科学哲学家的研究习惯，我已经尝试过避免任何个人化阐释的企图来考察形象。这一方法固然具有科学上的严谨性，但我渐渐地发现它不足以建立起一种关于想象力的形而上学。光有“严谨”的态度，这不等于是拒绝服从形象的直接动力吗？我还估量了摆脱这种“严谨性”的难度。声称放弃原有的认知习惯，这是一个轻而易举的宣告，但如何做到呢？对一个理性主义者来说，这里有一个每天发生的微小冲突，也可以说是思想的双重人格：不论对象——一个单纯的形象是多么不完整，思想所产生的心理回响却丝毫不减其轰然巨大。然而这个理性主义者的微小冲

① “物质四元素”是指火、水、气、土，它们来自古希腊前苏格拉底哲学家的“直观宇宙起源论”。巴什拉（Bachelard）在对想象力进行精神分析学研究时发现，在诗歌想象的领域中，人抛弃对世界的认识论态度或实用态度，从而遇见物质最原始的形象，即元素的形象。参见巴什拉关于“元素精神分析学”的系列著作：《火的精神分析》（*La psychanalyse du feu*，1938），《水与梦》（*L'eau et les rêves. Essai sur l'imagination de la matière*，1942），《气与梦》（*L'air et les songes*，1943），《土地与意志的梦想》（*La terre et les rêveries de la volonté*，1948）和《土地与静息的梦想》（*La terre et les rêveries du repos*，1948）。——译者

突，这个仅仅出现在新形象问题上的冲突，却包含着想象力现象学的全部悖论：一个往往非常奇特的形象如何能够作为全部心理活动的浓缩而出现？还有，一个奇特的诗歌形象的出现，这一奇特而稍纵即逝的事件，如何能够在毫无准备的情况下在别的灵魂、别的心灵中引起反应，而这一切又完全不受制于任何常识所形成的障碍，不受制于任何不求改变的理性思维？

因此在我看来，形象的跨主体性（transsubjectivité）在本质上不能仅以对象性指称的习惯方式来理解。只有现象学，即在个体的意识之中考察*形象的起源*，才能帮助我们重建形象的主体性并衡量形象的跨主体性的范围、力量和意义。这些主体性和跨主体性不是都能够一次性就被确定的。诗歌形象在根本上是*变动的*，而不像概念那样是*建构的*。毫无疑问，要从形象千变万化的细节中抽离出诗歌想象力的突变行为，这是一项艰巨的任务，尽管有些单调。对于诗的读者，呼吁一门名为现象学的学说（虽然这个名称常常被误解）很可能得不到理解。不过，脱离一切学说来看，这个呼吁是很明白的：我们要求诗的读者不要把形象当作对象，更不要当作对象的替代物，而是把握它的特殊实在。为了做到这一点，必须系统地结合意识给予行为和意识最昙花一现的产物：诗歌形象。在诗歌形象这一层面上，主客二分被重新划分，彼此映射，不停地来回颠倒。在诗人创造诗歌形象的领域里，如果我们敢于谈起现象学的话，这是一种微观的现象学。就这一方面来说，这种现象学有可能成为严格的基础。一个是纯粹但转瞬即逝的主体性，一个是不必然形成完整构造的实在性，在它们之间经由形象建立起来的联合中，现象学家发现了一个充满无数经验的领域。他得益于多种观察，观察可以做到很精确，因为它很简单，“不强调结果”，不像科学思维那样，因为科学思维总是推理的。形象就其简单性而言，它不需要认知。它是朴素意识的财富。就其表述而言，形象是新生的语言。由于诗人所创造的形象的新颖性，诗人永远是语言的源泉。为了明确形象的现象学到底是什么，为了明确形象先于思想，必须这样说，诗歌与其说是精神的现象学，不如说是灵魂的现象学。因此我们应该收集有关梦想意识的文献。

当今的法语哲学——更不用说心理学——几乎都不再运用灵魂（âme）与精神（esprit）这两个词的二分。在这一点上，两门学科都忽视了鲜明地区分了“*Geist*”（精神）和“*Seele*”（灵魂）的德国哲学中十分常见的一些主题。但是，既然一种诗歌哲学要囊括词汇的全部力量，它就不能简化任何东西，僵化任何东西。对这样一种哲学来说，精神和灵魂不是同义词。如果把它们当作同义词，那么就会妨碍对一些珍贵篇章的翻译，就会曲解形象考古学所发掘出来的文献。灵魂是一个不朽的词。它在有些诗中是不可磨灭的。它是一个表示气息的词。[①]一个词在发音上的重要性，仅此一点就足以引起研究诗歌的现象学家的注意。从诗歌的角度来说，可以坚信灵魂开创了整首诗。因此与灵魂相对应的诗歌文献应该接受我们的现象学考察。

在绘画领域中，作品的实现似乎包含着一些精神做出的决定，而精神的决定又受到感官世界的约束，对此灵魂的现象学能够揭示作品的初创过程。勒内·于热（René Huyghe）[②]在他为乔治·鲁奥（Georges Rouault）[③]在阿尔比（Albi）的作品展所作的精彩序言中写道："如果要寻找鲁奥是从何处打破规定的……或许我们应该提起一个快要被废弃不用的词，它叫做灵魂。"勒内·于热还说，为了理解、感受和喜爱鲁奥的作品，"必须把自己投到中心、内心、圆心中去，在那里一切都获得了源头和意义：正是在那里我们找回了那个被遗忘或者说被抛弃的词，灵魂"。鲁奥的画证明，灵魂具有一种内部光线，"内部视觉"认识这种光线，并且在色彩绚丽的、阳光照耀的世界中将它转化出来。于是，那些想要在喜爱的同时理解鲁奥的画的人，就需要对各种心理学观点进行一次真正意义上的颠覆。他必须加入到内部光线之

---

① 夏尔·诺迪埃（Charles Nodier）：《法语拟声词推断词典》，巴黎，1828年，第46页。"几乎在所有的民族那里，各种表示灵魂的词都不外是气息的变形和呼吸的拟声词。"

② 勒内·于热（1906—1997），法国艺术史学家。——译者

③ 乔治·鲁奥（1871—1958），法国雕塑家、画家。——译者

中，内部光线并非外部世界光线的反射；毫无疑问，内部视觉、内部光线这些用语常常太容易遭到反驳。但此处是画家，光线的制造者在发言。他懂得光从哪个源头出发。他体会到红色激情的内在意义。在这样一幅画的中心，有一个灵魂在斗争。野兽派绘画是内心深处的。这样一幅画是灵魂的现象。作品必须救赎一个受激情折磨的灵魂。

勒内·于热的话让我坚定了一个信念，这就是谈论灵魂的现象学是有意义的。在许多情况下，我们必须承认诗歌是灵魂的初创活动。与灵魂相结合的意识比起与精神现象相结合的意识来更为放松而更少意向化。诗歌中显露出某些力量，它们不经过知识的回路。当我们考虑到灵魂和精神这两极时，灵感和天赋的辩证法就变得清楚了。我认为，对于研究诗歌形象这类现象，尤其是对于追踪诗歌形象从梦想到实现的演变过程来说，灵魂和精神，包括它们之间的各种细微差别，两者缺一不可。并且，我将以灵魂现象学的方式，在另一部著作[①]中研究诗歌梦想。梦想（rêverie）本身是一个经常被人和睡梦混为一谈的心理结构。然而，一旦牵涉到一个诗歌梦想，一个不仅自得其乐而且为其他灵魂提供诗意享受的梦想，我们就知道自己不再处于半梦半醒的状态之中。精

① 继《空间的诗学》之后，巴什拉又发表了《梦想的诗学》（*La poétique de la rêverie*，1961）。中译本参见巴什拉：《梦想的诗学》，刘自强译，北京：三联书店，1996年。——译者

神可能经历一种松弛，但在诗歌梦想中，灵魂清醒着，但并不紧张，既放松又活跃。为了作一首完整无缺且结构工致的诗，精神必须预先构思，打好草稿。而对一个简单的诗歌形象来说，没有什么草稿，只需要灵魂的运动。通过一个诗歌形象，灵魂说出自己的在场。

一位诗人以如下的话十分清楚地提出了关于灵魂的现象学问题。皮埃尔-让·茹弗（Pierre-Jean Jouve）写道："诗是开创形式的灵魂。"[①]灵魂标志开端。它是原初的力量。它是人类的尊严。即使"形式"已经在"约定俗成"中被认识、被感知、被塑造，在受诗的内部光线照亮以前它只不过是精神的单纯对象。而灵魂将会开创形式，居住其中，怡然自得。因此皮埃尔-让·茹弗的话可以作为灵魂现象学的清晰准则。

III

既然关于诗歌的现象学探索宣称要进行到如此深入，它就必须借助方法论的约束，超越情感的共鸣，虽然我们正是伴随着这种或多或少丰富的共鸣而接受一件艺术作品的，不论这种丰富性是在我们自身之中还是在诗作之中。正是在这

① 皮埃尔-让·茹弗：《镜中》，法国水星出版社，第 11 页。[皮埃尔-让·茹弗（1887—1976），法国诗人，其作品混合了基督教和弗洛伊德主义。——译者]

个地方，共鸣和回响在现象学上的同源异义才得以彰显。共鸣散布于我们在世生活的各个方面，而回响召唤我们深入我们自己的生存。在共鸣中，我们听见诗；在回响中，我们言说诗，诗成了我们自己的。回响实现了存在的转移。仿佛诗人的存在成了我们的存在。因此共鸣的多样性来自回响的存在统一性。说得更简单些，在此我们触及了一个所有热爱诗歌的读者都有所体会的印象：诗将我们整个地抓住。存在被诗所抓住，这一动作有一个清晰的现象学标记。诗的丰沛（exubérance）和深度（profondeur）总是共鸣和回响这对同源异义词的现象。仿佛诗以其丰沛在我们心中重新激发了层层深度。为了思考诗的心理学行为，就应该沿着现象学分析的两个方向，朝向精神的丰沛和灵魂的深度。

毫无疑问——能否这样说？——尽管回响这个名词是派生的，它却有一个简单的现象学特征出现在我们想要研究的诗歌想象力的各个领域中。实际上它关系到凭借单个诗歌形象的回响来引发甚至是在读者灵魂中的诗歌创造力的真正苏醒。由于诗歌形象的新颖性，它震撼了整个语言活动。诗歌形象把我们置于言说的存在（l'être parlant）的起源。

通过回响，在一下子超越一切心理学和精神分析学的同时，我们感觉到一种诗的力量在我们心中朴素地涌起。正是在回响之后我们才能够感受到共鸣、情感的反射、往昔的忆起。然而形象在感动表面之前已经触动了内心深处。这在读者的一次普通经历中就能真实体会到。对诗的阅读所提供给我们的形象确确实实变成了我们自己的。诗歌形象在我们心中生了根。我们接受了它，但我们获得新生，就好像我们本来就可以创造它，我们本来就应该创造它一样。它变成我们的语言的一个新存在，它通过把我们变成它所表达的东西从而表达我们，换句话说，它既是表达的生成，又是我们的存在的生成。在这里，表达创造存在。

这最后一点规定了我所研究的存在论的层面。总的来说，我认为人身上为人所特有的全部东西就是逻各斯（logos）。我们无法在一个语言之外的领域进行沉思。即使这一论点看起来缺乏存在论深度，人们也应该同意，至少把它看作一个研究工作的假设，适合于我们对诗歌想象力所做的探究。

因此，诗歌形象作为逻各斯的事件对我们每个个人来说是创新性的。我们再也不把它当作“对象”看待。我们感到批评所持的“客观性”态度窒息了“回响”，从原则上缺乏原初的诗歌现象所由以出发的那个深度。对心理学家而言，他被共鸣震聋了耳朵，只想不停地描述他的感情。至于精神分析学家，他丢掉了回响，只知道忙于解开各种解释的乱麻。由于方法上的注定缺陷，精神分析学家把形象理智化了。他对形象的理解比心理学家要深刻一些。然而，确切地说，他是在“理解”（comprend）形象。在精神分析学家那里，诗歌形象总是有一个背景。在解释形象的时候，他把形象翻译为不同于诗的逻各斯的另一种语言。因此再没有比这更恰如其分的说法了："翻译就是背叛。"

在接受一个新的诗歌形象之时，我们体会到它的主体间性（intersubjectivité）价值。我们知道，我们将重新说出它，以此来传递我们的情感。从灵魂之间的相互过渡这方面来考虑，我们看到诗歌形象不属于因果关系的研究。因果性较弱的学说如心理学，以及因果性较强的学说如精神分析学，都不能确定诗的存在论：对于一个诗歌形象来说，没有任何东西是它的铺垫，尤其不是文学模式中的文化，或者心理学模式中的知觉。

所以我们总是得到同一个结论：诗歌形象的本质新颖性提出了一个问题，即言说的存在的创造性问题。由于这种创造性，想象的意识发现自己非常简单、非常纯粹地成了起源。关于诗歌想象力的现象学在研究想象力时所要做的，就是致力于找出各种各样诗歌形象的起源价值。

IV

由于我们以这种方式把探索限制在诗歌形象从纯粹想象力出发的起源处，我们就把作为多个形象之组合的诗歌写作暂且放在了一边。在诗歌写作中有复杂的心理学因素的介入，这些因素将多少有些久远的文化和某一时代的文学理想联系起来，所有这些组成部分都是一门完整的现象学无疑应当设想的。然而，如此庞大的一个计划很可能损害现象学观察的纯粹性，这些观察一定是最基础的，是我们想要在此展示的。真正的现象学应当始终做到谦虚。由此看来，哪怕仅仅提到阅读的现象学力量，也就是使读者在阅读形象的层面上成为诗人的力量，都已经沾染了些微的傲气。我们很容易有一种不谦虚的态度，以为个人拥有阅读的力量，这一力量重新找到并体验涉及整首诗的有组织的、完整的创造力量。我们更不能指望达到一种支配整个作品的综合性现象学，而有些精神分析学家以为这是可能的。因此我们只是在分离出来的形象这一层面上才能进行现象学的“回响”。

然而，恰恰是这一丁点的傲气，这不起眼的傲气，普通阅读中所带有的傲气，这一在独自阅读中养成的傲气，如果保持它的简单性，它就带有一个不可否认的现象学标记。在这里现象学家和文学批评家毫无共同之处，后者像人们通常所注意到的那样，评判一件他自己写不出来的作品，甚至用轻易的判决来对待一件他不想写的作品。文学批评家必然是一个苛刻的读者。可以说，通过易如反掌地转变一个过度使用而遭贬损以致进入政治家语汇的复合体（complexe），所有的文学批评家、所有的修辞学教师，总是知道一切、总是评判一切的他们，很自然地得出一个居高临下的单纯形（simplexe）。而我们，沉醉于幸福阅读之中的我们，则只阅读和反复阅读使我们愉悦的那个部分，伴随着一点小小的读者的傲气，混合了满腔的热情。如果说骄傲总是习惯性地发展成影响整个心理活动的主要感情，那么从对幸福形象的认同之中油然而生的那一丁点傲气却保持着谨慎和隐秘。这一丁点傲气在我们——普通读者的身上存在，它不为别人、只为我们而存在。这是一种躲在房间里的傲气。没有人知道我们在阅读的时候重新体验着做诗人的冲动。任何一位读者，只要对阅读怀有激情，都会在阅读中萌生着并压抑着成为作家的欲望。当读到的那一页写得太美时，谦卑感就会压抑住这个欲望。但欲望还会再生。无论如何，任何一个读者在反复读一部他喜爱的作品时都知道，那些他所喜爱的篇章令他*感同身受*。让-皮埃尔·里夏尔（Jean-Pierre Richard）[①]在他的优美著作《诗歌与深度》中写了一系列研究专题，其中有一篇关于波德莱尔（Baudelaire）[②]，还有一篇关于魏尔兰（Verlaine）[③]。作者说，他之所以把波德莱尔放在突出的位置，确切地说是因为他的作品“使我们感同身受”。一个研究专题和另一个研究专题之间的笔调有着很大的区别。和波德莱尔不同，魏尔兰得不到现象学上的彻底认同。情况总是如此。在一些达到深刻同情的阅读中，在表达本身之中，我们成了“接受方”。让-保尔·里希特（Jean-Paul

① 让-皮埃尔·里夏尔（1922— ），法国文学批评家。——译者
② 波德莱尔（1821—1867），法国诗人，象征主义的先驱。——译者
③ 魏尔兰（1844—1896），法国象征主义诗人。——译者

Richter）在他的作品《提坦》（*Titan*）中这样写他的主人公："他读伟人的颂歌时是如此快乐，就好像他自己成了这些颂词的歌颂对象一样。"[①]不管怎样，读者的同情和仰慕是分不开的。我们可以产生或多或少的仰慕之情，但一种真诚的冲动、一种仰慕的微微冲动对于接受诗歌形象的现象学收获来说是必不可少的。哪怕最少的批评性思考都会阻碍这种冲动，因为把精神放在了次要地位，这样就破坏了想象力的原始性。在这种超出了静观态度之被动性的仰慕中，似乎阅读的快乐成了写作的快乐的反射，就好像读者是作者的幽灵一样。至少说读者分享了创作的快乐，柏格森（Bergson）把这种创作的快乐视为创作的先兆。[②]在此，创作顺着句子的纤细线索，在一次表达的瞬息即逝的生命中进行。然而这一诗歌表达，虽然不具有生命的要素，却仍能促使生命强健。说得好是活得好的因素之一。诗歌形象是语言中的突现（émergence），它永远略高于能指的语言。通过体验诗，人们就有了关于突现的有益经验。毫无疑问，这是小型的突现。但是这些突现更新着；诗歌将语言置于突现的状态中。生命表现在勃勃生气中。从日常语言的普通行

① 让-保尔·里希特：《提坦》，法译本，Philarète-Chasles 译，1878 年，第一卷，第 22 页。[让-保尔·里希特（1763—1825），德国浪漫主义作家，崇拜卢梭，《提坦》是其自传性著作之一。——译者]

② 柏格森：《精神能量》，第 23 页。

列中冒出来的语言冲动是生命冲动（élan vital）的缩影。一种微型柏格森主义将放弃所有关于语言—工具的论点，转而接受语言—实在的论点，它将在诗歌中发现许多有关语言的现实生命的文献。

于是，除了考虑一种语言在几个世纪的演变中所表现出来的词的生命，诗歌形象以数学家的方式为我们呈现这种演变的某种微分。一句伟大的诗能够对一种语言的灵魂产生巨大的影响。它唤醒了已被磨灭的形象。与此同时，它承认言语的不可预见性。使言语变得不可预见，这不就是练习自由吗？诗歌想象力获得了多么神奇的魔力来嘲笑所谓潜意识的压抑！过去，作诗技法总是把破格规范化。当代诗歌把自由注入了语言体内。诗歌因而表现为自由的现象。

V

于是，即使在孤立的诗歌形象的层面上，在表达的唯一生成过程即诗句中，现象学的回响都能够出现；并且在它的极端简单性中赋予我们对语言的掌握。在此我们所面对的是镜像意识（conscience miroitante）的微小现象。诗歌形象是最少有成因的心理事件。在可感实在的范围内为它寻找合法化，以及确定它在诗歌写作中的位置和角色，这只是两个次要的任务。在关于诗歌想象力的第一步现象学探索中，孤立的形象，发展这一形象的句子，诗歌形象闪耀其中的诗句甚或诗节，一起组成了一个个语言空间，它们应该是场所分析（topo-analyse）的研究对象。正是以这种方式，蓬塔利斯（J. B. Pontalis）向我们展示，米歇尔·莱里斯（Michel Leiris）[①]就像是"语词长廊中的孤独勘探者"（第932页）。[②]蓬塔利斯非常恰当地指明，这个空间是由生命经历的语词所具有的单纯冲动穿越并编织而成的。概念语言的原子论要求固定的原因，聚集的力量。然而诗句总是运动的，形象在诗句的行列中流动，它激发想象力，仿佛想象力创造出一根神经纤维。蓬塔利斯补充了这样一句话，这句话可以作为表达现象学的明确索引来牢记："说话的主体是整个主体。"在我们看来，说话的主体在诗歌形象中是完整无缺的，这不再是一个悖论，因为如果这一主体不是毫无保留地给出自己，就不能进入形象的诗意空间。很清楚，诗歌形象带有生命经历的语言所具有的最单纯的经验之一。如果人们把它当作意识的起源，就像我们所建议的那样，那么它就一定属于现象学的范围。

同样，如果必须指定一个现象学"流派"，那么毫无疑问，正是从诗歌现象那里，我们找到了最清晰的、基础的教导。在一本新近出版的书中，范·登·伯格（J. H. Van Den

---

① 米歇尔·莱里斯（1901—1990），法国作家、人种学家。——译者

② 蓬塔利斯："米歇尔·莱里斯或无穷的精神分析"，收入《现代》，1955年12月，第931页。

Berg）写道："诗人和画家是天生的现象学家。"[①]当我们注意到事物在对我们"说话"，并且如果我们赋予这一语言充分的价值，我们就和事物有了某种联系，范·登·伯格还补充说："我们持续地经历着问题的解决，这些问题是反思所不可能解决的。"有了这位博学的荷兰现象学家的话，哲学家在研究言说的存在时将会深受鼓舞。

Ⅵ

如果我们能够就诗歌形象这一主题划出一个纯粹升华（*sublimation pure*）的范围，那么就可以精确地指明与精神分析学研究相对的现象学情境，这种升华不升华任何东西，而是卸下了激情的重负，从欲望的刺激中解脱出来。通过赋予最顶端的诗歌形象以绝对的升华，我们对一个不起眼的细微差别给以极大的重视。但是在我们看来，诗歌给出了大量关于绝对升华的证明。在本书中我们将会经常遇见这些证明。当这些证明提供给心理学家、精神分析学家以后，他们就只能在诗歌形象中看见单纯的游戏、转瞬即逝的游戏、华而不实的游戏。确切地说，形象对他们而言不再有意义，不再有激情上的意义、心理学上的意义、精神分析学上的意

---

① 范·登·伯格：《精神分析中的现象学方法：新近的现象学精神病理学导论》，Charles C. Thomas 出版，斯普林菲尔德，美国伊利诺伊州，1955年，第61页。

义。他们想不到这类形象有的恰恰是诗的意义。而诗就在那里，还有它那成千上万喷发而出的形象，创造性的想象力借着这些形象居住在它自己的领域里。

当人们已经处在形象的存在本身之中时却去寻找形象的前身，这在现象学家看来是心理主义根深蒂固的标志。相反，我们要在形象的自身存在（être）中抓住它。诗歌意识被从语言中出现的、高出常用语言之上的形象如此彻底地吸引，诗歌意识随着诗歌形象说起一种如此崭新的语言，使人无法有效地设想过去与现在的关联。稍后我们将给出这种意义断裂、感觉断裂和情感断裂的例子，使大家不得不同意我们的观点，即诗歌形象属于新的存在这一主题。

这个新的存在就是幸福的人。

口头上的幸福，也就是事实上的不幸，精神分析学家立刻这样反驳道。对他来说，升华不过是种垂直方向上的弥补，是向高处的逃遁，正如弥补是一种侧面的逃遁。并且紧接着，精神分析学家离开了对形象的存在论研究；他开始挖掘一个人的历史；他看到并展示诗人的隐秘苦痛。他用肥料来解释鲜花。

现象学家走得没有那么远。对他来说，形象就在那儿，言语在言说，诗人的言语在对他言说。根本不需要为了抓住诗人言语中的幸福而去体验诗人的苦痛，尽管这言语中的幸福支配着冲突本身。诗歌中的升华高悬于有关俗世间不幸灵魂的心理学之上。事实是，诗歌有一种为它自己所特有的幸福，不论它被用来阐明何种冲突。

我们所设想的那种纯粹升华提出了一个方法的冲突，因为肯定的是，现象学家不会不知道升华过程的深层心理学真相，精神分析学早已对此做了长期的研究。然而问题在于以现象学的方式转而研究未经体验的形象，生活没有为我们提供的形象，也就是诗人自己创造出来的形象。问题是要体验未曾体验过的东西，并向语言的开放敞开自身。我们只能在极少的诗中找到这类经验。例如皮埃尔-让·茹弗的一些诗。再没有比皮埃尔-让·茹弗的作品更加深受精神分析学思考影响的了。然而，有些时候，诗歌在他的作品中所经受的火焰如此炽热，使人不再需要到原初的火炉中去体验。他不是说过："诗歌不断地超越它的起源，越是深沉地酝酿于狂喜或忧伤之中，它就越是自由。"[①]在该书第 112 页他又说道："我越是在时间中前进，就越是能掌握潜水，远离偶然的原因，驶向语言的纯粹形式。"皮埃尔-让·茹弗是否同意把精神分析学所揭示的"原因"算作"偶然"原因呢？我不知道。然而，在"语言的纯粹形式"领域内，精神分析

① 皮埃尔-让·茹弗：《镜中》，法国水星出版社，第 109 页。安德烈·谢迪德（Andrée Chédid）也写道："诗保持着自由。我们永远不能把它的命运封闭在我们的命运之中。"这位诗人很清楚："他的气息把他带到比他的欲望更远的地方。"《大地与诗歌》，G. L. M. 出版社，第 14 及 25 章。

学家的各种原因都不能够预言以新颖性为本质的诗歌形象。它们至多只是解放的“偶然机遇”。正是在这一点上，诗歌在我们所处的诗歌时代是特别“令人惊奇的”，因而它的形象是不可预见的。所有的文学批评都没有足够清楚地意识到这一不可预见性，确切地说，这一不可预见性扰乱了惯常的心理学解释方案。然而这位诗人清楚地宣布：“诗歌尤其在它当下的令人惊奇状态下，（只能）回应聚精会神的思想、深爱未曾经历之物并且在本质上向生成开放的思想。”接着，在第 170 页上：“自此，一种对诗人的全新定义呼之欲出。诗人就是经历着的人，即超越着的人，并且命名他所经历的东西。”最后（第 10 页）：“没有绝对的创造就没有诗。”

这种类型的诗歌是罕见的。[①] 大多数诗歌都和激情较多地混杂在一起，较为心理学化。然而这里所说的罕见、例外不是用来确认规则，而是反对规则，并确立一种新的制度。如果没有绝对升华的领域——不论这一领域有多么狭窄、多么高不可攀，哪怕它看起来不在心理学家或精神分析学家的研究范围内，说到底，心理学家和精神分析学家不应该研究纯粹的诗歌——我们就不能够揭示诗歌的精确极性（polarité）。

① 皮埃尔-让·茹弗：前引书，第 9 页，“诗歌是罕见的”。

我们可能在精确地确定断裂层面这一问题上犹豫不决，我们可能在困扰着诗歌的混杂激情这一领域内长久停留。并且，每个灵魂向纯粹升华攀登时所出发的高度显然不在同一水平上。但至少，把精神分析学家所研究的升华和诗歌现象学家所研究的升华区分开来的必要性是方法论上的必要性。精神分析学家完全可以研究诗人的人性本质，但由于他停留在激情的领域内，所以他不能够研究处于最高实在中的诗歌形象。这一点荣格（C.-G. Jung）[1]说得很清楚：在遵循精神分析学的判断习惯时，“兴趣从艺术作品上移开，迷失在各种心理学先行事件的无法理清的混沌之中，诗人就成了临床病例，被贴上性精神变态标签的一个例子。于是，艺术作品的精神分析远离了它的对象，把争论转移到一般人类的领域，完全无视艺术家的特殊性，尤其是与他的艺术毫无关系”。[2]

为了给上面的争论作一个总结，希望人们允许我进行一次论战致辞，虽然卷入论战并非我的习惯。

罗马人曾告诉一个把目光抬得太高的鞋匠：

Ne sutor ultra crepidam.（鞋匠莫越出鞋底之外。）

---

① 荣格（1875—1961），瑞士精神分析学家。——译者

② 荣格：“分析心理学与诗歌作品的关系”，收入《分析心理学论文集》，Le Lay 译，Stock 出版社，第 120 页。

当涉及纯粹升华问题的时候，也就是要确定诗歌的特殊存在的时候，现象学家难道不该对精神分析学家说：

Ne psuchor ultra uterum.（精神分析学家莫越出子宫之外。）

Ⅶ

总之，一门艺术一旦变得独立自主以后，它就有了一个新起点。以现象学的精神来考虑这个起点是有益的。从根本上说，现象学终结过去而面对新颖。即使在绘画这样最见技巧的艺术领域内，重大的成功都不是技巧上的。让·莱斯屈尔（Jean Lescure）①在研究画家拉毕格（Lapicque）②的作品时写下了一段十分中肯的话："尽管他的作品显示出深厚的文化底蕴和对各种空间表现力的了解，但它并不是在运用这些东西，它不是根据现成方法做成的……因此技艺必须伴随着同等程度的忘记技艺。无技艺不是无知，而是艰难地超越知识的行动。正是通过牺牲技艺，作品每时每刻都是一种纯粹的开端，这一开端把创

① 让·莱斯屈尔（1912—2005），法国作家、诗人，其主办的诗学刊物《启示》（*Messages*）影响了巴什拉把兴趣转向诗歌想象。——译者

② 夏尔·拉毕格（1898—1988），法国新巴黎学派画家，其作品推动了抽象画的发展。——译者

作变成了练习自由。”[①] 这段文字对我们来说是至关重要的，因为它直接转化为诗学的现象学。在诗歌中，无技艺是首要条件；如果说诗人有技巧，那么这技巧只在于形象联想的次要任务。然而形象的生命全在它的灵光一闪之中，也即在于这样一个事实，形象是对所有感觉与资料的超越。

于是我们清楚地看到，作品是那样地高于生活，以至于生活不能解释作品。让·莱斯屈尔谈到这位画家（前引书，第132页）时说：“拉毕格要求创作行为给予他的惊奇和生活给予他的一样多。”因此艺术是生活的叠加，是各种惊奇的争奇斗艳，这些惊奇刺激着我们的意识并防止它倦怠。拉毕格写道（引自莱斯屈尔，第132页）：“比方说我画奥特伊赛马场里的一次赛马跨越水沟障碍，我期望我的画带给我的惊奇和观看一场真实的赛马所能带来的一样多，尽管是两种不同的感觉。它完全不是精确地再造一个过去的场景。但我必须将过去全部重新经历一遍，而且是以全新的、绘画的方式，由此我给予自己获得新的震惊的可能性。”莱斯屈尔总结道：“艺术家不是像他的生活那样创作，而是像他的创作那样生活。”

因此，当代的画家不再把形象当作可感实在的简单替代物。普鲁斯特（Proust）早就说过，埃尔斯蒂尔（Elstir）笔

---

① 让·莱斯屈尔：《拉毕格》，Galanis 出版社，第 78 页。

下的玫瑰是“这位像灵巧的园丁一样的画家为玫瑰家族增添的新品种”。[①]

VIII

古典心理学几乎不讨论诗歌形象，因为它总是被混同于单纯的隐喻。而且，一般而言，*形象*一词在心理学家的著作中往往含混不清：我们看见形象，我们重塑形象，我们在记忆中保存形象。形象是一切，唯独不是想象力的直接产物。在柏格森的著作《物质与记忆》中，形象这一概念有非常广的外延，但仅有一次（第198页）涉及*生产性的*想象力。这种生产也不过是渺小的自由活动，它和柏格森哲学所揭示的伟大的自由行动没有什么关系。在这个短小的段落里，哲学家提到了“幻想的游戏”。各种不同的形象“相当于精神在与自然打交道时的各种不同的自由”。然而这些复数的自由不能开创存在；它们不给语言增加任何东西；它们不把语言从它的实用功能中脱离出来。它们确实就是“游戏”。同样，想象力也很少使各种回忆区别开来。在诗化记忆这个领域里，柏格森的水平实在不如普鲁斯特。精神在与自然打交道时的自由无法真正指明精神的性质。

---

① 普鲁斯特：《追忆逝水年华》，第五卷，《索多姆和戈摩尔》[此为第四卷名。第五卷应为《女囚》。——译者]，II，第120页。

相反，我建议把想象力当作人性中的一个主要力量。当然，这种说法比起说想象力是生产形象的天赋能力来并没有任何进步。但这种同语反复至少有利于阻止把形象等同于回忆的做法。

想象力在它的活跃行动中使我们既脱离了过去，又脱离了实在。它向未来开放。现实功能（*la fonction du réel*）必须和非现实功能（*une fonction de l'iréel*）联系起来，前者受教于过去，古典心理学明确指出了这一点，后者和前者一样是实证的，我们在先前的著作中已经致力于树立这个观点。非现实功能的衰弱会阻碍生产性的心理活动。没有想象，怎么能进行预见？

然而，当我们以更直接的方式对待诗歌想象力的问题时，如果不把现实功能和非现实功能这两个人类心理活动的功能相互配合，就不可能在心理方面从诗歌中得到收获。诗为我们提供了真正的韵律分析疗法，因为诗将现实与非现实交织在一起，通过涵义与诗意的双重活动，诗给语言注入了活力。在诗歌中，进行想象的存在的开创活动使他不再是适应（s'adapter）这个动词的单纯主语。现实条件不再起决定作用。随着诗歌，想象力来到边缘地带，正是在那里，非现实功能前来诱惑或者惊扰——常常是唤醒——沉睡于习惯动作中的存在。当我们进入纯粹升华的领域中，最狡猾的习惯动作，即语言这一习惯动作，将会失去作用。从纯粹升华顶端的角度来看，再生产性的想象力不再是什么了不起的东西。让-保尔·里希特不是已经说过："再生产性的想象力是生产性想象力的平铺直叙。"①

IX

在这篇哲学引言上，我显然已经花费了太多的笔墨来概述我想要在这本书中进行考察的几个基本论题，我还打算在今后的一些著作中继续考察这些论题。在本书中，明确限定我的研究范围会很有好处。我想要研究的实际上是很简单的形象，那就是*幸福空间*的形象。在这个方向上，这些探索可以称作*场所爱好*（*topophilie*）。我的探索目标是确定所拥有的空间的人性价值，这一空间就是抵御敌对力量的空间，也是受人喜爱的空间。出于多种理由，它们成了*受到赞美*的空间，并由于诗意上的微妙差别而各不相同。它们不仅有实证方面的保护价值，还有与此相连的想象的价值，而后者很快就成为主导价值。被想象力所把握的空间不再是那个在测量工作和几何学思维支配下的冷漠无情的空间。它是被人所体验的空间。它不是从实证的角度被体验，而是在想象力的全部特殊性中被体验。特别是，它几乎时时吸引着人。它把存

① 让-保尔·里希特：《诗学或美学导论》，法译本，1862 年，第一卷，第 145 页。

在的一部分收拢在提供保护的范围内。在形象的领域里，外部世界与内心之间的游戏不是一场势均力敌的游戏。另外，敌意的空间在下文中不太会被提到。恶意的空间和斗争的空间只能联系激烈的题材和末世的形象来研究。目前，我们所面对的是吸引人的形象。就形象而言，我们很快就可以看到吸引和排斥并不带来相互对立的经验。对立的不过是所用的词。我们当然可以在研究电学或者磁学时对称地谈论排斥和吸引。只需变换一下代数符号就可以了。但形象不适合静止的观念，更不适合确定的观念。想象力不断地进行想象，并以新形象丰富自身。我要探索的正是这种想象的存在的丰富性。

下面是本书各章节的大致安排。

首先，作为一项关于内心空间形象的研究的题中之义，我提出家宅的诗学这一问题。提问接踵而至：隐秘的房间、消失的房间怎么会在后来构成一段无法忘却的过去？以什么方式、在什么地方能找到静息最适宜的环境？临时的藏身处和偶尔的庇护所是否在有些时候受到我们的内心梦想所赐予的全无客观基础的价值？凭借家宅的形象，我们坚持一条真正的心理学整合原则。描述心理学、深层心理学、精神分析学和现象学或许能够借助家宅组成我们用场所分析来命名的那门学说的主干。从各种最不同的理论视域来考察，似乎家宅的形象成了我们的内心存在的地形图。心理学家研究的是人类灵魂的深层，为了让人知道他们的任务的复杂程度，荣格要求他的读者想想这个比方："我们要发现一座建筑物并且对它作出解释，它的上层建于19世纪，底层上溯至16世纪，对建筑的更细致考察显示，它是在2世纪的一座城堡的基础上建造的。在地窖里，我们将会发现罗马时代的地基，地窖之下还埋藏着一个填满了的洞穴，我们在洞穴的上层发现了燧石器具，在更深的几层中发现了冰河期的兽类遗骸。这大致上就是我们灵魂的结构。"[①]荣格自然知道这个比方的不足之处（参见第87页）。然而，由于这一比方形成得如此顺利，把家宅当作人类灵魂的*分析工具*也就顺理成章了。在这个"工具"的帮助下，当我们在自己的平常家宅里做梦时，我们难道不曾在心中找回洞穴般的抚慰吗？我们灵魂的城堡可曾被夷平过？我们是否永远像那著名的半截诗句所言，是"失去了城堡"[②]的存在？不但我们的回忆是"安居"的，我们所忘却的东西也是。我们的无意识也是"安居"的。我们的灵魂就是居所。当我们回忆起"家宅"、"房间"的时候，我们是在学习"寓居"在自己心中。从现在起我们将看到，家宅的各种形象进行着双向的运动：在它

① 荣格：《分析心理学论文集》，法译本，Stock出版社，第86页。这段出自以《灵魂的地面湿度》为题的一篇论文。

② "失去了城堡"指落魄贵族，语出热拉尔·德·内瓦尔（Gérard de Nerval，1808—1855）的诗《不幸者》（*El desdichado*）。——译者

们来到我们心中的同时，我们也来到它们之中。这一游戏是那样复杂，所以我们必须用长长的两章来勾勒家宅的形象价值。

在关于人类家宅的两章之后，我研究了一系列形象，它们是我们可以视作物体之住宅的形象：抽屉，箱子和柜子。在它们的锁后面藏着怎样的心理学啊！它们具有一种关于隐藏的美学。为了从现在起展开关于隐藏的现象学，只需要一句开场白性质的评论：空的抽屉是*无法想象的*。它只能被*思考*。我们要做的是描述我们在认识以前就想象的东西、在证实以前就梦想的东西，因而对我们来说，所有的柜子都是满的。

有时候，我们以为是在研究某物，其实我们只是在开展一种梦想。我用关于鸟巢和贝壳——脊椎动物和无脊椎动物的藏身处——的两章证实了一种几乎不受对象的现实情况制约的想象活动。由于我们已经对四元素的想象力作了长久的沉思，当我们跟随诗人进入树上的鸟巢或动物的洞穴也即贝壳时，我们千百次地重新体验到气的梦想和水的梦想。我有时白费劲去谈物体，我梦见的总是*元素*。

悉数考察了住在这些人所不能居住之处的梦想之后，我回到这样一些形象，为了体验它们，我们要像进入鸟巢和贝壳那样把自己变小。实际上，就在我们的家宅里，我们不也能找到我们喜欢蜷缩其中的狭小处或者角落吗？蜷缩属于居住这个动词的现象学。只有已经学会蜷缩的人才能住在紧凑的空间。关于这方面我们心中有一大堆不愿透露的形象和回忆。毫无疑问，如果一位精神分析学家愿意系统地组织关于蜷缩的形象，他就可以为我们提供大量的文献。现在可供我们使用的只有文学方面的文献。所以我用了篇幅较短的一章来写“角落”，同时为一些伟大作家所赋予这些心理学文献的文学高度而感到惊奇。

完成了所有用来描述内心空间的章节以后，我试图观察一门空间的诗学如何呈现大与小的辩证法，想象力如何在外部空间中，无需观念的帮助自然而然地拥有关于大小的相对论。我把大与小的辩证法用“缩影”和“广阔”这两个符号来表示。这两章并不像人们可能以为的那样构成反题。大和小在各自的情形下都不应该从它们的对象性中来把握。在本书中对大与小的讨论仅限于把它们当作形象之投射的两个极端。在别的书里，特别是就广阔这一问题，我已经尝试过刻画诗人关于自然中宏伟景象的沉思。[①]在这里，我所涉及的是更位于内心深处的加入形象的运动。例如，通过考察一系列诗，我要证明，广阔的印象就在我们心中，而不是必然与对象相联系。

在书中的这个阶段，我已经收集了足够多的形象，因而

① 参见《土地与意志的梦想》，Corti 出版社，第 378 页及以下。

以自己的方式，通过赋予形象存在论价值，来提出内与外的辩证法，这一辩证法进而转化为开放与封闭的辩证法。

紧接着关于内与外的辩证法这章的下一章题目是："圆的现象学"。在这一章中要克服的困难是远离一切几何学证明。换句话说，我们应该从一种圆形的内心空间出发。我在一些思想家和诗人的著作中找到了直接的圆形形象，这些形象对于我们而言是最根本的，它们不是单纯的隐喻。在那里我将有新的机会来批评关于隐喻的理智主义，从而再一次展现纯粹想象力的特有活动。

我的想法是，这最后两章中隐含的形而上学内容很多，它们应该和我想写的另一本书联系起来。这本书将把我最近三年在索邦大学的大量公开授课内容浓缩在一起。我有没有力量来写这本书？向友好的听众随性发表的演说和写一本书必须遵循的规范之间有着巨大的差别。在口头讲授中，我们受讲课的快乐所驱使，说出的话时而会代替我们思考。而写成一本书的时候，还是需要进行认真的反思。

G. B.

第一章

家宅·从地窖到阁楼·茅屋的朝向

谁会来敲家宅的门？
敞开的门，我们踏入
紧闭的门，如入虎穴
世界在我的门外脉动。

皮埃尔·阿尔贝-比罗(Pierre Albert-Birot)①：
《自然的娱乐》，第217页。

I

对于一项关于内部空间的内心价值的现象学研究，家宅很显然是最合适的存在，当然，前提是同时在家宅的统一性和复杂性中研究它，并试着在一个基本价值中融合它全部的特殊价值。家宅同时为我们提供了种种分散的形象和它们的整体。我们将在这两种情形下证明想象力会增加现实的各种价值。形象的一种吸引力把各种形象集中在家宅周围。在我们对曾经得到过庇护的所有家宅的回忆之中，在我们曾梦想居住的所有家宅那里，我们是否能够得出一个属于内心并且具体的本质，来证明所有受到保护的内心空间形象所具有的独特价值？这是关键问题。

为了解决这个问题，不能只把家宅当作“对象”，用判断和梦想作用于它。对于现象学家、精神分析学家、心理学家来说（这三种看问题的角度是按重要性的递减顺序排列的），问题不在于描述家宅、详述它的各种面貌、分析它的舒适因素。相反，我们应该超越描述层面上的问题——不论这种描述是客观的还是主观的，谈论的是事实还是印象——从而达到原初的特性，也就是认同感产生的地方，这种认同感多少与居住的原初功能有着天然的联系。地理学家和民族学家能够为我们很好地描述居住的不同类型。在这种多样性里，现象学家尽他的努力去把握主要的、可靠的、直接的幸福感的萌生。在所有居所中，在城堡本身中，寻找最初的壳，这就是现象学家的首要任务。

然而，如果我们想要确定我们对一个特定场所的依恋感中每一个细微差别的深层实在，将会有多少紧密相关的问题！一个现象学家应该把细微的差别当作创作雏形的心理现象。细微差别不是补充性的表面着色。必须说明我们如何居住在我们的生存空间里，与生活的各种辩证法相符合，以及

---

① 皮埃尔·阿尔贝-比罗（1876—1967），法国作家、戏剧家、诗人。——译者

我们如何日复一日地把自己扎根于“世界的一角”。

因为家宅是我们在世界中的一角。我们常说，它是我们最初的宇宙。它确实是个宇宙。它包含了宇宙这个词的全部意义。从内心的角度来看，最简陋的居所不也是美好的吗？描写“陋室”的作家常常提到这个空间诗学的元素。但他们对此的提及太轻描淡写了。由于对陋室他们可描写的很少，他们几乎不在里面待着。他们只刻画出陋室的现实，却没有真正体验过它的原初性，这种原初性属于每个人，无论他富有或贫穷，只要他愿意梦想。

然而，我们成年以后的生活早已被剥夺了这些原初的财富，人与宇宙的关系在成人的生活里是那样疏离，以至于人们不再感受到他们对家宅这个宇宙的原初依恋。我们不乏抽象地“建立世界”的哲学家，他们通过自我与非我的辩证游戏找到一个宇宙。确切地说，他们认识宇宙先于认识家宅，认识地平线先于认识安身之处。相反，如果从现象学角度来研究真正的形象的起源，我们可以确切地说，它就是居住空间的价值，它是保护着自我的非我。

实际上，我们在这里碰到一个逆命题，我们必须由此来探究形象：一切真正有人居住的空间都具备家宅概念的本质。在本书中我们将会看到，当存在找到了最简陋的庇护之处时，想象力如何以这个逆命题的方向运作起来：我们将看到想象力用无形的阴影建造起“墙壁”，用受保护的幻觉来自我安慰，或者相反，在厚厚的墙壁背后颤抖，不信赖最坚固的壁垒。简言之，在一种无穷无尽的辩证法中，得到庇护的存在对他庇护所的边界十分敏感。他在家宅的现实和虚拟之中体验它，通过思考和幻想来体验它。

于是，所有的庇护所，所有的藏身处，所有的卧室，都有共同的梦境价值。家宅不再是从实证角度被切身“体验”，我们也不只是在当前的时刻才承认它的有益之处。真正的幸福拥有一段过去。整个过去通过幻想回到当前，在新的家宅里生活。古老的谚语“我们把家神（*Lares*）带走”有许多不同说法。梦想深入下去，直到一个无法记起的领域被打开，在比最久远的记忆更远的地方，向家的梦想者开放。家宅，就像火和水，让我能够在接下来的篇章中谈起梦想的微光，它照亮了回忆与无法忆起之物的结合。在这个遥远的区域，记忆与想象互不分离。双方都致力于互相深入。两者在价值序列上组成了一个回忆与形象的共同体。因而家宅不只是在历史的流逝过程中，在我们的历史叙事中日复一日地被体验着。通过幻想，我们生活中的各种居所共同渗透开来，保存着逝去岁月的宝藏。当新的家宅中重新出现过去的家宅的回忆时，我们来到了永远不变的童年国度，永远不变就好像无法忆起。我们体验着安定感，幸福的安定感。①我

① 精神分析学由于其治疗功能，记录的主要是打破安定的过程。在精神分析学文本的边缘，难道不该把“安定感”所具有的性质还给它吗？

们通过重新体验受保护的回忆来获得自我安慰。某种封闭之处应该在保存回忆的时候，把回忆的形象价值留下。对外部世界的回忆永远不会有和对家宅的回忆一样的音调。通过提起家宅的回忆，我们增添了幻想的价值；我们从来不是真正的历史学家，我们总是一部分的诗人，我们的情感或许只能用逝去的诗歌来翻译。

因此，通过研究家宅的形象并小心翼翼地不打断记忆与想象的团结，我们可以指望让人感受到形象的全部心理学弹性，它在无可预料的深处感动着我们。诗歌或许比回忆更能让我们触及家宅空间的诗意根基。

在这样的条件下，如果人们问我们什么是家宅最宝贵的益处，我们会说：家宅庇佑着梦想，家宅保护着梦想者，家宅让我们能够在安详中做梦。并非只有思想和经验才能证明人的价值。有些代表人的内心深处的价值是属于梦想的。梦想甚至有一种自我增值的特权。它直接享受着它的存在。于是，我们曾体验过梦想的场所在新的梦想里进行着自我重组。对旧日居所的回忆被重新体验，仿佛过去的居所在我们心中是永远无法忘却的梦想。

我们的目标现在很清楚：我们应该证明家宅是一种强大的融合力量，把人的思想、回忆和梦融合在一起。在这一融合中，联系的原则是梦想。过去、现在和未来给家宅不同的活力，这些活力常常相互干涉，有时相互对抗，有时相互刺激。在人的一生中，家宅总是排除偶然性，增加连续性。没有家宅，人就成了流离失所的存在。家宅在自然的风暴和人生的风暴中保卫着人。它既是身体又是灵魂。它是人类最早的世界。早在那些仓促下结论的形而上学家们所传授的“被抛入世界”之前，人已经被放置于家宅的摇篮之中。在我们的梦想中，家宅总是一个巨大的摇篮。一个研究具体事物的形而上学家不会对这个事实置之不理，这是个简单的事实，更重要的是，这个事实有一种价值，一种重大的价值，我们在梦想中重新面对它。存在即成为一种价值。生活便开始，在封闭中、受保护中开始，在家宅的温暖怀抱中开始。

我们的观点，即体验起源的现象学家的观点是，意识形而上学研究的是存在“被抛入世界”的时刻，这是一种居于次要地位的形而上学。它掠过了一些前提：存在（être）是幸福（bien-être），人的存在（l'être humain）被置于一种幸福之中，置于和存在有着原始联系的幸福之中。为了阐明意识的形而上学，必须等待存在被抛到外面的经验，按照我们所研究的形象类型就是：被放在门口，在家宅中的存在之外，在聚集着其他人的敌意和世界的敌意的环境之中。然而，一门完整的形而上学，包括了意识与无意识的形而上学应该在*内部*保留自身价值的优先权。在存在内部，在处于内部的存在中，有一股热量迎接存在，包围存在。存在主宰着一个物质的地上天堂，融化在丰裕物质的温柔中。好像在这个物质天堂中，存在沐浴在养料里，周围满是所有的重要财富。

当我们梦想出生的家宅时，在梦想的最深处，我们融入了最初的热量之中，融入了物质天堂的温和物质中。正是在这样一种氛围里，生活着受保护的存在。我稍后将重新思考家宅的母性。目前，我想要指出家宅中的存在的原初丰富性。我们的梦想把我们带到那里。诗人知道，家宅把永远不变的童年抱“在怀中”：①

> 家宅，草地一隅，夜的微光，
> 忽然之间你获得了人一般的面容，
> 你在我们身边，拥抱着我们，也被拥抱。

II

毫无疑问，由于有了家宅，我们的很多回忆都安顿下来，而且如果家宅稍微精致一些，如果它有地窖和阁楼、角落和走廊，我们的回忆所具有的藏身处就会被更好地刻画出来。我们终生都在梦想中回到那些地方。精神分析学家应该好好关注这个简单的回忆所在地。正如我在引言中指出的那

---

① 里尔克（Rilke），克洛德·维热（Claude Vigée）译，收入《文学》，第4年，第14－15－16期，第11页。［里尔克（1875—1926），德国诗人。——译者］

样，我们愿意把这项精神分析的辅助分析称为“场所分析”。场所分析是对我们内心生活的系统心理学研究。在我们的记忆这个过去的剧场里，背景保存了人物的主要角色。人们有时以为能在时间中认识自己，然而人们认识的只是在安稳的存在所处的空间中的一系列定格，这个存在不愿意流逝，当他出发寻找逝去的时光时，他想要在这段过去中“悬置”时间的飞逝。空间在千万个小洞里保存着压缩的时间。这就是空间的作用。

如果我们想要超越历史，或者在处于历史之中的同时脱离我们的历史（这一历史总因为拥挤着存在而有太多的偶然性），我们就会意识到，人生的日历只能在它的全部形象中建立。为了在存存论等级中分析我们的存在，为了用精神分析的方法来分析埋藏在原始居所中的我们的无意识，我们应该在正规精神分析学的边缘地带把我们的重要回忆去社会化（*désocialiser*），并达到梦想的层面，这里的梦想是我们带入独处空间中的梦想。对这样的研究来说，梦想比睡梦更为有用。并且这样的研究证明了梦想可以和睡梦截然不同。[①]

于是，面对这些独处的情形，场所分析提问道：卧室是否宽敞？阁楼是否拥挤？角落是否温暖？光线从何处射入？还有，在这些空间里，存在如何体会寂静？他如何品尝孤独

① 我将在下一部著作中探讨睡梦与梦想的不同。

的梦想中各种住所的特殊寂静?

在此空间是一切,因为时间不再激活记忆。记忆——多么奇特的事物!它不记录具体的绵延,柏格森意义上的绵延。我们无法重新体验那些已经消失的绵延。我们只能思考它们,在抽象的、被剥夺了一切厚度的单线条时间中思考它们。是凭借空间,是在空间之中,我们才找到了经过很长的时间而凝结下来的绵延所形成的美丽化石。无意识停留着。回忆是静止不动的,并且因为被空间化而变得更加坚固。在时间中找出回忆的位置,这只是传记所关心的问题,只和一种外在的历史有关,这种历史是用于外在用途的,用来告知他人的。比传记深刻的解释学应该把历史从对我们的命运无作用的相连时间结构中解放出来,从而确定命运的中心。对于认识内心空间来说,比确定日期更紧要的是为我们的内心空间确定位置。

精神分析学总是把激情放在“特定的时代”。事实上,激情是在孤独中燃烧着,复燃着。正是封闭在孤独之中,激情的存在者才酝酿他的爆发和壮举。

所有曾经的独处空间,我们曾忍受孤独、享受孤独、渴望孤独、接受孤独的空间在我们心中都是无法磨灭的。可以十分确切地说,存在不愿意将它们抹去。他本能地知道这些独处的空间是建构性的。即使当这些空间永远从现在中消失,当它们从此和所有未来的诺言无关,甚至当我们不再有阁楼，甚至当我们失去了屋顶上的小阁楼时，永远不变的是我们曾经喜爱过一个阁楼，我们曾经在一个屋顶上的小阁楼生活过。我们在深夜的梦幻中回到那里。这些不起眼的小屋有着壳的价值。当我们来到睡眠迷宫的尽头，当我们触及深度睡眠的区域，我们或许会认识前人类的休息。在此，前人类的事物涉及无法忆起的事物。然而，在一日梦想之中，对于狭窄、简陋而局促的独处空间的回忆，就是我们关于给人安慰的空间的经验，这种空间不需要扩大，但它特别需要被占有。以前我们可能觉得阁楼太狭小，觉得它冬天太冷，夏天太热。而现在，在通过梦想而重新找回的回忆中，我们不知道是因为何种混合的学说，阁楼既小又大，既热又冷，永远给人安慰。

III

从现在起，在场所分析的基础上，我们应该提出一个细微差别。我一直强调无意识是安居的。应该再补充一点，无意识是美满而幸福地安居着的。它安居在自己的幸福空间里。正常的无意识懂得在任何地方放松自己。精神分析前来帮助那些被驱逐的无意识，被粗暴地、阴险地驱逐出去的无意识。然而精神分析学更多地是让存在运动而不是静止。它让存在生活在无意识的住所之外，让他进入生活的冒险，让他离开自身。理所当然，这一行动是有益的。因为我们还应该给内在的存在一个外在的命运。为了在这一有益行动中协助精神分析，我们应该采用一种场所分析，去分析让我们来到自身之外的所有空间。虽然我们把研究重点放在休息的梦想上，我们不该忘记还有一种关于行走的人的梦想，在路途上的梦想。

> 路啊，带我走！

马塞利娜·德博尔德-瓦尔莫尔（Marceline Desbordes-Valmore）[1]在想到她的故乡佛兰德的时候这样说（《斯卡尔普的小溪》）。

小径是一种多么活力充沛的好东西！山冈上的熟悉小径对肌肉的意识来说总是那么清晰！有位诗人只用一句诗就说出了这种活力的全部：

> 哦，我的路和它们的节奏！
>
> 让·科贝尔(Jean Caubère)：《沙漠》，Debresse 出版社，第 38 页。

过去，每当我活力充沛地重新体验"攀爬"山冈的小路时，我很确信小路本身有肌肉和反肌肉。在我巴黎的卧室

① 马塞利娜·德博尔德-瓦尔莫尔（1786—1859），法国女诗人。——译者

里，如此回忆山间小路对我来说是一项很好的运动。在写这一页的时候，我感觉自己完成了散步的功课：我确信我已经走出了家门。

如果我们赋予事物它们所暗藏的一切运动，我们就会发现在实在和象征之间有无数的中介。当乔治·桑（Jeorge Sand）①梦想黄色沙滩上的小径时，她看见了生命的流逝。她写道："还有什么比一条小路更美的东西？它是生动而多变的生活的象征和形象。"（《康素爱萝》，第二卷，第116页。）

所以，每个人都应该说出他所途经的道路，十字路口和路边长凳。每个人都应该起草一份关于他失落的田园的地籍册。梭罗（Thoreau）②曾说，田野的地图印刻在他的灵魂上。让·瓦尔（Jean Wahl）③也写道：

> 篱笆如云翻卷，
> 只存于我心间。
>
> 《诗集》，第46页。

我们就这样囊括了所有我们体验过的画面。这些画不需

---

① 乔治·桑（1804—1876），法国女作家。——译者

② 亨利·大卫·梭罗（1817—1862），美国散文家、哲学家、诗人。——译者

③ 让·瓦尔（1888—1974），法国哲学家。——译者

要画得很精确，只需要根据我们内在空间的模式来定它们的色调。然而，该写一本怎样的书来确定所有这些问题啊！空间呼唤行动，而先于行动运作的是想象力。想象力收割并耕耘。应该指出所有想象力行动的益处。精神分析开展了各种观察来研究投射行为，即始终倾向于将内心印象外化的外倾特征。外化式的场所分析可能会通过规定对象性的梦想来细化投射行为。然而，在本书中，我无法完成双重的几何学，关于外化和内化的双重想象物理学，尽管这样做可能更合适。此外我认为这两种物理学的心理重要性是不同的。我的研究侧重的是内心领域，这是一个心理因素占主导地位的领域。

我们把自己交付给所有内心领域的吸引力。没有一个内心空间是排斥性的。所有的内心空间都代表着吸引。让我们再重复一遍，内心空间的存在是幸福的存在。在这样的前提下，场所分析具有场所癖好的特点。正是在这种价值化的方向上，我们应该研究庇护所和卧室。

IV

这些庇护所的价值是如此朴素，如此深深扎根于无意识之中，使得我们更多的是通过简单的忆起而不是细致的描述来找回它们。细微的差别反映出色调。诗人的词句因为说得恰到好处，所以打动我们存在的深处。

居所的复杂外貌可能会掩盖它的内心空间。生活中确实如此。梦想中更是如此。真正回忆中的家宅，我们的睡梦将我们带回去的那些家宅，忠实体现各种梦境的家宅，都反对任何描述。描述家宅等于是让人参观它。我们或许可以把关于现在的一切都说出来，但关于过去怎能这样做呢！最初的、在梦境中确立的家宅必须保留它的微弱光亮。它属于深刻的文学，也就是诗歌，而不是那种靠别人的故事来分析内心空间的华丽文学。我关于自己的童年家宅所要说的一切，都完完全全是我所必须做的，为的是把我自己放入梦境中去，放到梦想的门槛上，在那个梦想中，我将休息在自己的往昔时光里。因此，我可以期望我的书带有某种真正的音色，我的意思是因为一个声音来自我如此遥远的心灵深处，所以每个人都会听见它，只要他倾听记忆的深处，记忆的极限处，甚至超出记忆之外，到达无法忆起的领域。我们只告诉别人通向隐私的方向，而从来不能客观地说出隐私。隐私从来没有彻底的客观性。在这条道路上，我们引导梦境的方向，但我们不去完成它。①

① 在描述了 Canaen［应为 Couaën——译者］庄园后（《情欲》，第 30 页），圣-伯夫（Sainte-Beuve）接着写道："我的朋友，主要是为了你们，没有见过这些地方的你们，或者虽然去过，但无法感受到我此刻的印象和情绪的你们，我才如此细致地历数这些地方，为此我请求谅解。你们不必试图据此在自己心里重现这些景象；就让形象在你们心中漂浮；轻轻掠过；只要有最简单的概念就足够了。"

如果说，给出确实曾经是*我的*卧室的草图，描绘阁楼尽头的小卧室，告诉人们从窗口透过屋顶之间的间隙，我们可以看见山冈，这样做有什么作用呢？我一个人，在我对另一个年代的回忆中，可以打开心底的橱，那里面只为我自己保存着一种独一无二的香气，那是暴晒在柳条筐里的葡萄香气。葡萄的香气！它是淡淡的香气，必须用很多想象才能感受到它。但我对此已经说得太多了。如果我继续说的话，读者就不会自己在他重返的卧室里打开有着独特香气的柜子，代表着内心空间的柜子。为了谈起内心空间的价值，必须引导读者进入悬置阅读的状态，这有点自相矛盾。正是在读者的双眼离开书本时，对我的卧室的回忆才能够成为他人进入梦境的门槛。因此，当诗人开口，读者的灵魂就产生回响，灵魂认识这种回响，它就像闵可夫斯基所展现的那样，把来自某个源头的能量重新还给存在。

在与文学和诗歌有关的哲学层面上，说我们“书写卧室”、“阅读卧室”、“阅读家宅”是很有意义的。因此，在诗歌开端的最初几句之后，“阅读卧室”的读者很快悬置了他的阅读，开始思考他的某段旧日的居住经历。你想要说出关于你卧室的一切。你想要使读者对你自己发生兴趣，但你却微微开启了一扇通往梦想的门。内心空间的价值如此丰富，使得读者阅读的不再是你的卧室：他重新看见了他自己的卧室。他前去聆听父亲的回忆、祖母的回忆、母亲的回忆或“心地善良的女用人”的回忆，简而言之，这些回忆属于那个主宰着充满自己最有价值的回忆的角落的存在者。

回忆中的家宅在心理学方面变得复杂起来。和独自的安身之处相关的是卧室，这是主宰的存在者所占据的房间。出生的家宅是居住过的家宅。内心空间的各种价值在其中散布，它们变动不居，承受着各种辩证法。如果童年的记事是忠实的，那该有多少童年记事告诉我们，没有卧室的孩子跑到自己的角落里蜷缩着！

然而，除了回忆，出生的家宅从生理上印刻在我们心中。它是一组器质性习惯。时隔二十年，尽管我们踏过的都是无名楼梯，我们仍会重新感受到那个“最初的楼梯”所带来的反射动作，我们不会被这个略高的台阶绊倒。家宅的整个存在自行展开，与我们的存在相契合。我们仍然会推开那扇总是咿呀作响的门，我们仍然会摸黑走进高高在上的阁楼。我们的手还留有最小的那个门闩的感觉。

我们后来居住过的一系列家宅无疑使我们的动作平常化了。然而会让我们十分惊奇的是，当我们在历经数十年的漂泊之后重回老宅时，最细微的动作、最初的动作会突然鲜活起来，而且总是那么完美。总而言之，出生的家宅在我们心中印刻了各种住宅功能的等级。我们是那座出生家宅的居住功能图，所有其他家宅都不过是一个基本主题的变奏。习惯这个用滥的词无法用来描述我们的身体与家宅之间的激情关系，我们的身体永远不会忘却这座不能忘却的家宅。

然而，这个回忆的领域因为被详细描述，被保存在各种事物名称以及在出生的家宅中生活过的存在的名称里，所以也可以用时下流行的心理学来研究。比它更模糊不清、更没有得到清楚勾画的是关于幻想的回忆，只有诗的沉思才能帮助我们重新找回它们。诗歌的主要功能是重新赋予我们幻想的情境。出生的家宅不只是一个居住的地方，还是一个幻想的地方。它的每个小房间都是一个充满梦想的住处。住处又总把梦想特殊化。我们在其中养成了作特殊梦想的习惯。家宅、卧室及阁楼，那些我们曾经独处的地方，提供了进行无尽梦想的背景，诗歌可以单凭一首作品来完成它，成就这个梦想。如果我们赋予所有这些退隐之地以庇护幻想的功能，可以说，正如我在先前一部著作中指出的那样，[①]对我们每个人来说都有一座梦中的家宅，一座属于回忆和幻想的家宅，它消失在一段超出真实的过去的阴影中。我要说，这座梦中的家宅是出生的家宅的地下室。在此，我们处于一个轴线上，围绕它旋转的是各种相互作用的解释，用思想来解释梦，用梦来解释思想。*解释*这个词使这种转化过于僵硬化了。事实上，我们处于形象和回忆的统一之中，想象力和记

① 《土地与静息的梦想》，第 38 页。

忆力的功能性混合之中。历史学和心理地理学的实证性无法充当确定我们童年的*真实存在*的试金石。童年肯定不只是实在的东西。为了在我们的整个时代中体会我们对出生的家宅的亲近感，幻想比思想要有用得多。正是无意识的力量把遥远的回忆固定下来。如果在出生的家宅中不曾有过紧紧的一团关于休息的梦想，那么真实的生活所处的各种不同情景早就已经模糊了回忆。除了几个印有祖先头像的硬币，我们儿时的记忆里只有磨损的钱币。正是在梦想的层面上，而不是在事实的层面上，童年在我们心中才保持鲜活，并且从诗歌的角度来说是有用的。通过永恒的童年，我们保留着关于往日的诗歌。在梦中居住出生的家宅，这不仅仅是通过回忆来居住，而是如同我们梦见它那样，生活在消失的家宅里。

在孩子的梦想中有多好的通往深度的优先权！真正拥有孤独的孩子是多么幸福！这样的孩子是优秀的、健康的，他有过百无聊赖的时刻，他懂得夸张的游戏和无来由的单纯无聊之间的辩证法。大仲马在他的《回忆录》里说，他曾是一个百无聊赖的孩子，百无聊赖到流泪。当他的母亲发现他因为百无聊赖而哭泣的时候，问他：

“仲马为什么哭呢？”

“仲马哭，是因为他有泪。”六岁的孩子这样回答。这当然是一件人们会在《回忆录》中讲述的逸事。然而这件事多么恰当地突出了绝对的百无聊赖，和缺少玩伴无关的百无聊赖。他不正属于那种逃避游戏而来到自己阁楼的角落里让自己百无聊赖的孩子么。充满我的百无聊赖的阁楼，当多重的生活使我丧失了最少的自由时，我多少次为失去你而痛惜。

于是，抛开所有保护方面的实证价值，在出生的家宅里建立起了幻想的价值，这是当家宅不复存在之后仍然留存的最后价值。百无聊赖的中心、孤独的中心、梦想的中心结合在一起，构成比散落在出生的家宅里的回忆更加持存的梦中家宅。我们需要长期的现象学研究来确定所有这些幻想的价值，来说明回忆所扎根的这片幻想土地的深度。

不要忘了，正是幻想的价值在灵魂与灵魂之间以诗歌的方式交流。阅读诗歌在本质上是梦想。

V

家宅是形象的载体，它给人以安稳的理由或者说幻觉。我们不断地重新想象它的实在：区分所有这些形象也就是言说家宅的灵魂；这意味着发展一门真正关于家宅的心理学。

为了把这些形象有条理地组织起来，我们认为应该考虑两个最重要的过渡性问题：

1. 家宅被想象成一个垂直的存在。它自我提升。它在垂直的方向上改变自己。它是对我们的垂直意识的一种呼唤。

2．家宅被想象成一个集中的存在。它唤起我们的中心意识。

这些主题无疑表述得很抽象。但从下面的例子中不难认出它们在心理学上的具体特征。

垂直性是由地窖和阁楼的两极来确保的。这种垂直性的标记如此深刻，乃至在某种程度上为想象力的现象学启发了两个完全不同的方向。实际上，我们可以把屋顶的理性和地窖的非理性毫无异议地对立起来。屋顶立刻说出了它的存在理由：它把害怕日晒雨淋的人置于遮蔽之下。地理学家总是反复提到，在每个国家，屋顶的坡度是关于气候的最可靠信号之一。我们“理解”屋顶的倾斜。梦想者自己以理性的方式做梦；对他而言，尖尖的屋顶劈开团团乌云。所有思想在接近屋顶时都变得清晰。在阁楼上，我们愉快地看见赤裸裸的坚固屋架。我们参与到木匠的牢固几何学中去。

毫无疑问，我们发现地窖有一些实用性。我们通过列举它的便利之处而对它进行了理性化。然而它首先是家宅中的阴暗存在，作为地下力量的一部分的存在。在梦见地下室时，我们对深层非理性表示赞同。

如果我们使自己对居住功能敏感到这样的程度，即把居住功能作为对建筑功能在想象中的对应，那么我们将会使自己对家宅的垂直两极变得敏感起来。较高的楼层和阁楼是梦想者“建造”的，他把已经建好的楼层重新建造。让我们再说一遍，在明亮的高处所做的梦中，我们处于理智化投射的理性区域。然而在地窖里，激情的居住者挖掘它、继续挖掘它，他使深层变得活跃。当现实令人不满的时候，梦想开始工作。在被挖掘的土地里，幻想无拘无束。我们还会给出关于超深地窖的梦想。让我们先停留在被地窖和阁楼两极化的空间里，并观看这个两极化的空间如何能够帮助说明最精细的心理学差别。

精神分析学家荣格就是这样利用地窖与阁楼的双重形象来分析家宅中的恐惧感的。实际上，在荣格的书《寻求灵魂的现代人》法译本第203页中有一个比较，它让我们能够理解意识的存在希望“通过给情结改名来取消它们的自主性”。形象是这样的：“意识在那种情况下的行动就像一个人听到了可能来自地窖的声音，却冲到阁楼去确认没有小偷，以此确认声音是纯粹的想象。事实上，这个谨小慎微的人本来就不敢去地窖冒险。”

当荣格用解释性的形象来说服我们的时候，作为读者的我们以现象学的方式重新体验到两种恐惧：阁楼上的恐惧和地窖里的恐惧。为了避免面对地窖（无意识），荣格的“谨小慎微的人”以他全部的勇气去寻找阁楼上的不在场证明。老鼠们可能在阁楼上大吵大闹。一旦主人突然出现，它们立刻躲回寂静的小洞。在地窖里活动的是动作更加缓慢的生物，它们跑得更慢，却更神秘。在阁楼上，恐惧感很容易变得“理性化”。在地窖里，即使对于一个比荣格所提到的人勇敢许多的生物，“理性化”的过程也没有那么快、那么清晰；这个过程永远都是不确定的。在阁楼上，白天的经验总是能够消除夜晚的恐惧。在地窖里，无论白天黑夜总是充满阴暗。即使手里举着烛台，地窖里的人还是看见影子在黑色的墙上跳动。

如果我们顺着荣格的解释性例子的启发，一直达到对心理学现实的完全掌握，我们就会遇到精神分析学和现象学的合作，如果我们想要掌握人的现象，就必须强调这一合作。事实上，为了赋予形象在精神分析学上的有效性，就必须以现象学的方式来理解它。在对颤栗的同感中，现象学家将接受精神分析学家的形象。现象学家将使恐惧感的原始性和特殊性复苏。我们的文明把同样的光放到一切地方，在地窖里装上电灯，我们不再手里举着烛台去地窖。无意识无法被文明化。它总是拿着烛台去地窖。精神分析学家不能停留在隐喻或比喻的表面意义上，而现象学家应该前往形象的最深处。在这个问题上，现象学家要做的不是还原和解释，不是比较，而是把夸张加大。因此，在读爱伦·坡（Edgar Allen Poe）[①]的《故事集》时，现象学家和精神分析学家联合起来

① 爱伦·坡（1809—1849），美国作家。——译者

才能理解它们的扩张价值。这些故事是孩子的恐惧，它们自行扩张。把自己“交给”阅读的读者会听见猫的诅咒，作为犯下不可饶恕的错误的信号，从墙外喵喵传来。[①]地窖的梦想者明白地窖的墙壁是埋在地下的，是只有一面的墙壁，墙壁的背后是大地。但冲突在变大，恐惧在加强。可是，不持续加强的恐惧还是恐惧吗？

在这种对颤栗的同感中，现象学家竖起了耳朵，正如诗人索比-马塞兰（Thoby-Marcelin）[②]所写的那样，“接近疯狂”。地窖是埋在地下的疯狂，被墙围住的冲突。关于发生凶杀的地窖的叙述在记忆中留下了不可磨灭的印记，人们不愿意加深的印记；谁会想再读一遍《一桶白葡萄酒》[③]呢？这里的冲突非常简单，但它却引发了本能的恐惧，在人和家宅的双重本性之中的恐惧。

我并不立一份关于人的戏剧冲突的卷宗，而是去研究几个超深地窖，它们可以很简单地向我们证明，关于地窖的梦想无可辩驳地加强了现实性。

如果梦想者的家宅位于城市，常见的梦想是从深度上控制周围的地窖。梦想者的居所想要传说中的坚固城堡那样的地道，一条条神秘的路连接起所有的围墙、所有的壁垒、所

---

① 爱伦·坡：《黑猫》。

② 索比-马塞兰(1904—1975)，海地诗人、小说家。——译者

③ 《一桶白葡萄酒》是爱伦·坡的一篇恐怖小说。——译者

有的地沟、城堡的中心和远处的森林。建造于山上的城堡有须根状的地道。对一栋简陋的家宅来说，建造在一簇地道之上是多么强大！

在伟大的家宅梦想家亨利·博斯科（Henri Bosco）[①]的小说中，我们遇见了这样的超深地窖。在《古玩家》（第60页）的家宅中，有一座“四面开门的拱顶圆亭”。从四扇门伸开出去的走廊从一定程度上主宰着地下空间的东南西北。东面的门打开后，“我们在地下，在这一区域的一座座房子下面走得很远……”这些文字带有迷宫般梦想的痕迹。然而和有着“空气沉闷的”走廊的迷宫相连的是圆亭和小教堂，秘密的圣所。因此我们可以说，《古玩家》的地窖是梦幻般错综复杂的。读者应该通过梦想来探索它，有些梦想触及走廊的压抑，有些梦想触及地下宫殿的惊异。读者会在那里迷路（既是本义也是比喻义）。他起先看不清如此繁复的几何学有什么文学上的必要性。正是在这个问题上现象学研究将显示它的有效性。现象学态度为我们提供了什么建议呢？它要求我们在自己心中树立起一种阅读的傲气，这种傲气使我们产生参加到作品的创作中去的幻觉。第一遍阅读无法形成这种态度。第一遍阅读带有太多被动性。读者在那时还是一个小孩，被阅读吸引的小孩。但任何好的作品必须在刚读完

① 亨利·博斯科（1888—1976），法国小说家。——译者

一遍后马上重读。在草稿也就是第一遍阅读之后，开始阅读的创作。因此必须知道作者的问题所在。第二遍阅读、第三遍阅读……渐渐教会我们解决问题的方案。不知不觉地，我们有了幻觉，好像问题和解决方案都是我们自己的。这一心理学的细微差别："我们本来就应该这样写"，把我们变成了阅读的现象学家。如果我们达不到这一细微差别，我们就仍然是心理学家或精神分析学家。

那么，亨利 · 博斯科对超深地窖的描写中的文学问题是什么？是把一部小说具体化为一个核心形象，而这部小说的主要线索是一系列地下阴谋。这个常用的隐喻被表示成各种各样的地窖，过道组成的网络，一个个房门紧锁的小屋。人们在其中深思机密；人们在其中盘算预谋。行动在地下缓慢开展。我们其实就身处在地下密谋的内心空间中。

正是在这样的地道里，引导小说线索的古玩家们要把几个人物的命运联系起来。亨利 · 博斯科的经纬状地窖是命运的织布机。讲述自己冒险经历的主人公自己就有一个命运指环，这个戒指上面有一颗刻有古代记号的宝石。"古玩家"们完全地下的、完全不见天日的行动计划终告失败。当两个恋人的伟大命运将要连在一起的时刻，小说家笔下最美丽的一位仙子死在了受诅咒的房屋中央，这位仙子是花园和塔楼的存在，应该赐予幸福的存在。一位读者如果稍加注意始终活跃在博斯科小说的心理叙述之下的空间诗歌，这位读者将在书中许多地方获得关于天空与大地之间冲突的见证。然而，为了体验这些冲突，必须重读，必须能够转移兴趣，或者说在对人与物的双重兴趣中进行阅读，同时不遗漏人的生活这块人类学-宇宙学织布上的任何东西。

在小说家把我们带入的另一个住所中，超深地窖不再属于一群地下的人暗中策划的信号。它是真正自然的，融入了地下世界的自然环境中。我们将跟随着亨利·博斯科到有空间根基的家宅里生活。

这座有空间根基的家宅在我们眼里就好像一株石头的植物，从岩石上生长出来，塔顶直指蓝天。

《古玩家》这部小说的主人公是在一次不慎误闯时被抓住的，他本应该进入房屋的地下通道。然而，紧接着，叙述的兴趣转向了空间的兴趣。各种现实情况都为呈现梦想服务。首先，我们仍然在石块垒起的走廊迷宫内。然后忽然间，面前出现了一条暗河。于是，小说的事件描述对我们来说中断了。除非我们通过夜晚的睡梦参与其中，否则书中的内容对我们来说就没有价值。确实，一个包含了真实要素的长梦加入了叙述。让我们读一下这首关于地窖空间的诗：①

就在我的脚下，水从黑暗中流出。

---

① 亨利·博斯科：《古玩家》，第 154 页。

> 水！……巨大无边的水洼！……这是怎样的水啊！……黑色的，死寂的水，平静得没有一丝皱纹、一个气泡扰乱它的表面。没有源泉，没有来源。它在那里已存在了千年，由于岩石所阻而停留在那里，它像一块无形的桌布一样伸展开来，在石块的包围中，它自己也变成了一块黑色的、不动的石头，成为矿物世界的俘虏。在这个压迫的世界里，它曾经遭受成群的围攻、巨量的堆积。在这重压之下，可以说它已经改变了性质，渗透到石灰岩的石板中去，将秘密保存那里。它因此成为地下的山上最稠密的流动元素。它的不透明和它超常的坚固[①]使它变得像一种未知的含磷物质，只在表面泛着一闪一闪的磷光。这些电光石火的光泽是栖息在深处的隐藏力量的信号，代表着潜在的生命和沉睡着的元素的可怕力量。我为之颤栗。

我们知道，这种颤栗不再是人的恐惧，而是空间的恐惧，是人类学-宇宙学的恐惧，它回应着回到原始状态中的人的伟大传说。从岩石垒成的地窖到地道，从地道到寂静的水，我们经由建造的世界到达梦想的世界；我们经由小说到达诗歌。然而现实与梦想如今合为一体。家宅，地窖，底下的土地在纵深上融为一体。家宅成了自然中的一个存在。它

① 在我对物质想象的研究《水与梦》中，提到一种稠密而奇特的水、沉重的水。这是伟大的诗人爱伦·坡的水，参见第二章。

依赖于形成大地的山和水。作为石头做的巨大植物的家宅如果在地基处没有地道里的水就不能很好地生长。梦想就是这样在广度上无尽延伸的。

博斯科在空间的梦想中写下的文字给读者带来了一大段阅读的放松，让读者进入一切幽深的梦境所提供的休息中。叙述逗留在一段暂停的时间中，这个时刻很适合从心理学的角度深入研究。现在，对现实事件的叙述可以重新开始，因为叙述已经被空间和梦想所充实。事实上，在地下水那里，博斯科的地窖和它的楼梯重新会合。在插入一段诗意文字之后，描述可以重新延续它的路线："一段楼梯从岩石间开辟出来，一边上升，一边旋转。楼梯十分狭窄而陡峭。我拾级而上。"（第155页）经过这段螺旋梯，梦想者从层层地下世界中脱离出来，进入高处的冒险。实际上，在这些迂回逼仄的小道尽头，读者终于进入一个塔楼。这是一个理想的塔楼，它让每个梦想古代居所的人欣喜若狂：它是"完满的圆形"；一束"细细的光"从"一扇小窗"照进来，包围了塔楼。天花板是拱穹的。拱穹的天花板是多么重要的关于内心空间的梦想原则！它使内心空间永远向中心会聚。我们并不奇怪塔楼的卧室是一个温柔少女的居所，并且她居住在对深爱她的外祖母的回忆里。圆形的拱顶卧室独自居于高处。它保存着过去，因为它主宰着空间。

少女有一本从遥远的外祖母那里传下来的弥撒经本，在这个弥撒经本上，我们可以读到一句箴言：

花儿总在杏仁里。

这句令人赞叹的箴言说的正是家宅，正是以无法忘却的内心空间为特点的卧室。其实，内心空间的形象难道不是更加紧密，对自己的中心更加确定，胜过一朵含苞待放的花对未来的梦？我们想要保留在圆形卧室里的不是幸福，而是前幸福（l'avant-bonheur）！

于是，博斯科笔下的家宅从大地走向了天空。它的塔楼在垂直性上从最深的地面和水面升起，直达一个信仰天空的灵魂的居所。作家建造出来的这座家宅呈现了人的垂直性。它从梦境的角度看是完整的。它突出了有关家宅的梦的两个极点。它慷慨地为那些可能连鸽棚都没得住的人提供了塔楼。塔楼是另一个时代的产物。如果没有过去，它什么也不是。一座崭新的塔楼是多么可笑！然而，已经有许多书为我们的梦想提供了成百上千个居所。在放书的塔楼里，谁不曾经历过浪漫的时光？这些时光会重新回来。梦想需要它们。在有关居住功能的大量读物组成的键盘上，塔楼是伟大梦想的一个音符。自从我开始读《古玩家》以来，我有多少次前往亨利·博斯科的塔楼里居住！

塔楼和超深地道从两头拉长了我们刚才研究的家宅。我们认为，这座家宅扩大了较简陋的家宅的垂直性，为了满足我们的梦想，即使是简陋的家宅也需要在高度上进行分层。如果我们要做梦中家宅的建筑师，我们会在三层楼的家宅和四层楼的家宅之间犹疑不决。三层楼的家宅从基本高度上来说是最简单的，有一层地窖，一层底楼和一层阁楼。四层楼的家宅在底楼和阁楼之间加了一层。多了一个第二层，各种梦就混合起来。在梦中的家宅里，场所分析只能考虑最多三到四层。

然后就会有一座到三四座楼梯。每一座都互不相同。在通往地窖的楼梯上，我们永远是*往下走*的。我们留在记忆里的是它的下降，关于它的梦境以下降为特征。在通往卧室的楼梯上，我们既上去又下来。这条道路比较平常。它是我们习以为常的。十二岁的孩子在那上面玩*跳级的游戏*，三级四级一跳，尝试五级一跳，特别喜欢玩连着四级跳。一跨四级的登楼梯，多么美妙的腿部的幸福！

最后，我们经常*登上*的是更陡峭、更粗糙的阁楼的楼梯。它预示着通向最安静的孤独的上升。每当我回到昔日的阁楼上做梦时，我从不下楼。

精神分析学对关于楼梯的梦有过研究。但由于精神分析学需要普遍化的象征系统来确定它的解释，所以它很少关注梦想和回忆相互混合的复杂性。正因为如此，在这个问题和在其他一些问题上一样，精神分析学更擅长研究睡梦而不是梦想。梦想的现象学能够解开记忆和想象力的情结。它必须对象征的区分很敏感。诗的梦想作为象征的创造者赋予我们的内心空间产生多重象征意义的活力。回忆也变得细腻起来。梦想中的家宅获得了极度的可感性。有时候，几个台阶在记忆中留下了出生的家宅高低起伏。①这样的卧室不只是一扇门，而是一扇门加三个台阶。当我们开始仔细地思考老宅的高度时，一切上升和下降的地方都重新开始被生动地体验。我们再也不能继续做一个只有一层楼的人，就像布斯凯（Bousquet）②所说的："这是一个只有一层楼的人：他的地窖就在阁楼里。"③

让我们以反题的方式对梦境中不完整的居所做几点评论。

巴黎没有家宅。大城市的居民们住在层层叠叠的盒子里。克洛岱尔（Paul Claudel）④说："我们在巴黎的卧室，在它的四墙之间，是一种几何学的地点，一个我们用来摆放形象、装饰品和多门柜子的惯常洞穴。"⑤马路的门牌号和

---

① 参见《土地与静息的梦想》，第 105—106 页。
② 布斯凯（1897—1950），法国作家。——译者
③ 布斯凯：《那个年代的雪》，第 100 页。
④ 克洛岱尔（1868—1955），法国作家、外交官。——译者
⑤ 克洛岱尔：《旭日中的黑鸟》，第 144 页。

楼层的数字确定了我们的“惯常洞穴”的方位，但我们的居所既没有周边空间也没有自身的垂直性。“在地面上，家宅用沥青固定住，防止陷入地下。”[①]家宅没有根。对于一个家宅的梦想者来说这是无法想象的事：摩天大楼没有地窖。从地面到屋顶，一间间房堆积起来，无边无际的天空是一顶罩住整个城市的帐篷。城市里的建筑物只有*外在的*高度。电梯破除了楼梯上的壮举。住得离天空近不再有任何好处。*在家*的状态只不过是单纯的水平性。嵌在一层楼当中的一套住宅的各个房间缺乏一条最基本的原则来区别和划分他们的内心价值。

除了垂直性方面的内心价值，大城市里的家宅还缺乏宇宙空间性。这些家宅不在处于自然之中。居所和空间之间的关联成了人为的。在这种关联中一切都是机械的，内心生活从那里完全消失了。“马路就像管道，人被吸了进去。”（马克斯 · 皮卡德：前引书，第 119 页。）

家宅不再经历宇宙中的各种冲突。有时候风会刮下一片屋瓦砸死路上的一个行人。屋顶的这项罪恶只针对夜归的行人。闪电在一瞬间使窗户上的玻璃着了火。但家宅不会在雷声中颤抖。它不会和我们一起颤抖，也不会因为我们而颤抖。在一幢紧挨着一幢的家宅里，我们的恐惧减轻了。对梦

① 皮卡德（Max Picard）：《上帝面前的逃遁》，法译本，第 121 页。

想者来说，巴黎上空的风暴对他个人的侵犯不如对一幢郊外的房子那样严重。为了更好地理解这一点，我们将在后面的段落中研究*家宅的在世存在状态*，这一状态以具体的方式为我们提供了形而上学中经常概括为人的在世存在状态的一种变化形态。

然而，在此，还有一个问题向相信大的梦想有益的哲学家开放：如何帮助城市卧室的外部空间宇宙化？举例来说，就是给出梦想者对巴黎的噪音问题的解决方案。

当失眠这一哲学家的通病由于城市噪音所带来的紧张而加剧时，当深夜的莫贝尔广场上汽车轰鸣时，当卡车的隆隆声让我诅咒我作为城市居住者的宿命时，我就在体会海洋的隐喻中获得舒缓。我们都知道城市是一片嘈杂的海洋，我们说过多次，巴黎在夜半时分传来浪涛和海潮的持续低语。根据这些老调，我创造了一个真诚的、属于我的形象，就好像是我自己发明出来的一样，出于我的轻微疯狂，那就是相信自己总是我所思考的东西的主体。如果车辆的隆隆声变得更加难受，我就想方设法从中找出打雷的声音，雷声对我说话，对我咆哮。我还怜悯自己。你呀，可怜的哲学家，又处在风暴之中，在人生的风暴之中！我做着既抽象又具体的梦。我的沙发是一叶迷失在水上的小舟；它所遭受的呼啸声是风打帆的声音。愤怒的空气到处鸣响喇叭。为了自我安慰，我对自己说：看，你的扁舟还很坚固，你在石头做的船上很安全。睡觉吧，别管风暴。在风暴里睡觉吧。充满勇气地睡觉吧，幸福地做一个被浪涛裹挟的人。

我睡了，在巴黎的噪音催眠下入睡。①

所有这一切都使我确信城市里的海洋噪音这一形象是在“事物的本性”中的，这是一个真实的形象，把噪音自然化对减少它们的讨厌程度是有用的。我在我们这个时代的新生诗歌里偶尔发现了这个有益形象的微妙变化。当城市发出“空贝壳里的浪涛声”时，伊冯娜·卡罗奇（Yvonne Caroutch）②听见了闹市的破晓。这一形象帮助像我这样早起的人缓缓地、自然地醒来。所有的形象都是好的，只要学会利用它们。

我们还可以找到其他许多关于城市-海洋的形象。让我们看看这个引起画家注意的形象。皮埃尔·库蒂翁（Pierre Courthion）③说，被囚禁在圣佩拉热的库尔贝（Courbet）④曾有过表现从监狱顶楼所见的巴黎这一想法。库尔贝在给他

---

① 我写下这一页时，正在阅读巴尔扎克的作品《夫妻生活的小烦恼》（Formes & Reflets 出版社，1952 年，第十二卷，第 1302 页）中的这样一段：“当你的家宅四肢发抖，两腿颤动，你就当自己是被微风吹拂的水手。”

② 伊冯娜·卡罗奇：《睡着的值夜人》，Debresse 出版社，第 30 页。[伊冯娜·卡罗奇（1937— ），法国小说家、散文家、诗人。——译者]

③ 皮埃尔·库蒂翁：《自己和朋友眼中的库尔贝》，Cailler 出版社，1948 年，第一卷，第 278 页。Valentin 将军不允许库尔贝画巴黎-海洋。他让人告诉库尔贝，他“坐牢不是为了娱乐来的”。

④ 库尔贝（1819—1877），法国画家，巴黎公社成员，曾被捕入狱，后前往瑞士避难。——译者

的一个朋友的信中说："我想过用我的海景画法来画这一景象，一片深邃的天空，巴黎的各种活动，各种房屋，各种像海洋的翻滚波涛一样的圆屋顶……"

根据我们的方法，我们试图保持各种形象的混合，而拒绝绝对的解剖学。我们不时提及家宅的宇宙空间性。但我们会以后再回到这个特性上来。现在，在考察了梦中家宅的垂直性后，我们应该像我们在上文所宣告的那样，研究内心空间发生凝聚的中心，那是梦想聚集的地方。

VI

首先应该在各种家宅内寻找简单性的中心。正如波德莱尔所说：在一座宫殿里，"没有属于内心空间的角落"。

然而简单性有时被过于理性地推崇了，它不是重要的梦境来源，应该回到庇护的原始性。在经历过的处境之外，应该发现梦想的处境。在作为实证心理学材料的实证回忆之外，应该重新开启原始形象的领域，这一领域可能曾是留存于记忆之中的回忆的落脚点。

甚至关于出生的家宅，这个固定在记忆中的存在，我们都可以证明想象的原始性。

例如，在家宅里，在家庭房间里，梦想庇护的人梦想着小屋、鸟巢、角落这些他可以像在洞里的动物一样蜷缩起来的地方。于是他生活在人类形象之外的地方。如果现象学家能够体验这些形象的原始性，他就会更改家宅的诗的有关问题。在阅读亨利·巴舍兰（Henri Bachelin）[①]讲述他父亲的一生的书中令人赞叹的一页时，我们找到了一个清楚的例子，从中可见居住之乐的聚集。[②]

亨利·巴舍兰的童年家宅是所有家宅中最简单的一个。这是一座莫尔旺（Morvan）镇上的乡间农宅。但是，由于它所在的农村环境以及父亲的勤劳和节俭，它是一座全家生活得到安全和幸福的居所。在照亮卧室的灯旁，既是日间劳作者又是教堂司事的父亲每晚阅读着圣人的生平。也是在这间卧室里，孩子进行着原始性的梦想，这一梦想加强了孤独感，乃至于想象自己生活在丛林里的小木屋。对一个寻找居住功能之根基的现象学家来说，巴舍兰的文字是高度纯洁的文献。其中最关键的段落是（第97页）：“我肯定，有些时候，我强烈地感觉到我们好像隔绝于小城、法国乃至世界。我愉快地（虽然我只把感受留给我自己）想象我们生活在暖洋洋的煤炭工小木屋里的柴堆中间：我甚至希望听见狼群在我们坚硬的花岗岩门槛上磨爪。我们的家宅让我置身于小木屋中。我看到自己没有挨饿受冻之虞。如果我发颤，那只是

① 亨利·巴舍兰（1879—1941），法国作家。——译者
② 亨利·巴舍兰：《仆人》，第6版，法国水星出版社。书中有勒内·迪梅尼（René Dumesnil）所写的优美序言，讲述了这位被遗忘的小说家的生活和作品。

因为幸福。”当提到他的父亲时，在这部一直用第二人称写成的小说里，巴舍兰补充道：“舒服地坐在椅子上的我，沐浴在对你的力量的感受中。”

就这样，作家召唤我们来到家宅的中心，就好像来到力量的中心，在一个主要的保护地带中。他把“小木屋之梦”深入进行，这是那些喜爱原始家宅的传奇形象的人都知道的梦。然而，在大多数我们关于小木屋的梦里，我们都希望生活在别处，远离拥挤的家宅，远离闹市的烦扰。我们在思想中逃遁，去找寻一个真正的庇护所。巴舍兰比那些梦想逃往远方的人更幸福，他在家宅自身之中找到了小木屋的梦想之根。他只需稍稍修饰家中卧室的景象，只需在晚餐后的宁静中聆听火炉的喘息，尽管那时北风在家宅外面呼啸，他就可以知道在家宅的中心，在灯光的亮圈内，他住在一个圆形的家宅里，在原始的小木屋里。有多少一间套着一间的居室，只要我们能细致地、有差别地构成使我们体验内心空间梦想的形象。有多少我们能够收集的不同价值，只要我们真诚地生活在我们的梦想形象中!

在巴舍兰的笔下，小木屋就像居住功能的直根（racine pivotante）。它是最简单的人的植物，不需要分叉来维持生存。它非常简单，因而不再属于回忆，因为回忆有时带有太多想象。它属于传说。它是种种传说的中心。面对一束远远消失在黑夜里的光线，谁不曾梦想过茅屋，谁不曾参与到传说中去，梦想隐士的小木屋？

隐士的小木屋，这就是一幅版画原稿！真正的形象是版画。想象力把它们刻在我们的记忆中。它们加深了所经历的回忆，把所经历的回忆变成想象力的回忆。隐士的小木屋是一个不需要变奏的主题。只要最简单的一次忆起，“现象学的回响”就会抹去普通的回响。隐士的小木屋是一幅遭到过多风景侵袭的版画。它必须从自己的本质、从居住这个动词的本质中接受它真正的强度。并且，小木屋是集中的孤独感。在传说的领域里，没有相邻的小木屋。当然，地理学家可以从遥远的旅行给我们带回小木屋所组成的村庄的照片。过去的传说超越了一切目睹的事物，一切个人经历的事物。形象带我们走。我们前往极端的孤独。隐士在上帝面前是孤身一人。隐士的小木屋是修道院的原型。集中的孤独向四周发散出一个冥想和祷告的宇宙，一个宇宙之外的宇宙。小木屋不能从“这个世界”接受任何财富。它幸福地拥有强烈的贫穷。隐士的小木屋是光荣的贫穷。越是赤贫，我们就越接近绝对的庇护。

集中的孤独所形成的中心所被赋予的价值是如此强烈、如此原始、如此不容置疑，使得遥远的光芒能够为没有非常清晰定位的形象提供参照。梭罗是否听见了“树林深处的号角声”？这一“形象”在中心没有准确的定位，这一充满了夜色中的自然的声音形象为他提供了一个休息和可靠的形象，他说：“这个声音和隐士的遥远烛光一样友好。”[1]而我们也在回想，在哪个山谷中依旧传来往日的号角声，为什么我们立刻能接纳由号角唤醒的声音世界以及由遥远光芒照亮的隐士世界这两种共同的友好？为什么在生活中如此稀少的形象对想象力有如此强大的作用？

一切重要的形象都同时有历史和史前史。它们总是既是回忆又是传说。我们从来不直接体验形象。每个重要的形象都有深不可测的梦的基础，正是在这个梦的基础上，个人的过往岁月披上了特殊的色彩。同样，正是在生命历程中的很晚时期，我们才真正地欣赏一个形象，通过在固定于记忆中的历史之外发现它的根基。在绝对想象的世界中，我们很晚才成为年轻人。只有失去地上的天堂之后，我们才能真正到那里生活，在形象的现实性中、在超越一切激情的绝对升华中体验那个世界。一位诗人在沉思另一位伟大诗人的一生时，也就是维克托-埃米尔·米舍莱（Victor-Emile Michelet）[2]在沉思维里耶·德·利尔-亚当（Villiers de l'Isle-Adam）[3]的作品时写道：“唉！只有年龄增长了才能获得年轻，才能从羁绊中解放出年轻，才能凭原初的冲动生活。”

---

① 亨利·大卫·梭罗：《树林中的哲学家》，法译本，第 50 页。

② 维克托-埃米尔·米舍莱（1861—1938），法国作家，神秘主义者。——译者

③ 维里耶·德·利尔-亚当（1838—1889），法国作家。——译者

诗歌带给我们的并非很多对年轻时候的怀旧，这样就太平庸了，诗歌带给我们的是对表达年轻之方式的怀旧。它给我们提供种种形象，就好像我们本该在年轻时候的“原初冲动”中想象它们一样。形象的雏形，朴素的版画，小木屋的梦想，全都邀请我们重新开始想象。它们还我们以存在的居留，存在的家宅，那里聚集着存在的确定性。似乎当我们居住在这样的形象中，如此令人安稳的形象中时，我们重新开始了另一种生活，一种我们自己的生活，这种生活在存在的深处属于我们。在静观这些形象时，在阅读巴舍兰书中的形象时，我们反复地思考原始性。由于这一重建的、人所向往的、在朴素的形象中被体验的原始性，一本小木屋的画册将会成为想象力的现象学的简易练习册。

除了隐士小木屋的遥远灯火这个守夜人的象征，还有数量可观的文学文献与家宅的诗歌有关，它们可以在窗前亮着的灯这个唯一的共同主题下来研究。应该把这个形象归到对光的世界的想象的一条重要公理之下：所有发亮的东西都在看。兰波（Rimbaud）[①]用三个音节说出了这条宇宙公理：“珍珠在看。”[②]因为灯在守夜（veille），所以它在监视（surveille）。光线越是纤细，监视就越无孔不入。

---

① 兰波（1854—1891），法国诗人。——译者

② 兰波：《作品全集》，大橡树出版社，洛桑，第 321 页。

窗前的灯是家宅的眼睛。在想象力的领域里，灯从来不照亮户外。它是封闭起来的光线，只能衍射到户外。有位诗人以《围墙之内》为题写了首诗，诗的开头是这样：

窗户背后透出的灯火
在夜的隐秘心中守候。

这位诗人还在之前写下的诗句中说：

被囚禁的目光
困在石砌的四面围墙之间。①

亨利·博斯科的小说《风信子》和另一个故事《风信子花园》组成了我们时代最令人惊奇的心理小说。在《风信子》中，一盏灯在窗前等候。家宅因为它而等候。灯是漫长等候的符号。

通过遥远家宅的灯火，家宅在看，在守候，在监视，在等待。

当我放任自己进入梦想与现实颠来倒去的迷醉中时，这

① 克里斯蒂安娜·巴吕克（Christiane Barucoa）：《前方》，Cahiers de Rochefort 出版社，第 5 页。

个形象出现在我面前：遥远的家宅和它的灯火是为我准备的，在我面前，家宅（现在轮到它看了！）通过钥匙孔向外张望。的确，有个人在家宅中守夜，当这个人在那里工作的时候我在做梦，他是一个执着的生命，而我追逐着无用的梦。由于那盏仅有的灯火，家宅具有了人性。它像人一样地看。它是一只睁着看黑夜的眼睛。

其他形象也在不断地点缀关于黑夜中的家宅的诗歌。有时候，它像一只草丛里的萤火虫，是有一盏孤独灯火的存在：

> 我看见你们的家宅，像一只只萤火虫，躲在山丘上的凹地里。[①]

另一位诗人把大地上发光的家宅称作“草丛里的星星”。克里斯蒂安娜·巴吕克还这样说到人类家宅中的灯火：

> 被瞬间的冰冻捕住并囚禁起来的星星。

在这些形象中，似乎天上的星星来到地上居住了。人类的家宅组成了地面上的星座。

---

① 莫朗热（Hélène Morange）：*Asphodèles et pervenches*，Seghers 出版社，第 29 页。

克朗西耶（G. E. Clancier）[①]用十个村庄和它们的灯火钉成一幅大地上的海兽星座图：

> 一个夜晚，十个村庄，一座大山，
>
> 一头由金色钉子圈成的黑色海兽。
>
> 克朗西耶：《一个声音》，伽里玛出版社，第172页。

埃利希·诺伊曼（Erich Neumann）[②]曾经研究了一个病人的睡梦，这个病人在从塔楼上眺望时看见星星从大地上出现并闪耀。它们出自大地的怀抱；在这个强迫性念头中，大地不仅仅是星星闪烁的天空的简单形象。它是创造世界、夜晚和星星的伟大母亲。[③]在这个病人的睡梦里，诺伊曼揭示出"Mutter-Erde"（大地-母亲）这一原型的力量。诗歌天然产生于不如夜晚的睡梦那样固执的梦想。它只和"瞬间的冰冻"有关。但诗歌文献的启示作用并不因此而减少。大地的符号被放到一个属于天空的存在之上。形象的考古学因此受到一闪而过的形象、诗人在瞬间产生的形象的启发。

我对一个看起来可能很普通的形象作了这么多发挥，为

---

① 克朗西耶（1914— ），法国作家、诗人、小说家。——译者

② 埃利希·诺伊曼（1905—1960），德国心理学家、作家，荣格的学生。——译者

③ 埃利希·诺伊曼：《爱诺思年鉴》（*Eranos-Jahrbuch*），1955年，第40—41页。

的是表明形象不能够保持静止。诗歌的梦想和睡中的梦想相反，它从不入睡。它总是必须从最简单的形象开始，让想象之波扩散开来。然而，尽管被灯火的星星照亮的孤独家宅具有了宇宙空间性，它总是作为孤独感出现：让我们看最后一段突出这种孤独的文本。

在一本里尔克书信选开头的《私人日记残篇》[①]中，我们看到这样的场景：里尔克和他的两个同伴在漆黑的夜里瞥见“远处小屋的一扇发亮的窗户，那是最远处的小屋，大片田野和沼泽前的地平线上唯一一座小屋”。这一象征着孤独的形象通过一盏唯一的灯火打动了诗人的心，它深深地打动了诗人本人，使他和自己的同伴隔离开来。关于他们三个朋友的群体，里尔克还说：“尽管我们一个紧靠着另一个，但三个人仍然是孤立的，因为我们都是第一次看见黑夜。”这句话我们无论沉思多久都不能悟透，因为这个最普通的形象，这个诗人肯定已经见过几百次的形象，突然之间标上了“第一次”的信号，并把这个信号传送给熟悉的夜晚。我们难道不能说，那盏来自孤独的、固执的守夜人的灯火具有催眠的力量。我们被孤独催眠，被孤独家宅的目光催眠。家宅和我们之间的联系是如此紧密，我们不再梦想别的，而只梦想黑夜中的孤独家宅：

① 里尔克：《书信选》，Stock出版社，1934年，第15页。

O Licht im schlafenden Haus! ①

(哦，沉睡家宅中的灯火！)

通过小屋，通过在遥远天际守夜的灯火，我们已经用最简化的形式表示了庇护所的内心空间的紧密压缩。相反，在本章的开头，我首先尝试了在垂直性上区分家宅。现在，我们应该继续借助具体的文学文献来更好地讨论家宅抵抗周围力量的保护价值。在考察了家宅和宇宙的动力辩证法之后，我们将要考察家宅即整个世界的诗歌。

① 绍卡尔 (Richard Von Schaukal)：《德国诗歌选》，Stock 出版社，第二卷，第 125 页。

第二章
家宅和宇宙

当我们的天空连成一片，
家宅就有了屋顶。

艾吕雅(Paul Eluard)①:《生活之必要》，
Julliard 出版社，1941 年，第 115 页。

我们在前一章里已经指出，“阅读家宅”、“阅读卧室”这样的说法有其意义，因为卧室和家宅是心理学的图解，它们引导作家和诗人对内心空间进行分析。我们将开始细细地阅读一些大作家所“写的”家宅、卧室。

I

波德莱尔虽然本质上是一个城市居民，但在家宅遭受寒冬侵袭的时候，他也感受到内心空间价值的增长。在《人造天堂》（第280页）中，他说到寒冬中关在屋里的托马斯·德·昆西（Thomas de Quincey）[②]的幸福，他借助鸦片所营造的观念世界来阅读康德。这一场景发生在威尔士的一个“小屋”（Cottage）[③]里。“一座漂亮的住宅不是让冬天变得更诗意吗？而冬天不也增添了住宅的诗意吗？白色的小屋坐落在高高的群山环绕的一个小山谷的谷底；它就像是裹在在灌木做的襁褓之中。”在这句话中，特别突出了和休息的想象有关的词语。对一个鸦片瘾君子来说，在阅读康德的时候，把梦想的孤独和思考的孤独结合起来，这是多么安静的背景和环境啊！我们当然可以像读一页很浅显的文字一样来读一页波德莱尔的文字。一个文学批评家甚至可以惊叹这位伟大的诗人居然如此轻松自如地运用那些平庸的形象。然而，如果我们在读这一页过于浅显的文字的同时接受它所暗示的休息的梦想，如果我们在这些突出显示的词语上稍事休息，就会让我们的身心一起置于安静之中。我们感到自己身处山谷中的家宅的保护中心，同样，我们也裹在御寒衣物的“襁褓”之中。

我们觉得很热，因为外面很冷。在这个深陷寒冬的“人

① 艾吕雅（1895—1952），法国诗人。——译者

② 托马斯·德·昆西（1785—1859），英国作家，著有《一个吸鸦片者的忏悔》。——译者

③ 这个在眼睛看来温和的词语，如果在一篇法语的文章中我们用英语的发音来念它，将会多么不协调！

造天堂”之后，波德莱尔接着说，梦想者需要一个严酷的冬天。“他每年都向天空要求达到他所能承受之极限的降雪、冰雹和冰冻。应该给他一个加拿大的冬天，俄罗斯的冬天。他的巢才会变得更热，更暖和，更可爱……”[①]向伟大的窗帘梦想家爱伦·坡一样，为了让被寒冬包围的住所密不透风，波德莱尔要求更多“长及地板的厚重窗帘”。在深色窗帘的背后，雪会显得更加洁白。对比的增多使一切都生动起来。

波德莱尔为我们展现了一幅有中心的画面；他把我们带到一个梦想的中心，而这个梦想又可以被我们当成自己的梦想。毫无疑问，我们把个性特征带入那个梦想里。在波德莱尔笔下德·昆西的小屋里，我们放进了我们的往日存在。我们就这样轻而易举地获得了旧梦重温的美妙。我们最私密的回忆可以在此安居。某种我所不知道的同情使得波德莱尔的描述不再平庸。事情总是这样：梦想的各个确定的中心是梦想者之间的交流工具，它们就像思想者之间的交流工具清晰的概念一样确定。

在《审美好奇》（第 331 页）中，波德莱尔还说到拉维埃耶（Lavieille）[②]的一幅油画，它呈现出冬天这个“凄凉的季节”里的“一座树林边上的小茅屋”。然而，波德莱尔

① 亨利·博斯科用短短一句话说出了这种梦想的类型：“当庇护所很安全的时候，风暴是好事。”

② 拉维埃耶（1820—1889），法国画家。——译者

说："拉维埃耶所营造的一些效果常常使我仿佛感到冬天里的种种幸福片段。"回忆中的冬天加强了居住的幸福感。在单纯的想象力领域内，回忆中的冬天增加了家宅的居住价值。

如果有人要求我们鉴定被波德莱尔重新体验的德·昆西的小屋中的梦境，我们会说，那里弥漫着淡淡的鸦片味道，一种昏昏沉沉的气氛。没有任何东西让我们想到墙壁的骁勇和屋顶的气概。家宅不喜欢斗争。我们或许可以说，波德莱尔只知道封闭在窗帘之内。

与世无争常常是我们在文学作品中所找到的冬日里的家宅情形。家宅和宇宙的辩证法在这一情形下显得太过简单了。尤其是雪，太轻而易举地就把外部世界化为乌有。它仅用一种色调统一了整个宇宙。对受庇护的存在来说，宇宙被表达和省略为一个词，雪。在《爱情的沙漠》（第 104 页）中，兰波说："就像一个寒冬的夜晚，雪让世界彻底窒息。"

不管怎么说，在住着人的家宅外面，寒冬的宇宙是一个简化的宇宙。用形而上学家谈论非我（non-moi）的方式来说，它是一个非家宅（non-maison）。从家宅到非家宅，各种矛盾很容易组织起来。在家宅中，一切都相区别并多元化了。家宅从冬天获得内心空间的内敛和细腻。在家宅之外的世界里，雪抹去了脚印，模糊了道路，窒息了声响，覆盖了色彩。我们切身感受到一统天下的白色对宇宙空间的否定。家宅的梦想者知道这一切，感觉到这一切，并且通过外部世界中的存在的消减，他体会到内心空间中的所有价值的加强。

II

在所有的季节中，冬季是最古老的季节。它把岁月放入回忆。它使我们想起漫长的过去。被雪覆盖的家宅是古老的。家宅好像生活在从前，在许多个世纪以前。巴舍兰在描写充满敌意的冬天时提到了这种感觉。[①]“正是在晚间，在那被风雪包围的古老家宅中的晚间，人们交相传诵的长篇故事、美丽传说方才有了具体的意义，并对讲述它们的人很容易运用于当下。很可能正因为如此，我们的某个在公元1000年之际咽下最后一口气的祖先才会相信世界末日。”因为这里的故事不是晚饭后的童话，老祖母讲述的童话；它们是关于人的故事，包含着对力量和符号的思索。巴舍兰还说（第58页），在这些冬季，“在我看来（在大壁炉的炉台下），古老的传说在那时应该比在今天还要古老得多”。它们的的确确有着灾难剧的悠久历史，那些灾难可以宣告世界末日。

当巴舍兰回忆起父亲家宅里那些戏剧性的冬夜时，他写

① 亨利·巴舍兰：《仆人》，第102页。

道（第 104 页）：“当我们晚上来访的朋友离开时，他们脚踩着雪、头顶着风的样子让我觉得他们好像去了很远的地方，前往猫头鹰和狼的陌生国度。我竭力向他们呼喊，就像我最早读到的那些故事书里写的那样：愿上帝保佑！”

在孩子的心灵中，厚厚积雪下的家宅这一简单形象能汇聚种种末日形象，这还不让人诧异吗？

III

现在让我们举一个更为复杂的例子，看起来可能自相矛盾的例子。我们所借用的这个例子来自里尔克的作品。①

和我们在前一章所持的主要观点相反，在里尔克看来，暴风雨是在城市里才更有侵略性，天空才向我们更直接地表达它的怒火。在乡下，风暴对我们的敌意反而较少。我们认为，正是这里有一个宇宙空间的悖论。不过，可以肯定的是，里尔克的文字是优美的，对它进行评论是有用的。

里尔克对一位“女音乐家”这样写道：“你可知道，在城市里，我被夜里的飓风吓倒？人们不是说，本性傲慢的飓风甚至不把我们放在眼里。然而，当飓风能看见乡下的一座孤独家宅，将它拥入强有力的怀抱，并因此使它变得坚固，那里的人想要前往屋外，到飓风咆哮的花园里，至少也要来

① 里尔克：《致女音乐家的信》，法译本，第 112 页。

到窗前，支持那些被激怒的老树，它们奋力抗争，仿佛先知的灵魂附体。”

里尔克的文字在我看来，用摄影术语来说，是家宅的“底片”，居住功能的反转。暴风雨怒吼着，扭曲着树；躲避在家宅中的里尔克想要前往屋外，不是为了享受风和雨，而是为了寻找梦想。于是我们感到里尔克分担着在愤怒的风袭击下的树的愤怒反抗。但他并没有参与树的对抗。他信任飓风的明智、闪电的清明和所有元素，这些狂怒的元素看见人的居所，达成一致不去打扰它。

不过，这一形象“底片”的启发性并没有减少。它见证了宇宙间的斗争动力。里尔克懂得各种人类居所之间的冲突，他对此给出了不少证据，我们会经常引用。不论梦想者站在辩证法的哪一边，家宅还是宇宙，辩证法总是自己活动着。家宅和宇宙不仅仅是两个并列的空间。在想象力的领域内，它们通过对立的梦想互相激活。里尔克早就承认风吹雨打“加固”了古老的家宅。家宅在与飓风的对抗中加大了它的胜利。由于我们在研究想象力时必须超越事实的范围，所以我们很清楚，在古老的家宅里、在出生的家宅里，我们比在马路上的暂住家宅里更安宁、更安全。

IV

和上面所考察的“底片”相反，现在让我们给出一张正片，它是对受到风暴袭击的家宅这一情景的彻底认同。

马利克鲁瓦（Malicroix）的家宅[①]叫做拉勒杜斯（La Redousse）。它建造在卡马尔格（Camargue）[②]一座岛上，离咆哮的河不远。它非常简陋。看上去弱不禁风。我们将会看到它的勇气。

作家用了很长的篇幅来为暴风雨作铺垫。诗的气象学来到运动和声响产生的源头。首先，作家描写绝对的寂静和巨大的寂静空间时用了多么高超的技巧！

> 没有什么比寂静更能表现无限空间的感受了。我进入这些空间。声响给广延涂上了色彩，赋予它一个有声的躯体。声响的缺席让空间变得纯粹，广阔、深邃、无限的感觉在寂静中把我们紧紧抓住。这种感觉穿透了我，有几分钟，我被黑暗的巨大静谧所迷惑。
>
> 它被当作一个存在。
>
> 静谧有一个躯体。它在黑夜之中，它由黑夜构成。这是一个真实的躯体，不动的躯体。

在这首长篇散文诗中接着出现的几页内容和雨果的诗《神灵》一样，有越来越强烈的嘈杂和惊恐。但在这部作品

---

① 亨利·博斯科：《马利克鲁瓦》，第105页及以下。

② 卡马尔格是法国东南部隆河口-三角洲地区。——译者

中，作家花费了许多笔墨来证明空间的收缩，在收缩的空间中心，家宅是像一颗焦虑的心一样跳动的生命。某种宇宙空间性的焦虑是暴风雨的前奏。然后，所有风的嗓门张了开来。很快，飓风中的所有野兽发出喊声。如果我们有闲情不只在我所提到的这些段落，而是在亨利·博斯科的所有著作中，去分析风暴的动力学，我们将构造出怎样的风之野兽啊！这位作家本能地知道，所有的攻击，不论其来自于人或世界，都是动物性的。无论一种来自人的攻击有多么阴险狡猾，多么拐弯抹角，多么巧妙伪装，多么精心设计，它都暴露了冤仇未报的起因。在最小的仇恨里都活着动物性的萌芽。作为心理学家的诗人，或者说作为诗人的心理学家（如果存在这种人的话），不会在从动物的叫声中区别不同类型的攻击时弄错。这也是人类的一个可怕特点，就是本能上只能通过愤怒的心理学来理解宇宙的力量。

家宅在抵抗这个越来越野蛮的兽群中成为具有纯粹人性的真正存在，这个存在自卫但从不负责攻击。拉勒杜斯是人的抵抗运动。它是人的价值，人的伟大。

有关处于风暴中心的家宅所作的人性抵抗的核心段落如下（第 115 页）。

> 家宅英勇地斗争着。起先它发出呻吟：最猛烈的风从四面八方一齐向它袭来，并夹杂着强烈的仇恨和狂怒的吼叫，

我害怕得一阵阵地颤栗。然而家宅坚持着。在风暴刚到来时，一触即怒的大风向屋顶猛扑。大风企图掠走屋顶，将它拦腰斩断、撕成碎片、彻底吞没。然而屋顶挺起背脊，紧紧勾住陈旧的屋架。于是更多大风赶来，在地面上一路飞奔，撞向外墙。家宅在突如其来的剧烈冲击之下完全扭曲了，但它是灵活的，它弯折起来抵抗猛兽。它一定用坚不可摧的根牢牢扎在这个小岛的土地上，从根那里，它那涂灰泥的芦苇制成的薄墙和地板汲取了一股超自然的力量。大风徒劳地想要伤害门窗，发出巨大的威胁声，在烟囱里呼啸，而家宅早已成为人性的存在，我的躯体躲避其中，家宅丝毫不向风暴屈服。家宅把我紧紧搂在中间，像一匹母狼，有时候我感到它的体味如母亲的爱抚直达我的心房。在这样的夜晚，家宅确实就是我的母亲。

只有它能给我保护和支持。我们是孤单的。

当我在《土地与静息的梦想》一书中谈到家宅的母性时，引用了米洛什（Milosz）[①]的两句意味深长的诗，母亲和家宅的形象在其中汇聚：

我呼唤我的母亲。可我想念的是你，噢，家宅！

① 米洛什（Milosz，O. V. de，1877—1939），法国-立陶宛作家、外交官。——译者

童年时阴凉的美丽夏天中的家宅。

《忧伤》

拉勒杜斯的居住者对类似的形象深有同感。但在他那里，形象并非来自对童年的怀旧，而是出现在提供保护这一现实中。在温情脉脉的共同体之外，这里还有一个力量的共同体，它是两种勇气、两种抵抗的集聚。一座紧紧“搂住”其居住者的家宅，以窄窄的四壁作为容身的单间的家宅，这是怎样一个存在的集聚形象啊。庇护所收缩了起来。它在外表上变得越坚固，就更能担当保护者的角色。它从庇护所转变为堡垒。茅屋变成了一个充满勇气的坚固城堡，让孤独的人在其中学会战胜恐惧。这样的居所是有教育作用的。我们把博斯科的作品当作储存力量的箱子，藏在勇气的内心城堡里。在被想象力化作龙卷风中心的家宅里，我们必须超越在任何庇护所中感受到的单纯的安慰印象。我们必须加入斗争的家宅所支持着的宇宙性冲突。马利克鲁瓦的整个戏剧冲突就是孤独的考验。拉勒杜斯的居住者必须控制住荒无人烟的岛上家宅中的孤独。他必须在那里获得孤独的尊严，某个先辈在被一场人生的伟大悲剧变为孤独时曾达到那种尊严。他必须孤身一人，孤身处在一个和他童年时候的宇宙不同的另一个宇宙。从小养尊处优的他必须拔高他的勇气，学会勇敢面对一个严酷、贫瘠、冰冷的宇宙。孤独的家宅给他带来坚强的形象，也就是说抵抗的后援。

就这样，面对敌意，针对风暴和飓风的动物性形式，家宅的保护和抵抗价值转化为人性价值。家宅具备了人体的生理和道德能量。它在大雨中挺起背脊，挺直腰。在狂风中，他在该弯折时弯折，肯定自己在恰当的时候会重新屹立，从来无视暂时的失败。这样一座家宅号召人做宇宙的英雄。它是战胜宇宙的工具。那些关于“被抛入世界的人”的形而上学或许可以在具体的层面上沉思被抛于飓风之中、挑战天空之愤怒的家宅。家宅协助我们针对并反对一切地说：我是一个属于世界而又违抗世界的居民。问题不仅仅是一个关于存在的问题，而是关于能量并因而是关于反能量的问题。

在这个人和家宅的动态共同体中，在这个家宅和宇宙的动态对峙中，我们远离于一切单纯几何学形式的参照。我们所体验的家宅不是一个静态的箱子。居住的空间超越了几何学空间。

从家宅的存在向人性价值的转化是否可以看作隐喻的活动？其中是否只有形象化的语言？如果作为隐喻，文学批评会轻易地认定它们言过其实。另一方面，实证心理学家会把形象化语言直接还原为心理学事实，这种心理学是关于一个独处一室、远离一切援助的人的恐惧。想象力的现象学不能满足于把形象还原为辅助的表达工具：想象力的现象学要求我们直接体验形象，把形象作为生活中遭遇的事件。当形象是新的，世界就是新的。

当我们把阅读放入生活的时候，如果我们试着意识到诗人在表达一个向我们的梦想开放的世界时所采取的创造性行为，那么一切被动性都会消失。在亨利·博斯科的《马利克鲁瓦》中，世界对孤独的人的影响胜过所有其他人物角色。如果我们把小说中的所有散文诗都去掉的话，剩下的就只有一个继承问题，一场公证人和继承人之间的决斗。然而，对一个想象力的心理学家而言，如果在“社会性”的阅读之外，再加上“宇宙性”的阅读，将会有多大的收获啊！他清楚地意识到宇宙塑造了人，把山丘中的人转变为河边小岛上的人。他意识到家宅重塑了人。

借助于诗人对家宅的体验，我们来到了人类学-宇宙学的一个关键点。家宅于是成为一个场所分析的工具。这个工具十分有效，恰恰因其很难使用。简言之，关于我们论点的讨论处在一个对我们不利的地方。的确，家宅初看上去是一个标准的几何学对象。我们试图用理性的方式去分析它。它的表面现实是可见的、可触摸的。它由切割工整的固体和连接恰当的框架造就。直线在其中占据了主导地位。铅垂线把智慧和均衡的标志留在了它身上。[①]这样一个几何学对象应

---

① 事实上，我们应该注意，家宅这个词没有被列入荣格《灵魂及其象征的变形》（Yves Le Lay 译）新版所附的十分详尽的索引中。

该抵制那些包含着人体和人类灵魂的隐喻。但只要我们把家宅当作给人安慰和内心的空间，当作压缩并保卫内心的空间，家宅就立刻开始人性的转化。于是，完全在理性之外，梦境的领域展开了。每当我一遍又一遍地阅读《马利克鲁瓦》时，就像茹弗所说的那样，我听见拉勒杜斯的屋顶上有“幻想的包铁木鞋”走过。

现实与幻想的复合体却从来得不到确定的化解。家宅即使在它开始以人性的方式生活的时候也没有完全失去其“对象性”。我们必须更进一步地考察往日的家宅如何呈现在梦想的几何学中，我们将要在梦想中、从那些家宅中重新找回往日的内心空间。我们必须不断地研究内心空间的温柔质料如何通过家宅重新找回它的形式，它在包裹一股原初的热量时所具有的形式：[①]

旧日的家宅，
我感觉到它琥珀色的温暖，
从感官进入精神。

V

首先，我们可以描绘出这些旧日的家宅，由此呈现出它们

① 让·瓦尔：《诗集》，第 23 页。

的一个具有所有实物复制品特征的再现（représentation）。这种客观图画脱离了一切梦想，是坚固而稳定的文献，它刻下了一部传记。

这种再现如果只是表现了一种绘画的技巧、再现的才能，那么它就是外在的，可在这里，它是要求性的、诱使性的，并且唯一关于逼真和如实的判断只能在静观和梦想中继续。梦想重新来到精确的绘画中居住。一座家宅的再现不会使梦想者长时间保持无动于衷。

早在我开始每天阅读诗歌之前，我就常常对自己说，我想居住在版画中看到的那种家宅里。那线条粗犷的家宅，刻在木板上的家宅向我诉说着更多的东西。在我看来，木板上的雕刻必然要求简约性。我的梦想通过它们居住在本质的家宅中。

当我在阅读中发现那些我以为只属于自己的天真梦想的痕迹时，我是多么惊奇啊！

安德烈 · 拉丰（André Lafon）[①]曾在 1913 年写道：[②]

> 我梦想一处居所，矮矮的家宅，有高高的窗
>
> 还有三级台阶，陈旧，平整，铺满青苔。

---

① 安德烈 · 拉丰（1883—1915），法国作家。——译者

② 安德烈 · 拉丰：《诗集：一间居室的梦》，第 91 页。

……

隐秘而简陋的居所，像一幅古代版画

它只活在我心中，我偶尔回到那里

坐下，忘掉阴郁的日子和连绵的雨。

拉丰写过多少以“简陋的家宅”为标记的诗啊！他所勾勒的文学“版画”中的家宅把读者作为主人来接待。读者如果再大胆一些，就会拿起刻刀，雕出他自己的阅读。

各种类型的版画为我们明确区分了家宅的类型。安妮·迪蒂（Annie Duthil）这样写道：[1]

我在一座日本版画中的家宅里。到处充满了阳光，因为一切都是透明的。

这属于明亮的家宅，那里一年四季都是夏天。这种家宅全是窗。

写出下面诗句[2]的诗人不也是一个版画居住者：

谁的心底没有

一座阴暗的埃尔辛诺城堡

---

① 安妮·迪蒂：《永恒的女渔民》，Seghers 出版社，第 20 页。

② 樊尚·蒙泰罗（Vincent Monteiro）：《地上的诗句》，第 15 页。

……

和过去的人们一样

我们在自己心中用一块块石头

垒起魂牵梦萦的巨大城堡。

就这样，我在阅读到的图画里安慰自己。我来到诗人提供的“文学版画”中居住。雕刻的家宅越是简单，它对我的居住想象的影响就越大。它不只是一个“再现”。画中的笔触是遒劲的。庇护之处是给人力量的。它要求人单纯地居住其中，简单性给人以巨大的安全感。雕刻的家宅在我心中唤醒了小木屋的感觉；我在那里重新看见了小窗中透出的目光的力量。看哪！如果我真诚地言说形象，我就会感到突出显示文字的需要。突出显示文字不就是写作中的雕刻吗？

Ⅵ

有时候，家宅变大了，扩展了。这就需要梦想有更大的伸缩性，需要一个描绘不多的梦想，人才能居住其中。乔治·斯皮里扎基（Georges Spyridaki）说：[1]“我的家宅是半透明的，但不是玻璃做的。它更有可能是蒸汽性质的。它的墙壁根据我的需要收缩或伸展。有时候，我把它们紧紧裹在

① 乔治·斯皮里扎基：《明亮的死》，Seghers 出版社，第 35 页。

我周围，成了隔离的盔甲……有时候，我让家宅的墙壁在它们自己的空间中绽放，它们的空间有无尽的延展性。”

斯皮里扎基的家宅会呼吸。它是盔甲做的外套，又能无尽延展。换句话说我们在其中交替地生活在安全和冒险之中。它是单人间，又是世界。它超越了几何学。

将非现实性给予有很强现实性的形象，这就使我们进入了诗歌灵感之中。勒内·卡泽勒（René Cazelles）的作品将告诉我们这种扩张，只要我们同意来到这位诗人的形象中居住。他在有最清晰轮廓的乡村、他的家乡普罗旺斯的腹地写道：[①]

> 难以寻觅的家宅，熔岩的花朵盛开的地方，暴风雨那令人精疲力竭的幸福感产生的地方，我何时才能停止寻找它？
>
> ……
>
> 破除对称，充当大风的养料。
>
> ……
>
> 我希望我的家宅像海上的风一样，随海鸥而颤动。

因此，一座庞大的宇宙性家宅潜藏在一切关于家宅的梦中。大风从它的中心扩散开来，海鸥从它的窗里飞出。这样

---

① 勒内·卡泽勒：《地上的和飞走的》，G. L. M. 出版社，1953 年，第 23 及 36 页。

充满动力的家宅让诗人能够居住在宇宙中。或者，换一种说法，宇宙来到他的家宅中居住。

偶尔在休息时，诗人回到他的居所中心（第29页）：

……一切重新开始呼吸
桌布一片雪白。

桌布，这一角白色，已经足以使家宅停泊在它的中心。

斯皮里扎基和卡泽勒的文学家宅是广阔性的居所。它们的墙壁临时离开了。人们在这样的家宅里治疗幽闭恐惧症。有些时候去那里居住是有益健康的。

这些家宅形象把风作为自己的一部分，它们向往空气的轻盈，它们在难以置信的生长之树上安置着一个随时会被风吹走的鸟巢，这样的形象可能会被实证的、实在论的精神所拒斥。然而对于一种关于想象力的基本论点来说，它是极为重要的，因为它受到一些对立的呼唤，在诗人自己很可能浑然不觉的情况下，这些对立使一些重要原型活动起来。诺伊曼在《爱诺思年鉴》[①]中的一篇文章里证明，一切纯属地面上的存在（家宅就是其中之一）同样也记录了空中世界、天上世界的

① 诺伊曼："土地原型对现代的意义"（*Die Bedeutung des Erdarchetyps für die Neuzeit*），前引书，第12页。

呼唤。根深蒂固的家宅喜欢有一根对风敏感的枝条，一间有着树叶沙沙作响的阁楼。一位诗人正是在想念阁楼时写道：

我们爬在
树的楼梯上面。①

如果我们根据家宅来作诗，那么就像哲学家所说的那样，最强烈的矛盾往往会前来将我们从概念的迷梦中惊醒，并将我们从实用性的几何学中解放出来。在卡泽勒的笔下，想象的辩证法所涉及的是坚固性。我们在那里呼吸到熔岩非同寻常的气味，而花岗岩生出了翅膀。相反，突如其来的风却坚硬得如同梁木。家宅占据了它的那部分天空。它把整个天空作为它的平台。

可是我们的评论过于详细了。评论轻易地接受了家宅各种不同特征之间的局部辩证法。如果继续这些辩证法，我们就会打破原型的统一性。情况总是如此。还是让原型之间的分歧掩盖在它们的主要价值之下比较好。这就是为什么诗人总是比哲学家更有启发性。确切地说启发性是诗人的权利。因此，根据启发所具有的动力，读者可以走得更远，甚至太

① 克洛德·阿特曼（Claude Hartmann）：《夜曲》，La Galère 出版社，巴黎。

远。在一遍又一遍地阅读卡泽勒的诗作时，一旦接受了形象的喷发，我们就知道我们不仅能够在家宅的高处停留，而且能在它的超高处停留。因此我喜欢以超高度主义（sur-hauteurisme）来处理许多形象。家宅形象的高度被折叠在固定的再现中。当诗人将它展开并延展时，它就从纯粹的现象学角度呈现出来。在一个通常“休息着”的形象中，意识“提升了”。形象不再是描述性的，而绝对是启示性的。

奇怪的情形是，我们喜爱的空间总是不愿意被封闭起来！它们自行展开。可以说它们方便地转移到别处，别的时代，梦和回忆的各种不同层面上。

哪个读者能不分享下面这首诗的普遍性：

我心中竖起一座家宅
那是我的寂静大教堂
每个清晨在梦里重见
每个夜晚又被我抛弃
一座披着曙光的家宅
向我年轻时的风开放。[①]

这座“家宅”是一种轻盈的家宅，在我看来它会随着时

① 让·拉罗什：《夏天的回忆》，Cahiers de Rochefort 出版社，第 9 页。

间的气息而移动。它确实向另一个时代的风开放着。我们可以说它会在我们生命的每一个清晨迎接我们，从而给予我们对生活的信心。我在梦想中把让·拉罗什（Jean Laroche）的诗句和勒内·夏尔（René Char）①的作品联系起来，夏尔在他的作品中梦见“来到一间变轻了的卧室，并且它渐渐展开了旅行的巨大空间”。如果造物主听从了这位诗人，他一定会创造出飞翔的乌龟，把大地的巨大安全感带到蓝天上去。

是否还有必要为轻盈的家宅提供证明呢？在一首题为《风的家宅》的诗中，路易·纪尧姆（Louis Guillaume）做着这样的梦：②

> 很久以前我建造了你，哦，家宅！
> 我在每一次回忆中搬运石块
> 从海边直到你的墙壁上沿
> 我看见了，四季孕育而成的茅草屋
> 你的屋顶像海一样善变
> 舞动在白云深处
> 分不清是烟是云

---

① 勒内·夏尔：《狂怒与神秘》，第41页。［勒内·夏尔（1907—1988），法国诗人。——译者］

② 路易·纪尧姆：《海一般黑》，文学出版社，第60页。

风的家宅，吹口气就会无影无踪的居所。

人们可能会惊讶于我们所堆砌的例子。一个实在论的头脑是顽固不化的："这是站不住脚的！这只是空洞而缺乏根据的诗歌，和现实毫无关系的诗歌。"对一个实证主义者来说，一切非现实的东西都差不多，它们的形式在非现实性中被掩盖、被淹没。只有现实的家宅才会具有个体性。

然而一个家宅的梦想者在任何地方都能看见家宅。在关于居所的梦中，一切对他来说都是萌芽。拉罗什还说：

这朵牡丹是一座模糊的家宅
每个人都在其中重返夜晚。

牡丹难道没有把熟睡的小虫封闭在它的红色夜晚中吗：

每个花萼都是一处居所。

另一位诗人把这个居所变成了一个永久住处：

牡丹和罂粟，宁静的天堂！

这是让·布尔代耶特（Jean Bourdeillette）写下的充满无

限遐想的诗句。[1]

当我们这么多次地梦想花朵的小窝以后，我们以另一种方式回忆失去的家宅，它消融在逝去的流水之中。谁能在读下面这四句诗时不进入无尽的梦中：

> 卧室消逝在蜂蜜与椴花茶中
> 屋里的抽屉披着黑纱开启着
> 家宅在黯淡的镜中
> 加入了死亡的行列。[2]

VII

如果我们要从这些闪耀智慧光芒的形象转向要求性的形象，迫使我们回忆起更久远的过去的形象，那么诗人就是我们的导师。诗人多么努力地向我们证明永远失去了的家宅仍然活在我们心中。在我们心中，它们要求重获生命，就好像期待我们给它们再一次的存在。我们更幸福地生活在家宅里！我们尘封的回忆突然获得了存在的活生生可能性！我们对过去下判断。一种没能足够深刻地在旧日家宅里生活的悔恨出现于心中，浮现于过去，将我们淹没。里尔克在一些令

---

① 让·布尔代耶特：《手中的星星》，Seghers 出版社，第 48 页。
② 让·布尔代耶特：前引书，第 28 页。另参见（第 64 页）他所回忆的现已消失的家宅。

人难忘的诗句中诉说了这种痛彻心扉的后悔，我们痛苦地把这些诗句当作自己的，不是在于它们的表达方式，而是在于感情深处的冲突：[1]

> 哦，多么怀念那些地方，它们未曾
> 在短暂的时光里得到足够的爱
> 我多想远远地向它们致以
> 遗忘的手势，这个多余的动作。

为什么我们那么快就满足于住在一个居所的幸福？为什么我们没有让那些短暂的时刻延长？现实中缺少了一些现实之外的东西。我们在家宅中没有足够地做梦。由于我们正是通过梦想来重返家宅，所以难以建立连接。我们的记忆中塞满了事实。我们想要在重新筛选出来的回忆之外，重新体验我们已被抛弃的印象和曾让我们相信幸福的幻想：

> 我把你们丢在了哪里，我那些被糟蹋了的影像？

诗人如是说。[2]

---

① 里尔克：《果园》，XLI。
② 安德烈 · 德 · 里绍（André de Richaud）：《避难的权利》，Seghers 出版社，第 26 页。

所以，如果我们在记忆中保留了幻想，如果我们超越了对准确回忆的收集，那么消失在时间的黑夜里的家宅就会从阴影中一点一点地走出来。我们无需人为地将它重新组合。它的存在自行重组，从它的内心空间开始，在室内生活的温馨和朦胧中重组。好像有一些流动的东西把我们的回忆聚集在一起。我们融化在过去之流中。里尔克曾经体会过这种融合的内心空间。他谈到消失的家宅中这种存在的融合：“我以后再也没有见到这个奇怪的居所。那个我在儿时形成的回忆中重返的居所，它不是一栋楼房；它完全融化了，并在我心中重新分布：这里一个房间，那里一个房间，一段和两个房间分离的走廊，却作为一个碎片保存在我心中。就这样，一切都在我心中四散分布，几间卧室，一些从上面庄严慢步而下的楼梯，一些别的楼梯，还有那通过螺旋楼梯上去的狭窄小屋，我们像静脉中的血液一样前往漆黑的小屋。”①

于是，幻想有时深深地沉浸在一段不确定的过去，一段被剥夺了具体日期的过去，使得对出生家宅的清晰回忆似乎离我们而去。这些幻想使我们的梦想受到惊吓。我们由此开始怀疑自己是否在那些曾经生活过的地方生活过。我们的过去在别处，一种非现实性渗入原来的地点和时间。我们好像

① 里尔克：《马尔特 · 劳里茨 · 布里格手记》，法译本，第 33 页。

居住在存在的混沌未开之境。诗人和幻想者发现自己写出的作品更适合探讨存在的形而上学家去深思。下面的例子是一个具体形而上学的段落，它用梦想覆盖了关于出生家宅的回忆，将我们引入存在所处的一些模糊不定、方位不明的地点，在那里我们被存在的惊奇所震慑——威廉·戈延（William Goyen）①写道："试想我们能够来到世界上一个我们一开始都不知道如何命名的地方，我们第一次看见它，并且在这个无名的、未知的地方，我们能够长大、来回走动，直至我们知道它的名字，怀着爱念叨它，把它叫做家园，在那里扎下根，在那里收藏爱，乃至每一次说起它的时候，都是以情人絮语的方式，用寄托着乡愁的歌，用充满着欲望的诗。"②那片由机缘巧合播种下人性植物的土地本来什么也不是。可就在这个虚无的背景下长出了人性的价值！相反，如果我们超出回忆，前往幻想深处，那么在那前记忆（pré-mémoire）中，我们仿佛看见虚无抚摸着存在，渗透着存在，轻柔地解开存在的各种关联。我们自问道：以前存在的东西是否存在过？事实是否确曾有过记忆赋予它们的价值？久远的记忆只有通过赋予它们价值，赋予它们幸福的光晕，才能够被忆起。一旦抹去价值，事实也就不复存在。它

① 威廉·戈延（1915—1983），美国作家、编辑及教师。——译者
② 威廉·戈延：《气息的家宅》，Coindreau 译，第 67 页。

们可曾存在过？一种非现实性渗入回忆的现实性中，这些回忆位于我们个人历史的边界，属于不确定的前历史，确切地说，那是出生的家宅在我们出现之后到来、从我们心中出生的时刻。因为在我们出现之前——戈延让我们明白了这一点——家宅是无名的。它是一个迷失在世界之中的地点。因此，在我们的空间的门槛上，在我们的时代到来前，忽而获得存在、忽而失去存在的震荡主宰着一切。回忆的全部现实性变得神秘莫测。

然而，当梦想者在最坚固的东西面前、在夜里梦见世界时回到其中的石砌家宅面前时，在回忆的幻想中形成的非现实性难道没有使他受到触动吗？戈延了解这种现实的非现实性（前引书，第 88 页）：“这就是为什么，常常在你独自一人沿着雨帘中的小径返回时，家宅仿佛从迷蒙的薄纱中升腾而起，而那薄纱是由你所呼出的气息织就的。于是你觉得从木匠的劳动中诞生的家宅不复存在，它或许从未存在过，它只是你的气息所创造出来的想象，将它吹出的你能够用同样的一口气将它化为乌有。”在这段文字中，想象、记忆、知觉交换了它们的功能。形象建立于现实与非现实的合作中，现实和非现实功能的支持下。为了研究这组对立的融合，而不是它们的交替，逻辑辩证法的工具将变得毫无用处。它们只会对活生生的东西进行解剖。然而，既然家宅是一种活生生的价值，它就应该包容非现实性。所有的价值都应该震荡起来。不震荡的价值是死的价值。

当两个独特的形象、两位各自进行着梦想的诗人的作品相遇时，它们好像互相加强了对方。两个异乎寻常形象的汇合在某种程度上为现象学研究提供了一个交叉领域。形象不再是毫无根据的。想象力的自由游戏不再是无政府状态。让我们把戈延的《气息的家宅》中的形象和我的《土地与静息的梦想》一书中提到的一个形象放在一起，此时我还不知道它和什么相似。

皮埃尔·塞热（Pierre Seghers）[①]写道：[②]

> 我独自来到一座家宅，呼唤着
>
> 一个被寂静和墙壁反射回来的名字
>
> 奇怪的家宅，它留在我的话音里
>
> 它里面居住着风。
>
> 我创造了它，我用手画出一朵云
>
> 一条在森林上方的广阔天空里行驶的小船

---

① 皮埃尔·塞热（1906—1987），法国诗人、编辑。——译者

② 皮埃尔·塞热：《公共领域》，第 70 页。我对 1948 年所用引文作了进一步发挥，因为我作为读者的想象力通过从威廉·戈延书中获得的梦想而得到了加强。

一阵消散不见的雾气
像在形象的游戏中。

为了更好地将家宅建在雾气中、呼吸中，诗人说，我们需要：

……一声更响亮的话音，
心灵和语词的蓝色烟雾。

和气息中的家宅一样，呼吸和话音中的家宅也是一个在现实与非现实的交界处震荡的价值。毫无疑问，实在论的精神正处于这个震荡区域内。一个在想象的快乐中阅读诗歌的人会隆重地纪念他听见失去的家宅在两个音区里发出回声的日子。对于一个懂得聆听旧日家宅的人而言，家宅不是一种回声的几何学吗？过去的话音在宽敞的房间里和狭小的卧室里以不同的方式回荡。楼梯上的叫喊声又是另一种回响。在模糊不清的回忆里，我们应该在绘画几何学的范围之外重新找到光的音色，接着出现残存在空荡荡的卧室里的温和气味，给回忆中的家宅的每一间卧室打上了气体的烙印。是否有可能在此之外，不仅恢复话音的印记，那些“已经消失的亲切话音的折射”，而且恢复有声的家宅里所有房间的回响？关于回忆的最精微部分，我们只能向诗人要求精密心理学的文献。

VIII

有时候，未来的家宅比所有过去的家宅更坚固，更清晰，更宽敞。梦想的家宅形象发挥着和出生的家宅相反的作用。到了生命的暮年，我们以不可战胜的勇气说：我们要做我们没有做过的事。我们要建造家宅。这座梦想的家宅可能只是一个房屋主人的梦，汇集了一切他认为惬意的、舒适的、健康的、稳固的乃至令他人向往的东西。这座家宅必须同时满足骄傲和理智这两个互不相容的词。如果这些梦想要被实现，它们就离开了我们的研究领域，进入了谋划心理学的领域。但我们已经说得很清楚，我们的所说的谋划属于小型投射的梦境。精神在其中展开，但灵魂在那里却没有广阔的生活。或许我们应该保留一些对我们以后会居住的家宅的梦想，在永远的以后，远到我们没有时间去实现它。一座最终的家宅是和出生的家宅相对称的，它酝酿着思想而非梦想，并且是严肃的思想、不幸的思想。宁可活在暂时性中，而不要活在确定性中。

下面的小故事是一个很好的建议。

这个故事是康珀农（Campenon）讲述的，有关他和诗人迪西（Ducis）一起讨论诗歌的事："当我们转向他写给他的小屋，他的花坛，他的菜园，他的小树林，他的小酒窖……时，我情不自禁地笑着向他指出，一百年以后，他可能会让他的评论者的大脑受尽折磨。他笑了起来，并向我讲起他如何从年轻时就一直徒劳地向往拥有一座带小花园的乡间家宅，在七十岁的时候，他终于下定决心，用他作为诗人特有的权力给自己一座这样的家宅，并且不用花一分钱。他首先从拥有家宅开始，然后占有欲膨胀了，他又加上了花园，然后是小树林，等等。这一切都只存在于他的想象中；但这已经足够了，因为这些纯属虚构的小财物在他眼里已经具有了真实性。他谈论它们，他把它们当作真实的东西来享受；他的想象力具有如此强大的力量，因而我不会为此感到惊讶：当四五月份的冰雹来临时，我们竟看到他为自己在马尔利（Marly）的葡萄园担忧不已。

> 关于这件事，他向我讲述了一个淳朴善良的外省人，在报纸上读到他歌颂自己小天地的几段作品节选后，写信给他，希望做他的管家，并且只求住的地方和他愿意支付的报酬。

四海为家，从不封闭在任何地方，这就是居所梦想者的箴言。和在真实的家宅里一样，在最终的家宅里，居住的梦想也受到困扰。必须让对别处的梦想永远开放。

把居住在梦中家宅的功能变成坐火车旅行，这是多么美妙的练习！这一旅行放映着一部电影，里面有梦中的家宅、接受的家宅、拒绝的家宅……我们从来不会像在汽车里那样想要停下来。我们完全在梦想之中，并且正确地制止自己去证实。由于生怕这种旅行方式只是个人的轻微疯狂，我引了下面这段文字。

梭罗写道："在所有我在乡下遇到的家宅面前，我对自己说，我可以在那里满足地度过我的一生，因为我看见它们最好的一面，没有任何缺点。我还没有把枯燥的思想和呆板的习惯带到那里去，因此我没有污染风景。"后文中，梭罗用思想对随遇而安的家宅的幸福主人说："我只需要一双能看见你们所拥有的东西的眼睛。"①

乔治·桑说，我们可以根据向往住在茅屋里还是宫殿里来对人进行分类。但问题比这更复杂：有城堡的人梦想茅屋，而有茅屋的人梦想宫殿。更复杂的是，我们每个人都有自己的茅屋时分和宫殿时分。我们降下来居住到大地附近，茅屋的地面上，然后，在一座座空中楼阁里，我们想要主宰整个天地。当阅读为我们提供了那么多居住之处后，我们学会了在心中牢记茅屋和城堡的辩证法。有位伟大的诗人对此有过体验。在圣-波尔·鲁（Saint-Pol Roux）②的《心中的仙境》里，我们可以找到两个故事，只要把它们放在一起，就

① 亨利·大卫·梭罗：《树林里的哲学家》，R. Michaud 及 S. David 译，第 60 及 80 页。

② 圣-波尔·鲁（1861—1940），法国象征主义诗人。——译者

会有两个布列塔尼（Bretagnes），两个世界。从一个世界到另一个世界，从一处居所到另一处居所，梦想来回走动。第一个故事的标题是：《永别茅屋》（第205页）；第二个故事的标题是《领主与农夫》（第359页）。

现在我们来到茅屋。它立即开启了它的心灵和灵魂："晨曦中，你这个粉刷了石灰的清新存在向我们开放：孩子们以为自己进入了鸽子的心中，我们立刻爱上了阶梯——你的楼梯。"在另一些段落中，诗人告诉我们茅屋如何散发出乡下人的人性和手足之情。这座家宅-鸽子是一架舒适的方舟。

然而有一天，圣-波尔·鲁离开茅屋前往"小城堡"：泰奥菲勒·布里昂（Théophile Briant）[①]告诉我们，"他在前去'奢华与高傲'之前，在他那方济各修士的灵魂中呻吟着，并且在罗斯康维勒的门口再一次迟疑"，布里昂引用了这位诗人的话：

> 茅屋啊，让我最后一次亲吻你的粗糙墙壁，直到它的灰暗颜色饱含我的痛苦……

显然，诗人将要居住的卡马雷小城堡是一首不折不扣的

① 泰奥菲勒·布里昂：《圣-波尔·鲁》，Seghers出版社，第42页。[泰奥菲勒·布里昂（1891—1956），布列塔尼诗人。——译者]

诗歌作品，是诗人的梦中城堡的实现。圣-波尔·鲁从一个渔民那里买下了这座家宅，它面朝大海，位于一座沙丘顶端，布列塔尼半岛的居民把这座沙丘叫做图兰盖的狮子。在一位炮兵朋友的帮助下，他绘制了一幅有八座小塔的城堡图纸，他准备买下的家宅就在这座城堡的中央。一位建筑师修改了诗人的方案，一座中心是茅屋的城堡就这样建成了。

布里昂告诉我们（前引书，第37页）：“有一天，圣-波尔为了向我大致描述卡马雷的‘小半岛’，在一张活页纸上画下了一座石头金字塔，还有风的影线和海的浪涛，并加上这句话：‘卡马雷是一架竖琴上一块迎风而立的石头。’”

在前面几页，我们谈论过歌颂气息和风中的家宅的诗。我们认为在这些诗中我们处于隐喻的极端。而这里就有一位诗人根据这些隐喻图样来建造他的居所。

如果到风车的矮圆锥形屋顶下做梦，我们还会有其他类似的梦想。我们会感觉到它源自土地的特征，我们会把它想象成一座全部由土做成的原始小屋，稳稳地坐在地上抵御大风。然后，在一个巨大的综合体中，我们同时梦想一座长了翅膀的家宅在微风中轻轻摆动，悄悄吸收掉风的能量。磨坊主这个窃风者利用狂风做成精细的面粉。

在我提到的《心中的仙境》的第二个故事里，圣-波尔·鲁告诉我们卡马雷小城堡的领主在城堡里过着茅屋的生活。我们可能从来没有如此轻易而又强烈地颠倒过茅屋和城堡的辩证法。诗人说：“当我的包铁木鞋结结实实踩在第一级台阶上时，我犹豫着是否要从村民的蛹里破茧而出化身领主。”[①]随后（第362页）：“我随遇而安的本性适应了这种鹰一般俯瞰城市和海洋的幸福，在这幸福感中，住宅撒下的大网毫不犹豫地把掌管全部元素和存在的最高权力交付与我。很快，在利己主义的包围下，作为暴富农民的我忘记了城堡的初衷是为了以反题的形式向我揭示茅屋。”

对他个人而言，蛹这个词是一个与众不同的特色。两个梦在此交会，它们诉说着存在的休息和腾飞，夜晚的养精蓄锐和白天的展翅高飞。在主宰着城市和海洋、人和宇宙的有翅城堡内部，诗人保存着茅屋这个蛹，他可以独自蜷缩在里面，获得最安宁的休息。

我们曾经在引用巴西哲学家桑托斯（Lucio Alberto Pinheiro dos Santos）的作品时说过，[②]通过详细考察生命的节奏，从宇宙所规定的强大节奏到更微小的、影响人最敏锐的感觉的节奏，我们可以建立一种节奏分析，它旨在将精神分析学家在忧虑的心理活动中所发现的情绪矛盾调和并减轻。但如果我们聆听诗人，那些交替的梦想就不再彼此对立。在圣-波尔·鲁那里，茅屋和城堡这两个极端不同的现

① 圣-波尔·鲁：《心中的仙境》，第361页。
② 参见《绵延的辩证法》，法国大学出版社，第129页。

实囊括了我们对退隐和扩张、对简朴和盛大的需求。我们在其中体验居住功能的节奏分析。要想好好睡觉，就不应该在一个大房间里睡觉。要想好好工作，就不应该在一个小房间里工作。要想梦见并写作诗歌，就需要那两种住所。这是因为节奏分析只对痛苦挣扎的心理活动有用。

因此，梦中的家宅必须拥有一切。不论它的空间有多大，它必须是一座茅屋，一只鸽子的身体，一个鸟巢，一只蛹。内心空间需要一个鸟巢的内心。伊拉斯谟（Érasme）[①]的传记作者告诉我们，伊拉斯谟曾花了很长时间“在他的漂亮家宅里寻找一个鸟巢来安置他的小小身躯。他最终把自己关在一间卧室里，只有那样他才能够呼吸到他所必需的熟透的空气”。[②]

还有很多梦想者想要在家宅中、卧室中找到一件合身的衣服。

但我们还要说一遍，鸟巢也好，蛹和衣服也好，都不过是临时的居所。休息越是缩成一团，蛹越是封闭，从里面出来的存在就越是属于别处，他的扩张就越大。我们认为，读了一个诗人又读另一个诗人的读者，当他让宇宙从全部敞开的门窗重新回到家宅里面时，如果听到一首苏佩

① 伊拉斯谟（1469—1536），荷兰人文主义者，神学家，文艺复兴时期最重要的代表人物之一。——译者

② 安德烈·萨利奥（André Saglio）：《名人之家》，巴黎，1983 年，第 82 页。

维埃尔（Supervielle）[1]的诗，就会受到阅读想象力的热情鼓舞。[2]

所有形成树林、河流和空气的东西
都在卧室的四墙之内有它们的位置
快来吧，跨越重洋的骑士们
在我仅有的天空这个屋顶下，你们各得其所。

家宅的接纳是那么无所不包，以至我们从窗口看到的一切都归属于家宅。

山的身体在我的窗前犹豫：
如果我们是山，我们怎么能够进去？
如果我们这样高，浑身是岩石和卵石，
而且是被天空改变了的一块地球的碎片？

当我们从紧缩的家宅转移到膨胀的家宅，从而对节奏分析变得敏感的时候，振动就回荡并增大起来。伟大的梦想者都像苏佩维埃尔一样宣称内心空间的世界，但他们却是通过沉思家宅而懂得这种内心空间的。

---

① 苏佩维埃尔（1884—1960），法国—乌拉圭诗人、作家。——译者
② 苏佩维埃尔：《陌生的朋友》，第 93 及 96 页。

IX

苏佩维埃尔的家宅是一座贪婪地看着的家宅。对它而言，看见就是拥有（voir c'est avoir）。它看见世界，它就拥有了世界。但就像一个贪吃的孩子一样，它的眼睛比肚子要大。它给我们提供了夸张形象的一例，研究想象力的哲学家应该在开始合理的批判之前先微笑着注意这一形象。

然而，在这些想象力的度假之后，我们应该回到现实。我们应该谈论和家务活相伴随的梦想。

主动地保存着家宅的，在家宅中联系起最近的过去和最近的将来的，将家宅维护在存在的安全性中的，是家务活。

然而，如何赋予家务一种有创造力的主动性呢？

一旦我们给机械化的手势带来一线意识的微光，一旦我们在擦拭陈旧的家具时进行现象学思考，我们就会感到，在这一轻柔的居家习惯动作之下产生出新的印象。意识使一切重新变得年轻。它赋予最熟悉的动作以开端的价值。它支配着记忆。重新成为机械化动作的真正发明者，这是多么奇妙的事！于是，当一位诗人擦拭一件家具时（即使是通过他笔下的人物之手），当他在一块能使他所碰到的每样东西重获温暖的羊毛抹布上掺和了一点点香味蜡，放到桌面上时，他创造了一个新的对象，他增加了对象的人性尊严，他把这个

对象登记在人性家宅的户籍簿上。博斯科写道：[①]

> 柔软的蜡在手的压力和羊毛的有效热量下渗透进这片光滑的材料。慢慢地，托盘泛起了暗光。这一被磁性的擦拭引出的光芒仿佛来自百年老树、来自死去树木的内心，并渐渐扩散成充满整个托盘的光亮。满载功绩的苍老手指和宽大的手掌，从笨重的木块和无生气的纤维中提取生命的潜在力量。这就是对象的创造，它是信仰本身的作品，摆在我赞叹不已的双眼前。

受到这般爱抚的对象确实诞生于内心空间的光芒；它们上升到一个现实性的层面上，高于那些冷漠无情的对象、由几何学的现实规定的对象。它们传播着一种新的存在的现实性。它们不再仅仅属于一个范围，而是范围的联合体。在卧室中，家务料理在一个对象与另一个对象之间编织起统一古老的过去和崭新的日子的连线。家务使沉睡的家具苏醒。

如果我们来到幻想所夸大的边缘，我们好像感到我们的意识用呵护生命的关怀、赋予生命以其全部的存在之光的那种关怀来建造家宅。在这些关怀下熠熠生辉的家宅好像从内部进行了重建，它有了崭新的内部空间。在墙壁和家具的内在均衡中，可以说我们对一座由女性建造的家宅有了意识。

---

① 亨利 · 博斯科：《风信子花园》，第 192 页。

男性只会从外部建造家宅。他们对蜡的文明一无所知。

在谈论梦想与工作的融合、最伟大的梦想与最卑微的工作之间的融合时，谁能比博斯科对好心女仆西杜瓦纳的描述（前引书，第173页）做得更好？

> 这一通达幸福的使命非但不会妨害她实际的生活，相反还丰富了她的动作。当她清洗一块床单或桌布时，当她细心地擦亮面包柜的表面或黄铜烛台时，从她灵魂深处产生了这些小小的愉快运动，使疲劳的家务活生动起来。她不等到活儿干完就已经沉浸在自己心中，随心所欲地静观心中的超自然形象。正是在她做最平庸的事务时，心中的各种图像才显得那样熟悉。无需一丁点想入非非的样子，她在洗涤、除尘、清扫的时候就有天使陪伴。

我在一部意大利小说中读到过一个马路清洁工的故事，这个清洁工以收割者的高昂姿态挥动着他的扫帚。他梦想在沥青地面上收割想象中的麦子，真正大自然的硕大麦子，在那大自然中他重新回到了年轻时代，从事着日出而作的收割者这一伟大事业。

我们需要比精神分析学的反应物更加纯净的反应物来确定诗歌形象的“成分”。借助于诗歌所要求的精确规定，我们进入微观化学。被精神分析学家的现成解释所改变了的反应物可能会破坏溶液。没有一个现象学家在重新体验苏佩维埃尔所做的把山从窗户请进屋的时候，会从中看到性的异常。更恰当地来说我们面对的是纯粹解放、绝对升华的诗歌现象。形象不再处于事物的支配之下，更不在无意识的推动之下。在伟大诗歌的浩瀚无边的自由大气层中，它漂浮着，飞翔着。透过诗人的窗户，家宅和世界开始广阔的交往。正如形而上学家喜欢说的那样，人类的家宅向世界开放。

同样，现象学家在研究女性通过每天的重新上光来建造家宅的时候，必须超越精神分析学家的解释。我们自己也曾在以前的著作中采用过这种解释。[①]但我们觉得我们可以前往更根本的地方，我们可以感觉到一个人如何把自己交给事物，并通过完善事物的美而将事物给与自己。当一个事物变得更美一点，它就成了另一个事物。只要更美一点点，就完全是另一个事物。

这里我们碰到了一个悖论，关于习惯动作的创新性的悖论。家务料理所赋予家宅的不只是原创性，而是起源。啊！如果每天早晨，家宅里的每件物品都能在我们的手中重做，从我们手中“产生”，那将是多么伟大的生活！凡·高在写给提奥（Théo）的一封信中说，应该“保留具有鲁滨孙那样的独特个性的一些东西”（第 25 页）。做出一切，重新做出

① 参见《火的精神分析》。

一切，给每个对象一个“附加的手势”，给蜡块的镜面再增加一个截面，想象力在让我们感觉到家宅内部的生长时，给予我们如此多的助益。为了在白天充满活力，我反复对自己说：“每天早上想一想圣鲁滨孙。”

当一个幻想者从他用家务施加了魔法的对象开始来重新建造世界时，我们深信在诗人的生活中一切都是萌芽。下面是一长段里尔克的文字，尽管有点累赘（手套和服装），它却让我们置身于简单的状态中。

里尔克在《致女音乐家的信》（法译本，第 109 页）中对本弗努塔（Benvenuta）写道，当女用人不在的时候，他擦拭了家具：

> 我在美妙的独处当中……当时我毫无防备地被这一旧时的激情重新占据。你应该知道：这无疑是我童年时最大的激情，也是我与音乐的第一次接触；我们的竖式小钢琴在我的除尘掸的审判之下，它是为数不多心甘情愿接受这一做法的对象，并且毫无怨言。相反，在抹布的热情之下，它却突然开始发出金属般的轰鸣声……它美丽的乌黑底色变得越发美丽。当我们经历这些的时候，我们有怎样的体会啊！光是那必不可少的服装就已经让我们感到骄傲：宽大的围裙和用来保护灵巧双手的可清洗绒面小手套，我们用略带调皮的礼貌来回应物体的友好，它们因为受到良好待遇而那么幸福，并得到那么精心的摆放。

同样，今天我要向你承认，当我周围的一切变得干净起来，工作台宽广的黑色表面映照出四周的一切……越来越清楚地映出房间时，因而在某种意义上获得了对房间体积的新意识：干净的灰色，接近立方体……是的，我觉得自己被感动了，仿佛这里发生了一些事情，不仅仅是在表面上，而准确地说是在灵魂中发生了一些重大的事情：一个皇帝在给老人们洗脚，或者是圣波拿文彻（Saint Bonaventure）在洗修道院的餐具。

本弗努塔对这段内容所作的评论[1]使文本变得僵硬，她说，里尔克的母亲“从他最弱小的童年开始就命令他给家具除尘以及做各种家务劳动”。我们怎能不感觉到里尔克笔下字里行间流露出的对劳动的怀念。我们怎能不理解，因为在帮助母亲的快乐之外又加上了作为给穷人洗脚的世上伟人的光荣，所以不同心理年龄的相关心理学文献积累起来。这个文本是一个感情的复合体，它结合了礼貌和调皮，谦卑和壮举。还有一个开启整个段落的句子：“我在美妙的独处当中！”独处就好像处在一切真正壮举的开端，真正的壮举不是被“命令”去做的。正是轻松的壮举所创造的奇迹才能把我们置于壮举的开端。

脱离上下文，我们所引用的这一长段文字在我们看来

① 本弗努塔：《里尔克与本弗努塔》，法译本，第30页。

是一个对阅读兴趣的很好测试。它可能会被轻视。人们可能会惊讶于有人对它产生兴趣。相反，人们也可能会不自觉地对它产生兴趣。它也可能显得生动、有用并给人安慰。难道他没有给我们提供工具，让我们对卧室有意识，同时有力地综合一切在卧室中生活的东西，所有向我们表示友谊的家具？

这段文字中难道没有显示出作家的勇气，要战胜禁止写“微不足道”的心事的书报审查吗？而一旦我们承认微不足道之事的重要性，一旦我们用个人的梦想来完成作家交付给我们的“微不足道”的回忆，阅读将是多么愉快！微不足道的事于是变成极度感性的主题，预示着在作家和读者之间建立灵魂共同体的内心意义。

当我们可以对自己说，虽然没有绒面手套，但我们体验到了里尔克的时光，回忆是多么温馨！

X

每个简单的伟大形象都揭示了一种灵魂的状态。比起风景来，家宅更是一种“灵魂的状态”。即使它的外表被改造，它还是表达着内心空间。一些心理学家，尤其以弗朗索瓦兹·明科夫斯卡（Françoise Minkowska）和她所培训出来的研究人员为代表，研究了儿童画出来的家宅图画。我们可以把这项研究作为考察的动机。考察家宅的好处在于向自发性开放，因为很多儿童在梦中自发地画画，手执铅笔画家宅。此外，巴利夫（Balif）夫人说[①]："要求一个儿童画家宅，就是要求他揭开他最深的梦想，那是他想要庇护幸福之处；如果他是幸福的，他会找到紧闭的受保护的家宅，坚实而且根深蒂固的家宅。"虽然画出的是它的外形，但几乎总有几笔暗示出内心空间的力量。巴利夫夫人说，很显然，在一些图画中，"房间里面很温暖，有火，这火是如此旺盛，我们看着它往烟囱外逃逸"。当家宅幸福的时候，烟在屋顶上方轻柔地嬉戏。

如果孩子不幸福，家宅就带有绘画者的烦恼痕迹。明科夫斯卡展示了一系列特别感人的图画，它们的作者是一些遭受过上次战争中德国占领时期的暴行的波兰的犹太儿童。一个经历过一有风吹草动就躲进壁橱的儿童，在那些受诅咒的日子过去很久以后，画出窄小、冰冷和封闭的家宅。这就是明科夫斯卡所谈论的"不动的家宅"，它们僵硬得一动不动："这种僵硬性和不动性既表现在烟雾里，也表现在窗帘上。它周围的树是笔直的，一副保卫家宅的模样。"（前引书，第55页。）明科夫斯卡知道，一座活生生的家宅并非真的"一动不动"。它尤其包含了我们走向家门的动作。通向

① 《从凡·高和修拉到儿童画》，教育博物馆一次展览（1949年）的插图导游目录，由明科夫斯卡博士作注，巴利夫夫人撰写，第137页。

家宅的路常常是上坡的。有时候它发出邀请。其中总有一些运动觉的因素。罗尔沙赫主义者[①]会说，家宅具有运动觉。

伟大的心理学家明科夫斯卡从一个细节中辨认出家宅的运动。在一个八岁儿童所画的家宅中，明科夫斯卡发现门上有“一个把手；我们从那里进去，在那里居住”。这不只是一座家宅-建筑，“这是一座家宅-安居”。门把手很明显暗示了一种功能。这个符号标志着动觉，在“死板的”儿童画里常常遗漏了这一点。

请注意，门上的“把手”按照家宅的比例尺本不应该画出来。它的功能比所有尺寸上的考虑更重要。它代表了开启的功能。只有逻辑思维才会反对它具有同等的关闭和开启的作用。在价值的领域里，钥匙起关闭作用的时候比起开启作用的时候多。把手起开启作用的时候比起关闭作用的时候多。关闭的手势总是比开启的手势更干脆、更有力、更简短。正是在衡量这些细微之处上，我们应该像明科夫斯卡一样做家宅的心理学家。

---

① 罗尔沙赫（Hermann Rorschach，1884—1922），瑞士精神病医生，编制了基于投射心理学的“罗尔沙赫测试”。——译者

第三章
抽屉，箱子和柜子

I

当一个大作家在贬义上使用一个词的时候，我总是受到一点惊吓，受到语言的折磨。首先，所有的词语都在日常生活的语言里中规中矩地履行它们的职责。其次，最常用的词语以及与最常见的现实相关的词语并不会因此而失去它们的诗意可能性。当柏格森说到抽屉时，他是如此轻蔑！这个词语总是像一个论战性的隐喻一样出现。它发号施令，它做出判断，并且总是以同样的方式做出判断。哲学家不喜欢装在抽屉里的论据。

在我们看来，这个例子很好地证明了形象和隐喻之间的根本区别。我们将先对这一区别稍作强调，然后再回到我们关于内心空间形象的研究，这些内心空间形象涉及抽屉和箱子，涉及所有藏物之处，人这个锁的伟大梦想者在那里封存或隐藏着他的秘密。

在柏格森的著作中，隐喻比比皆是，而形象总的来看十分罕见。对他来说似乎想象力完全是隐喻性的。隐喻赋予难以表达的印象一个具体的部分。隐喻总是和一个不同于它自身的心理存在相关。相反，形象作为绝对想象力的产物，它的整个存在都依赖想象力。当我们接着把我们对隐喻和形象所作的比较继续下去，我们就会明白，隐喻不能够接受现象学的研究。它不值得花这样的力气。它没有现象学的价值。它至多就是一个*人造的形象*，没有深的、真实的、真正的根。它是一个临时的表达方式，或者说它应该是临时的，一次性暂时使用的。我们必须小心不要过多思考它。我们必须担忧的是阅读隐喻的人还思考它们。可是，抽屉的隐喻在柏格森主义者那里获得了多大的成功！

和隐喻相反，我们可以给出一个形象在读者那里的存在；形象是存在的给予者。形象作为绝对想象力的纯粹创造，是一个存在现象，是言说的存在所特有的现象之一。

II

正如我们所知，*抽屉*的隐喻以及其他几个诸如“批量生产的成衣”之类的隐喻被柏格森用来形容概念哲学的缺陷。概念是用来对知识进行分类的*抽屉*；概念是批量生产的成衣，它们剥夺了亲身体验得来的知识的个体性。每个概念都在范畴的家具中有它自己的抽屉。概念是死去的思想，因为它在其定义上就是被分类的思想。

让我们列举几个文本，它们鲜明地突出了柏格森哲学中抽屉隐喻的论战性特征。

在1907年的《创造性的进化》（第5页）中，我们读到："正如我已经尝试证明的那样，[①]记忆不是把回忆分门别类放入抽屉或者登记在记录册上的能力。记忆里没有记录册，没有抽屉……"

在任何一个新对象面前，理性对自己提问道（《创造性的进化》，第52页）："哪一个老范畴和这个新对象相符？我们要把它放入哪一个准备开启的抽屉里？我们将为它穿上哪一件已经裁剪好的衣服？"因为可以肯定，一件成衣已经足够把一个可怜的理性主义者裹在衣服里。1911年3月27日，柏格森在牛津的第二场讲座（收入《思想与运动》，第172页）上证明了形象的贫乏性，它只要"在这里和那里，在由一个个保存过去碎片的回忆之盒组成的大脑里"。

在"形而上学导言"（《思想与运动》，第221页）中，柏格森说，康德认为科学"向他展现的只是套在框架里的框架"。

隐喻问题在柏格森写他的文集《思想与运动》（1922）时依然萦绕在他头脑中。这部文集从许多个角度总结了他的哲学。他再一次提出（第26版，第80页），记忆中的词并

① 柏格森：《物质与记忆》，第二及第三章。

没有被放在“一个或另一个大脑的抽屉中”。

如果此处允许的话，我们可以证明，[①]在当代科学中，科学思维的进化所必然导致的概念发明活动超越了用简单分类来规定的概念，用柏格森的话来说（《思想与运动》），通过“把一些套在另一些里面”所形成的概念。抽屉的隐喻一直是一个论战性小工具，用以反对那种想要学习当代科学的概念化的哲学。然而，对于我们目前所要解决的问题，即隐喻和形象的区分问题来说，我们在这里找到了一个僵化隐喻的例子，这种隐喻甚至丧失了形象的自发性。这在柏格森主义中尤其明显，因为反复的教导把它简单化了。文件柜抽屉这个论战性的隐喻常常出现在指责思维定势的浅显论述中。我们甚至可以在听某些课的时候预见抽屉的隐喻将要出现。可是，当我们打压一个隐喻，那是因为想象力已经事不关己。抽屉隐喻这个论战性小工具和其他几个差不多的隐喻一起，机械化了柏格森主义者和认识论哲学家之间的论战，尤其是针对被柏格森武断地称之为的“生硬的理性主义”。

III

这些一笔带过的评论只是为了证明隐喻只能是一次表达上的意外事件，对它进行思考是有危险的。隐喻是一个假冒

① 参见《应用理性主义》，“中间概念（Les interconcepts）”这一章。

的形象，因为它没有那种在言说的梦想中形成的、创造表达的形象所具有的直接性质。

有位伟大的小说家遇到了柏格森的隐喻。但隐喻在他笔下不是用来描述康德式的理性主义者的心理学，而是一个愚蠢的主人的心理学。在博斯科的小说里有这么一段。[①]另外它颠倒了柏格森的隐喻。小说不是把理智比作有抽屉的家具，而是把有抽屉的家具比作理智。卡勒-伯努瓦（Carre-Benoît）的所有家具中，只有一件令他期待，那就是他的橡木文件柜。每一次从这件庞大的家具面前经过的时候，他都满怀自得地看着它。在文件柜里，至少一切都保持稳定不变。想看见什么就看见什么，想摸到什么就摸到什么。它的宽敞不在于它的高度，也不在于它是满的还是空的。没有一个方面不在一个周密的头脑以实用为目的的计划和计算之下。多么奇妙的一件工具！它给每样东西都留出了地方：它既是记忆又是理智。在这个精心打造的立方体里，没有一样东西是模糊不清、捉摸不定的。我敢说，一样东西不论我们放进去一次、一百次还是一万次，只需瞄一眼我们就能重新把它找出来。整整四十八个抽屉！里面存放着经过分类的整个实证知识的世界。卡勒·伯努瓦先生赋予抽屉一股魔力。

① 亨利·博斯科：《乡下的卡勒-伯努瓦先生》，第 90 页。

他有时说："抽屉是人类精神的基础。"[①]

让我们再重复一遍，小说中说话的是一个平庸的人。但让他说话的是一个天才的小说家。这位小说家用有抽屉的家具具体表现出愚蠢的管理思想。正如对愚笨应该加以嘲讽，博斯科的小说主人公几乎说出了一句格言，在从"尊贵的家具"中拉出抽屉时，他发现女用人在里面排列了芥末、盐、米、咖啡、豌豆和扁豆。会思想的家具已经变成了食品橱。

毕竟这可能是一个能够说明"占有的哲学"的形象。它同时起到本义和比喻义的作用。有些大学究喜欢囤积食品。他们对自己说，我们以后再看是不是要吃它们。

Ⅳ

作为我们对隐秘形象的实证研究的序言，我们已经思考了一个未经仔细推敲的隐喻，一个没有把外部现实和内部现实真正结合起来的隐喻。接着，借助博斯科的文本，我们发现了一个建立在详细描绘的现实基础上的性格学的直接例证。我们应该回到对创造性想象力的实证研究上来。借助抽屉、箱子、锁和柜子这些主题，我们将重新接近内心空间梦想那深不可测的储藏室。

柜子及其隔层，书桌及其抽屉，箱子及其双层底板都是

① 参见前引书，第 126 页。

隐秘的心理生命的真正器官。没有这些“对象”以及其他一些被同样赋予价值的对象，我们的内心生活就会缺少内心空间的原型。它们是混合的对象，是客体-主体。和我们一样，因为我们，为了我们，它们也具有了内心空间。

有哪一个语词的梦想者不会对柜子（*armoire*）一词产生共鸣？柜子，法语中的伟大词语之一，它既庄重又亲切。多么优美而宏大的气息量！它是怎样用第一个音节的“a”开启气流，又是怎样轻柔地、缓慢地用一个呼气音节结束呵。我们在赋予语词诗意的时候从来都不紧不慢。而柜子一词中的“e”是那么默不作声，没有一个诗人愿意让它发音。或许这就是为什么在诗歌中这个词总是作单数使用。如果用作复数，那么最轻声的联诵也会把它变成三个音节。可是，在法语里，那些伟大的语词、在诗歌中占主导地位的语词都只有两个音节。

和美丽的语词相配的是美丽的事物。和读音庄重的语词相配的是深沉的存在。每一位家具的诗人，哪怕他住在没有家具的屋顶阁楼，都本能地知道旧柜子的内部空间很深。柜子的内部空间是一个内心空间，一个不随便向来访者敞开的空间。

然而，语词会提出要求。只有可悲的灵魂才会在柜子里随便放任何东西。把随便什么东西用随便的方式放置在随便什么家具里，这种做法标志着居住功能的重大缺陷。柜子里有一个秩序中心保护整座家宅免于无法无天的混乱。在那里秩序占统治地位，或者不如说，在那里秩序就是霸权。秩序不单单是几何学上的。秩序在那里回忆起家族的历史。懂得这一点的诗人写道：①

排列。和谐
柜子里一叠叠的床单
衣物中的薰衣草。

和薰衣草一起进入柜子里面的是四季的历史。只需薰衣草就能在层叠的床单里放进柏格森的绵延。难道不该等那些床单，用我们的话来说“浸透了薰衣草”以后，再拿出来用吗？如果我们回忆起来，回到宁静生活的家乡，将会有多少储存着的梦啊！当我们在记忆中重新看见摆放着折叠得方方正正的花边、亚麻布、平纹布的时候，回忆潮水般地涌了回来，米洛什说：“柜子，装满了回忆的无声骚动。”②

哲学家不愿意人们把记忆当作存放回忆的柜子。然而形象比观念蛮横得多。柏格森的弟子中最忠实的一个在成为诗

① 科莱特·武尔茨（Colette Wartz）［应为 Wurtz——译者］：《给别人的话》，第 26 页。
② 米洛什：《爱的奥义》，第 217 页。

人以后立刻承认记忆是柜子。贝玑（Péguy）[①]不是写过这样的伟大诗句吗：

在记忆的隔层和柜子的庙宇里。[②]

然而，真正的柜子不是一件日用家具。它并不每天打开。对一个不愿敞开心扉的灵魂而言，它的门上没有钥匙。

柜子没有钥匙！……没有钥匙的大柜子
我们常常看着它黑褐色的门
没有钥匙！……多么奇怪！我们许多次地梦见
沉睡在它两侧木板中间的秘密
我们以为听见了张开着的锁孔里面
传来一声遥远、空洞、愉快的声响。[③]

兰波以这种方式指出了期望的方向：怎样的好处储藏在关闭的家具中啊。柜子有种种许诺，这时它不再只是一段历史。

---

① 贝玑（1873—1914），法国诗人、散文家，在巴黎高等师范学校就学时曾师从柏格森。——译者
② 贝玑：《夏娃》，第 49 页。
③ 兰波：《孤儿的新年礼物》。

安德烈·勃勒东（André Breton）将用一个词来开启非现实的奇迹。他给柜子的谜语又加上了真福的不可能性。他在《白头发的手枪》[1]中以超现实主义的安静写道：

> 柜子装满了衣物
>
> 甚至有些隔层洒满月光，我可以将它们展开。

勃勒东的诗句把形象带到了超常的层面，理性的精神根本不想达到它。超常之处总在活生生的形象顶端。加上仙女的衣物，这难道不是在婉转地描绘所有丰裕的财富，它们被折叠、堆积、聚集在另一个时代的柜子里。当一张旧床单在我们手中展开时，它变得多么的大。洗过的桌布是多么洁白，洁白得就像冬天洒在麦田里的月光！只需稍作遐想，我们就会发现勃勒东笔下的形象是十分自然的。

我们不必惊讶于一个拥有如此大量内心财富的存在会是最温柔的家务料理的对象。安妮·德·图维尔（Anne de

---

① 安德烈·勃勒尔：《白头发的手枪》，第110页。另一个诗人写道：

> 在壁橱的苍白衣物中，
> 我寻找着超现实。

约瑟夫·鲁方什(Joseph Rouffange[应为 Rouffanche——译者])：
《心中的葬礼和奢华》，Rougerie 出版社。

Tourville）[1]说到一个可怜的伐木女工："她重新开始擦拭，在柜子上嬉戏的反光让她心中充满喜悦。"[2]柜子向卧室散发温和的光芒，有感染力的光芒。一位诗人十分贴切地看见十月的光芒在柜子上嬉戏：

十月夕阳炙烤下
古老柜子的反光。[3]

当我们把适当的友好给予对象时，我们不能不微微颤抖地打开柜子。在它的棕红色木板里，柜子是一颗非常洁白的杏仁。打开柜子就是体验一件白色的事情。

V

关于"箱子"的诗集可以构成一个重要的心理学章节。工人制作出来的复杂家具是对隐私的需求和藏物的理智的可感证据。它不仅仅涉及严严实实地保存财物。没有什么锁可以抵挡住所有的暴力。每一把锁都是对撬锁者的召唤。锁是怎样的一个心理学门槛啊。带有装饰的锁对铤而走险者是怎样的挑战！一把装饰漂亮的锁里有着怎样的"情结"！德尼

① 安妮·德·图维尔（1910—　），法国作家。——译者
② 安妮·德·图维尔：*Jabadao*，第 51 页。
③ 克洛德·维热：前引书，第 161 页。

兹·波尔姆（Denise Paulme）[1]写道：在班巴拉人家里，锁的主要部分雕刻着“人形的鳄鱼、蜥蜴、乌龟……”开启和关闭的力量应该是有生命的力量，人的力量，神圣动物的力量。“多贡人的锁上饰有两个人物（祖宗夫妇）。”（前引书，第35页。）

然而，与其挑战铤而走险者，用代表力量的符号恐吓他，还不如迷惑他。于是各种各样的箱子开始出现。我们把最重要的隐私放在最重要的箱子里。如果它们被发现，铤而走险的行为就得到了满足。我们也可以用假冒的隐私来喂饱它。简而言之，有一种“情结性的”高级家具。

在箱子的几何学和隐私的心理学之间有一种对应关系，我们认为这一点毋庸赘言。小说家们有时寥寥数语就指出这一对应关系。弗朗茨·海伦斯（Franz Hellens）[2]小说中的一个人物想送自己女儿一件礼物，他在丝绸围巾和日本漆的小箱子之间犹豫不决。他最后选择了箱子，“因为我觉得它更符合她自闭的性格”。这句议论如此一笔带过，如此简单，很可能被一个匆忙的读者忽略。可它却处在一个奇特叙事的核心，因为在这一叙事中，父亲和女儿隐藏着同一个秘密。

---

① 德尼兹·波尔姆：《黑非洲的雕塑》，法国大学出版社，“行家之眼”丛书，1956年，第12页。

② 弗朗茨·海伦斯（1881—1972），比利时小说家、诗人、散文家、艺术批评家。——译者

这同一个秘密预示着同样的命运。小说家必须用尽全部的才华方能使人感受到两个内心的隐蔽之处的同一性。所以应该以箱子为共同主题，把这本书归入自闭灵魂的心理学文献。由此我们将会明白，研究自闭存在的心理学的方法不是把他所有的拒斥汇总，给他的冷漠态度编目录，为他的缄默撰写历史！更恰当的方法是观察在快乐的积极状态下的他，比如当他打开一个新的箱子时，就像那个小女孩得到父亲的默许隐藏她的秘密，也就是说把她的隐私掩盖起来。在弗朗茨·海伦斯的叙述中，两个存在互相“理解”，不用告诉对方，不用说出来，不用知道。两个自闭的存在通过同一个符号相互交流。

VI

在之前的某一章中，我们曾经宣称只可以说阅读家宅，阅读卧室。同样，我们也可以说作家把他们的箱子给我们阅读。我们的意思是，我们不只是在精确几何学描述的层面上才可以写“一个箱子”。其实里尔克早已向我们诉说了他在静观一个紧闭的小箱子时的快乐。在《笔记》（法译本，第266页）中我们读到：“在一个整洁的小箱子上的边沿完好无损的盖子，这样一个盖子除了待在它的箱子上之外不应该有其他欲望。”一个文学批评家说，在像《笔记》这样精心雕琢的文本里面，里尔克怎么可能留下如此一个“败笔”？

如果我们接受那个关于温和的封闭梦想的萌芽，我们就不会赞成这种反对意见。欲望这个词多么意味深长！我想到我家乡的一句幽默谚语：“没有一个锅子找不到自己的盖子。”假如锅子和盖子总是严丝合缝，世上的一切将会多么顺利！

与温和的封闭相配的是温和的开放，我们希望生活永远是润滑的。

然而，当我们“阅读”里尔克的箱子时，我们看见隐秘的思想由于怎样的宿命遇到了箱子的形象。在他给莉莉安（Liliane）的一封信中，[①]我们可以读到：“所有与这种难以言表的经历相关的事物都应该保持遥远的距离，或者早晚有一天只发生最谨慎的关系。是的，如果我必须承认这一点，我就想象这一切总有一天会发生，并好像带有17世纪那种牢固强大的锁，它们各式各样的锁扣、爪子、链条、手柄布满了旅行箱的整个盖子，唯一一把柔弱的钥匙把这整套装备从它最紧密的中心的防御和阻碍下夺走。然而钥匙并非单独行动。你也知道，类似的箱子上的锁孔总藏在一个按钮或小舌底下，只有暗暗地用力才能叫它们服从。”这将名言“芝麻开门”化作了多么具体的形象！需要怎样暗暗地用力，怎样轻柔地诉说，才能打开一个灵魂，解开一颗里尔克式的心灵。

毫无疑问，里尔克喜欢锁。然而，谁不喜欢钥匙和锁

① 克莱尔·戈尔（Claire Goll）：《里尔克和女人们》，第70页。

呢？关于这个主题的精神分析学文献汗牛充栋。所以组织一份材料特别容易。然而，对于我们所追求的目标而言，揭示性象征会使我们遮盖关于内心空间的梦想的根基。或许没有比这个例子更让我们感到精神分析学所坚持的象征体系的单调的了。在夜晚的睡梦中出现的钥匙和锁的碰撞，这在精神分析学看来是一个清楚的符号，一个清楚得省去了历史的符号。当我们梦见钥匙和锁的时候，我们没有其他可坦白的。然而，诗歌在一切方面都超出了精神分析。它总是把睡梦变成梦想。并且，诗的梦想无法满足于历史的根基；它无法建立在情结之上。诗人体验到一个彻夜不眠的梦想，而且他的梦想始终在世界之中，在世界中的对象面前。梦想把宇宙聚集到一个对象周围，聚集到一个对象内。正是这个梦想打开了箱子，把宇宙的财富压缩成一个小小的箱子。如果箱子里有首饰和宝石，那是一段过去，一段漫长的过去，一段诗人将要讲述的跨越几代人的过去。宝石当然和爱情有关。但也和力量有关，和命运有关。这一切比钥匙和锁要伟大得多！

箱子里有难以忘怀的事物，不但令我们难以忘怀，而且令受赠了我们的宝贝的人难以忘怀。过去，现在和将来在那里凝聚。因此，箱子是远古时期的记忆。

如果我们利用形象进行心理学研究，我们会发现每个伟大的回忆——纯粹柏格森式的回忆——都镶嵌在它的小箱子里。纯粹的回忆是只属于我们自己的形象，我们不愿意拿它与人交流。我们向人吐露的只是有关它的环境描写。它自身的存在属于我们，并且我们永远不愿意全部说出来。这和压抑完全不同。压抑是一种笨拙的冲动。正因为这样它有显而易见的症状。然而，每个隐私都有它自己的小箱子，这个绝对的隐私紧紧地封闭起来，避免任何冲动。内心生活在这里经历了记忆与意志的综合。这是*铁的意志*，它不是对抗外界、对抗他人，而是超越了所有关于对抗的心理学。在我们存在的回忆周围，我们拥有*绝对箱子*的保障。①

然而，由于这个箱子，我们在用隐喻的方式言说。让我们回到形象的问题上来。

VII

箱子——特别是小箱子——是我们最彻底掌握的东西，是*自行开启的对象*。当小箱子关闭的时候，它回到对象的共同体中；它在外部空间中找到自己的位置。但它会自行开启！所以，一个数学哲学家说，这个自行开启的对象是发现的第一次微分。我们在后面的章节中将会研究外和内的辩证法。然而在小箱子开启的时候，再也没有辩证法。外部被一笔

① 马拉美在一封给奥巴内尔（Aubanel）的信中写道："每个人心中都有一个秘密，许多人没有发现它就死了，并且由于他们死了无法发现秘密，秘密自己也不复存在。我和我的头脑中最后一个箱子的镶钻钥匙一起死而复生。现在由我来开启这个箱子，无需任何外借的印象，它的神秘自己溢出，成为一片美丽的天空。"（1866 年 7 月 16 日书信）

勾销，一切都是崭新的、意外的、未知的。外部不再具有任何意义。甚至可以说，极端矛盾的是，体积的各个维度都没有了意义，因为最新开启了另一个维度：内心空间的维度。

对于一个善于赋予事物价值的人来说，对于一个从内心空间价值的角度来看问题的人来说，这一维度可能是无限的。

一段极为明白晓畅的文字将为我们证明这一点，它告诉我们关于内心空间的场所分析的一条真正定理。

我们所说的这段文字出自一位根据主要形象来分析文学作品的作家所写的书。[①]让-皮埃尔·里夏尔让我们重新体验了小箱子的开启，这是爱伦·坡的故事里一个带有金甲虫符号的小箱子。首先，小箱子里的首饰具有无法估量的价值！它们绝不是“普通”的首饰。它们不是由公证人来清算，而是由诗人来清算。他负责“未知与可能性，宝藏重新变成想象之物，假想和梦想的发起者，它发掘自身，并且脱离自身，成为无穷无尽的其他宝藏”。于是，当故事接近一个像侦探故事一样令人毛骨悚然的尾声的时候，这个故事却还一点都不愿意失去它的梦幻财富。想象力从来不能够说：仅此而已。永远都不止于此。正如我们已经说过多次，想象的形

① 让-皮埃尔·里夏尔：《波德莱尔的晕眩》，收入《批评》，第100—101期，第777页。

象并不受制于现实的检验。

在快要完成通过赋予外壳价值从而赋予内容价值的工作时，里夏尔说了这样一句意味深长的话："我们永远到不了小箱子的底部。"关于内心空间维度的无限性，还有比这说得更好的吗？

有时候，一件满怀喜爱之情加工而成的家具拥有被梦想不停修改的内部视角。我们打开家具就发现一处居所。一座家宅隐藏在一个小箱子里。于是，在夏尔·克罗（Charles Cros）[①]的一首散文诗中，我们发现了这样一个奇迹，诗人成了细木工。在一双幸福的手中做成的美丽物品自然而然地被诗人的梦想"继续加工"。在克罗看来，想象的存在诞生于细木家具的"隐私"之中。

"为了发现家具的秘密，为了潜入细木家具各个视角的背后，为了到达小玻璃门里面的世界"，诗人要具有"敏捷的目光，灵敏的耳朵，敏锐的注意力"。实际上，想象力使所有的感官变得锐利起来。想象的注意力训练我们的感官适应瞬息性。诗人接着说：

> 然而，我终于瞥见了偷偷进行的狂欢，我听见了窸窸窣窣的小步舞曲，我打乱了家具里面正在策划的阴谋诡计。

---

① 夏尔·克罗（1842—1888），法国诗人、发明家。——译者

我们把门打开，好像看见一座虫子的客厅，我们以放大的视角观察白色、褐色和黑色的方砖贴面。[①]

关上小箱子，诗人引发了家具内心空间中的夜生活（第88页）。

当家具被关上，当听见吵闹声的耳朵被睡意或外界的噪音堵住，当人的思想沉重地压在某个实证的对象上，

种种古怪的景象便在家具这座客厅上演，奇形怪状的人物从小玻璃门出来。

这一次，在深夜的家具里，封闭在内的反射重新创造了物体。内部和外部的颠倒被诗人如此强烈地体验到，竟以物体及其反射相互颠倒的方式反映出来。

又有一次，在梦见了这个被旧时人物的舞会闹翻了天的小客厅以后，诗人打开了家具（第90页）：

光和火熄灭了，优雅、迷人的客人们和年老的长辈在混乱中离去，丝毫不顾及他们的尊严，消失在玻璃门、走道和柱廊里；椅子、桌子和窗帘统统蒸发了。

---

① 夏尔·克罗：《诗歌和散文》，伽里玛出版社，第87页。“家具”一诗，出自题献给 Mauté de Fleurville 夫人的《檀香木盒子》。

客厅依旧空荡荡，安静而整洁。

古板的人可能会和诗人一样说："这是一件细木家具，仅此而已。"作为对这个合理判断的回声，不愿意进行大与小、外与内的颠倒的读者可能会自己说："这是一首诗，仅此而已。""And nothing more."（无他。）

事实上，诗人把一个基本的心理学主题具体化了：关闭的小箱子总比打开的小箱子里面的东西多。检验使形象死亡。想象永远比体验更广阔。

对隐私的探究永远走在从藏匿东西的存在到自我隐藏的存在的路上。小箱子是物品的单人间。梦想者正是在这里感到自己身处于他的隐私的单人间中。我们想打开小箱子，我们也想打开自身。我们为什么不能在两个方向上阅读苏佩维埃尔的诗呢：①

我在将我紧紧包围的箱子里搜寻
把黑暗中的东西翻个底朝天
在很深、很深的盒子里
仿佛它们不再属于这个世界。

① 苏佩维埃尔：《万有引力》，第 17 页。

埋葬宝藏的人把自己一同埋葬。隐私是一座坟墓，谨慎的人不会无缘无故炫耀自己是隐私之墓。

一切内心空间都自我隐藏。若埃·布斯凯（Joë Bousquet）写道[①]：“没有人看见我改变。但有谁能看见我呢？我是我自己的藏身处。”

我不想在这本书里重提物质的内心空间问题。我已经在其他著作中尝试讨论过这个问题。[②]但我至少应该强调一下寻找人的内心空间和物质的内心空间的两个梦想者的同场地性（homodromie）。荣格很好地揭示了炼金术梦想者之间的一致（参见《心理学与炼金术》）。换一种说法，对最高级的隐藏来说只有一个场所。一旦我们进入这个最高级的古怪领域，这个心理学几乎不曾研究过的领域，人心中的隐蔽处和物中的隐蔽处就属于同一种场所分析。事实上，一切实证性都使最高级重新下降到比较级。为了进入最高级的区域，必须离开实证性，接近想象性。必须倾听诗人。

---

① 若埃·布斯凯：《另一个年代的雪》，第 90 页。[若埃·布斯凯（1897—1950），法国诗人。——译者]

② 参见《土地与静息的梦想》，第一章；以及《科学精神的形成》，“客观知识精神分析学导言”，第六章。

第四章
鸟　　巢

我在常春藤的枝蔓上采到一只鸟巢
一个柔弱的鸟巢，覆盖着乡下特有的青苔和梦幻般的青草。

伊凡·戈尔（Yvan Goll）[①]:“父亲的坟”，
《今天的诗》，50，Seghers 出版社，第 156 页。

白色的鸟巢，你们的鸟儿将盛开
……
你们将飞翔，羽毛铺成的小路。

罗伯特·甘索（Robert Ganzo）[②]:《诗歌集》，
Grasset 出版社，第 63 页。

I

维克多·雨果用短短一句话把形象和有居住功能的存在联系起来。他说，[③]对卡西莫多而言，教堂先后是“蛋壳、鸟巢、家宅、祖国、宇宙”。“几乎可以说，他以它为形状，就好像蜗牛以壳为形状一样。这就是他的居所，他的洞穴，他的罩子……他依附于教堂，就好像乌龟依附于它的龟壳一样。毛糙不平的教堂就是他的甲壳。”这些形象必须一个也不能少，才能说明一个外表丑陋的存在如何在错综复杂的建筑物的各个角落找到他的诸多藏身之处。就这样，诗人通过形象的多样性让我们感觉到各种各样庇护所的力量。但他立刻在大量堆叠的形象后面加上了一个节制的信号。雨果接着说："无须警告读者不要从字面上理解我们不得不在这里使用的比喻。这些无非是为了表达一个人和一座建筑物之间奇特、匀称、直接又宛如同体的结合。"

令人惊奇的是，甚至在明亮的家宅里，幸福的意识也会要求和躲在庇护所中的动物作比较。安静地生活在自己家宅里的画家弗拉曼克（Vlaminck）写道：④"在恶劣天气肆虐的时候，我在炉火前体会到的那种幸福是完全动物性的。洞里的老鼠、穴里的兔子、棚里的奶牛，都应该像我一样幸福。"幸福就这样把我们带回了庇护所的原始状态。从生理上获得庇护感的存在抱紧自己，躲避着，蜷缩着，窝藏着，隐匿着。当我们在丰富的词汇中寻找所有表达退隐活动的动

① 伊凡·戈尔（1891—1950），原名 Issac Lang，德法双语诗人、作家。——译者

② 罗伯特·甘索（1898—1995），委内瑞拉诗人，用法语写作。——译者

③ 维克多·雨果：《巴黎圣母院》，第四卷，第三节。

④ 弗拉曼克：《彬彬有礼》，1931 年，第 52 页。

词，我们找到的是动物的运动形象，那是传达到肌肉的收缩运动。如果我们能够做出每一块肌肉的心理学，那是多么深入的心理学研究！在人的存在中有多少动物性存在！我们的研究不能达到这么远。如果我们能够给出被赋予了庇护所价值的形象，并证明当我们理解这些形象的时候我们也对之有所体验，那么我们已经做了很多了。

借助鸟巢，特别是贝壳，我们将发现一系列形象，并尝试把它们确定为原初形象，从我们心中唤起原始性的形象。然后我们将证明，存在如何在一种生理的幸福中喜欢上“退隐到自己的角落里”。

II

在无生气的对象世界里，鸟巢早已获得了异乎寻常的价值。我们希望它是*完美的*，带有非常确定的本能印记。我们赞叹于这一本能，于是鸟巢就很自然地被当作动物生活的奇迹。在安布鲁瓦兹·帕雷（Ambroise Paré）[1]的著作中有一个炫耀这种完美的例子：[2]“所有动物都具有建造巢穴的技巧和手艺，并且它们造得无与伦比的精巧，超过了所有泥水匠、木匠和建筑工；没有人能够为自己和孩子造出比这些小

① 安布鲁瓦兹·帕雷（1510—1590），法国外科医生、解剖学家。——译者

② 安布鲁瓦兹·帕雷：“人的理智和动物”，收入《全集》，J.-F. Malgaigne 出版社，第三卷，第 740 页。

动物为自己所造的更精巧的建筑物，以至于我们有一句谚语说，人什么都会做，除了鸟巢。”

局限在事实层面上的阅读会立刻打击这一热情。例如在兰兹伯勒-汤姆森（Landsborough-Thomson）[1]的著作中我们读到，鸟巢常常是匆匆搭成的，有时候就草草了事。“当金鹰在树上筑巢的时候，它有时会堆起一大堆树枝，然后每年加上一些新的，直到有一天整个脚手架支撑不住自己的重量而坍塌。”[2]如果我们追寻鸟类学的历史，我们会在热情和科学性批评之间找到许多细微差别。这不是我们所要探讨的主题。我们只是强调一下这里突然出现了一个有关价值的争论，这一争论常常会从两个角度改变事实。我们会问自己，这一塌落，不是鹰而是鹰巢的塌落，难道没有给报道它的不太恭敬的作者带来小小的愉快么。

III

从实证的角度来说，没有什么比赋予鸟巢形象以人性的价值更为荒谬的了。巢对于鸟来说，毫无疑问是一个温馨暖和的居所。它是一座有生命的家宅：它继续孵化着破壳而出的小鸟。对破壳而出的小鸟来说，在它赤裸裸的皮肤上还没有长出

① 兰兹伯勒-汤姆森（1890—1977），苏格兰鸟类学家。——译者

② 兰兹伯勒-汤姆森：《鸟》，法译本，Cluny 出版社，1934 年，第 104 页。

自己的绒毛之前，鸟巢就是外在的绒毛。然而，把如此贫乏的一个形象变成一个人性的形象、对人有意义的形象，这是多么草率！如果我们真的把紧闭的“鸟巢”、恋人眼中暖和的“鸟巢”和隐藏在树荫里的真正鸟巢相比，我们会感到形象的可笑。应该说，鸟儿只懂得灌木丛中的爱情。鸟巢是后来才建造起来的，在穿越田野的爱情狂热之后建造起来的。如果我们要梦想这一切，并从中得到人性的教益，就必须研究另一种辩证法，即树林中的爱情和城市卧室中的爱情之间的辩证法。这也不是我们的主题。只有安德烈·特里耶（André Theuriet）①这样的人，才会把屋顶阁楼比作鸟巢，即用这样一句评论来形成比较：“梦想不是喜欢栖息在高处吗？”②简而言之，在文学作品中，鸟巢的形象大多是孩子气的。

“被体验的鸟巢”是一个不太恰当划分出来的形象。但这一形象有一些原始的性质，喜欢思考细小问题的现象学能够发现它们。这为我们提供了一个新的机会来消除对哲学现象学的主要功能的误解。这种现象学的任务不是描绘我们在自然界中遇到的鸟巢，这是专属鸟类学家的实证任务。关于鸟巢的哲学现象学开始于当我们能够阐明我们在浏览一本鸟巢的相册时的兴趣，或者比这更根本，当我们能够重新找到

① 安德烈·特里耶（1859—1933），法国诗人、小说家、剧作家。——译者
② 安德烈·特里耶：《科莱特》，第 209 页。

过去发现鸟巢时那种天真的赞叹之情时。这种赞叹之情用之不竭。发现一个鸟巢使我们回到我们的童年，回到某一段童年，回到我们本应该拥有的童年。只有很少的人，生活给予了他们全部的宇宙空间性。

多少次，我在自己的花园里经历了太晚发现一个鸟巢的失望。秋天来临，树叶已经稀疏。在两根树枝的分叉间，有一个废弃的鸟巢。它们曾经就在那里，父亲、母亲和孩子，可我却没有看见过！

冬天的森林里，迟迟发现的空鸟巢嘲笑着掏鸟窝的人。鸟巢是飞翔的生命的藏身之处。它是如何做到不被看见的？在光天化日之下、远离大地这个坚实的藏身之处而又不被看见？然而，为了确定形象的存在所具有的细微差别，我们必须给它加上叠印，所以就有了一个传说，它把不可见的鸟巢发挥到想象力的极致。在沙博诺-拉赛（Charbonneaux-Lassay）的优美作品《基督的动物寓言集》中，可以找到这个传说。[①]“人们声称，戴胜能够从一切有生命之物的视野中完全隐藏，由此产生了中世纪末期人们所相信的一种说法，在戴胜的鸟巢里有一种彩色的草，人把它带在身上就能隐身。”

也许这就是伊凡·戈尔所说的“梦幻之草”吧。

然而我们今天的梦都没有这么离谱，废弃的鸟巢里也不

① 沙博诺-拉赛：《基督的动物寓言集》，巴黎，1940 年，第 489 页。

再有隐身草。像一朵凋零的花一样夹在篱笆中的鸟巢不过是一个“东西”。我可以把它拿在手里，将它的叶子片片摘下。我不无惆怅地重新变成一个了解田野和灌木丛的人，在孩子面前略带虚荣地传授自己的知识：“这是山雀的巢。”

于是，陈旧的鸟巢进入了某一个对象范畴。对象越是多样，概念就越是简单。因为我们收集了大量鸟巢，所以想象力不再活跃。我们失去了与活生生的鸟巢的接触。

但正是活生生的鸟巢才能把我们引向真正鸟巢的现象学，真正的鸟巢是在大自然中发现的鸟巢，它在一瞬间——这个词并不夸张——成为宇宙的中心，一个特定宇宙空间的赐予。我轻轻地抬起一根树枝，鸟儿正在那里孵蛋。这是一只不会飞走的鸟。它只微微颤抖了一下。我因为使它发抖而发抖。我怕正在孵蛋的鸟知道我是一个人，鸟类已经对人这种生物丧失了信任。我保持不动。鸟儿的恐惧和我怕让它恐惧的恐惧缓缓地平息下来——我想象是这样！我恢复了正常呼吸。我让树枝重新放下。我明天会回来的。今天，我心中产生一股欢乐之情：鸟儿在我的花园里筑巢了。

第二天，当我回来的时候，我比前一天更轻地走过小径，我在鸟巢底部看见了八个白里透红的蛋。我的上帝！它们是多么小啊！灌木丛中的蛋是那么小！

这就是活生生的鸟巢，有鸟居住的巢。鸟巢是鸟的家宅。我很久以前就知道这一点，人们很久以前就告诉过我。

这个故事太老掉牙了，我都犹豫要不要再说，要不要再对自己说。然而，我刚刚却重新体验了它。并且，在高度简略的记忆中，我想起了我在一生中发现活生生的鸟巢的那些日子。在人的一生中，这些真实的回忆是多么稀少！

我是这样理解图斯内尔（Toussenel）[①]这段文字的："独自发现的第一个鸟巢的回忆在我记忆中留下的印迹比我在初中获得翻译一等奖的回忆更为深刻。那是一个翠雀的美丽鸟巢，里面有四个粉灰色的蛋，蛋的表面还有红色的条纹，就像一幅标示性的地理学地图。我当场被难以言表的喜悦震撼了，整整一个小时，我的视线和腿一动不动。这一天，机缘巧合向我指明了我的使命。"[②]我们面前是一篇多么优美的寻找原初乐趣的文章！起初，在对这种"震撼"的回响中，我们更好地理解了图斯内尔如何能够在他的生活和作品中融入整个傅立叶（Fourier）[③]式的和谐哲学，在鸟的生活上增加了一种具有宇宙维度的象征性生活。

然而，在更加寻常的生活中，对一个住在树林和田野里的人来说，鸟巢的发现总是一种新的情感。植物之友费尔南·勒凯纳（Fernand Lequenne）在和他的夫人马蒂尔德（Mathilde）一起散步时看见黑荆棘丛里有一只莺巢：

---

① 图斯内尔（1803—1885），法国作家、记者。——译者

② 图斯内尔："鸟的世界"，《激情的鸟类学》，巴黎，1853 年，第32 页。

③ 傅立叶（1772—1837），法国哲学家、空想社会主义者。——译者

马蒂尔德蹲下身子，伸出一个手指，轻轻碰了碰细腻的苔藓，然后手指悬在空中……

刹那间，我一阵颤抖。

我才发现栖息在两根树枝分叉上的鸟巢所具有的女性意味。灌木丛显得那么有人性，我竟喊了起来：

别碰它，千万别碰它。[①]

Ⅳ

图斯内尔的“震撼”，勒凯纳的“颤抖”，都表现出真挚。我们在自己的阅读中对此发出回声，因为我们正是在书本中享受“发现鸟巢”的惊喜。那么就让我们继续对文学作品中的鸟巢进行研究吧。我们将举一个例子，其中作家通过一种笔调来增加鸟巢的住宅价值。我们从梭罗那里借来这个例子。在梭罗的这段文字中，整棵树对鸟儿来说就是鸟巢的门厅。有幸庇佑一个鸟巢的树自己也已成为鸟巢之秘密的一部分。树对鸟来说已经是一处庇护所。梭罗向我们展现了绿啄木鸟怎样把整棵树当作居所。他把这种占有比作一个家庭重返他们久已离弃的家宅时的欢乐。

当隔壁一户人家在离开很久以后回到空关的家宅中时，我

① 费尔南·勒凯纳：《野生植物》，第 269 页。

听见了快乐的说话声、孩子们的笑声，我看见了厨房的炊烟。房门洞开着。孩子们喊叫着在大厅里奔跑。同样，绿啄木鸟在树枝的迷宫里奔忙，在这里啄开一个窗，咕咕叫着从里面钻出来，跳到另一个地方，让家宅通风。它的声音忽而在高处、忽而在低处回响，准备着它的居所……并将它占为己有。[①]

梭罗给我们提供了扩展的鸟巢和家宅。难道我们不觉得惊讶么，梭罗的文字在隐喻的两个方向上活动：欢乐的家宅和充满活力的鸟巢——把巢藏在树中而置身于树的庇护之下的绿啄木鸟，它的信任感是一种对居所的占有。在这里我们超越了比喻和寓意的范围。当绿啄木鸟这个“房东”出现在树的窗口，在阳台上歌唱时，合理的评论会说，它对应着“夸张”。然而，诗的灵魂会感激梭罗用整棵树那样大的鸟巢为他提供了形象的增长。当一个伟大的梦想者藏身于树中时，树就是一个鸟巢。在《墓畔回忆录》中，我们读到夏多布里昂（Chateaubriand）[②]的私密回忆：

我在这些柳树中的一棵上建立了一个据点，就好像一个鸟巢，在那里，上不着天，下不着地，我和莺共度美好时光。

① 亨利 · 大卫 · 梭罗：《树林里的哲学家》，法译本，第 227 页。
② 夏多布里昂（1768—1848），法国作家、政治家，浪漫主义先驱。——译者

事实上，在花园里，有鸟儿居住的树在我们看来更为珍贵。全身绿色的啄木鸟掩盖在绿叶中，常常是那么神秘，那么隐而不见，它成了我们的熟人。啄木鸟不是一个安静的居民。而且，并不是在它歌唱的时候我们才想到它；而是在它工作的时候。它的喙沿着树干敲击木头，声音阵阵回荡。它常常消失不见，但我们总能听见它。这是一位园艺工人。

就这样，啄木鸟进入了我的音响宇宙。我将它变成了对我自己有益的一个形象。在我巴黎的居所里，当一个邻居深夜里在墙上钉钉子的时候，我就把这种噪音“自然化”。面对所有让我感到不适的事情，我遵循自己一贯的平静心绪方法，想象自己在第戎的家宅里，把听见的所有声音都当作自然的来感受，并对自己说：“这是我的啄木鸟在我的金合欢上工作。”

V

和所有休息的形象、安静的形象一样，鸟巢直接关联着简单家宅的形象。从鸟巢的形象到家宅的形象，或者反过来，其间的过渡只能在简单性的共同主题下进行。画过许多鸟巢和茅屋的凡·高在给他弟弟的信中写道：“以苇草为屋顶的茅屋让我想到戴菊莺的巢。”[①]当这位画家在画鸟巢的时候梦想着茅屋、画茅屋的时候梦想着鸟巢之时，他的眼中

---

① 凡·高：《给提奥的信》，法译本，第 12 页。

难道没有出现兴趣的重叠吗？在这种形象的纽结处，我们好像梦想了两次，用两支画笔在梦想。最简单的形象自己变成了两个，它既是自己又是不同于自身的他物。凡·高的茅屋上堆叠了大量的茅草。粗粗的茅草松松地编织起来，超出围墙，突显出庇护的意愿。在所有庇护的特性中，屋顶是最主要的见证。屋顶覆盖下的墙壁是由土砌成的。屋顶很低。茅屋竖立在土地上，就好像田野上的鸟巢。

戴菊莺的巢就是一个茅屋，因为这是一个覆盖起来的巢，圆形的巢。万瑟洛（Vincelot）神父[①]用这样的词来描绘它："戴菊莺把它的巢做成滚圆的球形，巢的顶部开着一个小洞，为的是让水渗入。这个开口通常隐藏在树枝下面。我经常在从各个角度考察了它的巢之后才找到那个让母莺进出的开口。"[②]当我体验到凡·高的茅屋-鸟巢之间明显的关联时，各种语词突然在我心中开起了玩笑。我很高兴对自己说，这是个住在茅屋里的小国王。这就是一个形象-故事，一个暗含了许多故事的形象。

VI

家宅-鸟巢从来不是新造的。我们可以用学究的口气

---

① 万瑟洛（1815—1877），法国业余鸟类学家。——译者

② 万瑟洛：《根据习俗分类解释的鸟类名称，或关于鸟类学的词源学论文集》，昂热，1867 年，第 233 页。

说，它是居住功能的自然所在地。我们重返那里，而且是梦见自己像鸟儿重返鸟巢、羔羊重返羊圈一样重返家宅。返回这一符号标志着无穷无尽的梦想，因为人的返回建立在人类生命的宏大节奏上，这一节奏跨越数年之久，用做梦来克服所有的缺失。在把鸟巢和家宅联系起来的形象之中，回响着一种内心深处的忠贞不渝。

在这一领域中，一切都以简洁细腻的笔触轻轻带过。灵魂对这些简单的形象是如此敏感，它在和谐的阅读中能听见所有的回音。概念层面上的阅读是平淡的、冷冰冰的，它很可能是线性的。它要求我们一个一个地理解形象。在鸟巢的形象这一领域中，如此简单的寥寥几笔使我们惊讶于诗人竟会为之着迷。然而，简单性会导致遗忘，所以我们突然对诗人产生了感激之情，因为他天才地用非凡的一笔使形象重获新生。现象学家怎能不向这一简单形象的重获新生发出回响呢？于是当我们读到让·科贝尔所作的题为《温暖的鸟巢》的简单诗歌时，心中充满感动。如果我们考虑到这首诗出现在一本以沙漠为题的风格朴实的书中，它的意蕴就更显丰富：[①]

鸟巢温暖而宁静

① 让·科贝尔：《沙漠》，Debresse 出版社，巴黎，第 25 页。

鸟儿在里面歌唱

……

回想那些歌声，那些榆树

古老家宅前

那个直挺挺的门槛。

这个门槛是一个好客的门槛，不施加威严的门槛。宁静的鸟巢和陈旧的家宅这两个形象，以幻想为职业，编织着内心空间的厚实的布。这些形象都很简单，完全没有用作景物的考虑。诗人恰如其分地感觉到，当提到鸟巢、鸟鸣、榆树这些使我们回想起古老的家宅、最初的家宅的事物时，读者的灵魂中就会回响起某个音乐和弦。然而，如果要以这般温情脉脉的方式把家宅和鸟巢相比，难道不是必须先失去幸福的家宅吗？在这温柔的歌唱中有一声叹息。我们之所以像回到鸟巢一样重返古老的家宅，是因为回忆是幻想，往日的家宅变成了一个伟大的形象，失去的内心空间的伟大形象。

Ⅶ

因此，价值会改变事实的地位。一旦我们喜欢上一个形象，它就不再是事实的摹本。朱尔·米什莱（Jules Michelet）①，

① 朱尔·米什莱（1798—1874），法国历史学家、作家。——译者

一位飞翔生活的梦想者，将为我们提供一个新的证明。不过，他只用了短短几页的篇幅来写“鸟类的建筑学”。但是，这些文字同时思想着又梦想着。

米什莱说，鸟儿是没有任何工具的工人。它“既没有松鼠的爪子，也没有海狸的牙齿”。“实际上，鸟儿的工具就是它自己的身体，它的胸膛，它用胸膛挤压并夯实建筑材料，直到把它们彻底驯服，混合在一起，使它们服从整体的建筑构思。”①米什莱向我们揭示了用身体建造的家宅，为身体建造的家宅，它从内部成型，就像一个贝壳，在用身体塑造而成的内部空间里。鸟巢的外形是由内部决定的。“在内部，决定鸟巢的圆周形状的工具不是别的，正是鸟的身体。正是通过不停地转圈，从各个角度往外推墙壁，鸟儿才能够形成这个圆圈。”雌鸟这个活动的圆环掘出了它的家宅。雄鸟从外面带来不同材质的建筑材料，各种坚硬的细枝。雌鸟利用这些东西，使劲挤压，制成一块毡子。

米什莱接着说：“家宅就是主人自身，它的体形和它最直接的努力；要我说就是它的痛苦。获得这样的成果只有依靠胸膛反复不断地挤压。这些植物的细枝，没有一根不是在

---

① 朱尔·米什莱：《鸟》，第四版，1858 年，第 208 页及以下。茹贝尔（Joubert）写道（《思想》，第二卷，第 167 页）：“有必要研究一下，一只从来没看见过巢的鸟给自己筑的巢的形状是否和它自己的内部构造相仿。”

胸脯、心口千万次的推动下才获得并保持其曲线，这其中必定伴随着呼吸甚至心跳的困难。”

多么异常的形象的颠倒！这里的胸脯不正是在胚胎中孕育而成的吗？这里的一切都是发自内部的推力，以身体来支配的内心空间。鸟巢是一个膨胀的果实，它挤压着自己的边界。

这些形象是从怎样的梦想基础上产生的？它们难道不是从对最贴身的保护、最适合我们身体的保护的梦中产生的吗？关于家宅-衣服的梦对热衷于居住功能的想象练习的人来说并不陌生。当我们以米什莱梦想鸟巢的方式塑造我们的住处时，我们不再穿着批量生产的成衣，它总是被柏格森打上否定的标记。我们将会拥有个人的家宅，我们身体的巢，它是为我们度身定做的。当罗曼·罗兰（Romain Roland）笔下的主人公哥拉·布勒尼翁（Colas Breugnon）在经历了一系列人生磨难之后得到了一座更大、更舒适的家宅时，他拒绝了它，就好像这是一件不合身的衣服。他说：“它会在我身上起皱，要不就是我会使它咯吱作响。”①

因此，当我们把米什莱收集的鸟巢形象扩展到人性层面时，我们意识到，这些形象从它们的源头开始就是人性的。可能没有一个鸟类学家会以米什莱的方式来建造鸟巢。以这种方式建造的鸟巢应该叫做米什莱鸟巢。现象学家将会从中

① 罗曼·罗兰：《哥拉·布勒尼翁》，第107页。

检验一种奇特蜷缩的活力，这是一种主动的蜷缩，它不断重新开始。它不涉及关于失眠的动力学，即在床上辗转反侧。米什莱号召我们进行住宅的模塑，这种模塑用细细的笔触把一个在原始状态下凹凸不平并且由不同成分构成的表面变得光滑柔顺。米什莱的文字意外为我们带来了一份关于物质想象力的稀有文献，但正因为这样它更是弥足珍贵。任何一个喜爱物质形象的人都不会忘记米什莱的这些文字，因为它们为我们描绘了干的模塑。这种模塑是苔藓和绒毛在干燥的空气和夏日的阳光中的结合。米什莱的鸟巢是为了彰显毛毡的荣耀而建造的。

注意，很少有鸟巢的梦想者喜欢燕子的巢，他们说，燕子的巢是用唾液和泥浆做成的。我们自问，在有家宅和城市之前，燕子是如何安居的？所以说，燕子不是一种“正常”的鸟；沙博诺-拉赛写道（前引书，第572页）：“我曾听旺代的农民说，一个燕子的巢甚至在冬天都可以吓退夜里的魔鬼。”

VIII

如果我们稍微深入地研究一下关于鸟巢的梦想，我们就会马上碰到一个感觉的矛盾。鸟巢——我们很快就能理解——是临时性的，但它却在我们心中激起关于安全的梦想。显著的临时性如何能够不妨碍这样的梦想？对这个矛盾的回答很简单：我们在梦想时不自觉地成为现象学家。我们在某种天真状态中重新体验了鸟的本能。我们喜欢强调掩映在绿叶中的绿色鸟巢的模仿本领。我们确实看见它了，但我们却说它藏得很好。这一动物生活的中心藏匿在植物生活的巨大空间中。鸟巢是一束歌唱的绿叶。它是植物的安宁世界的一部分。它是一片大树所形成的幸福氛围中的一点。

一位诗人写道：[①]

> 我梦见一个鸟巢，里面的树木驱走了死亡。

因此，当我们静观一个鸟巢时，我们处在信赖世界的开端，我们收到一根信赖的引线，一声要我们信赖宇宙空间的呼唤。鸟儿如果没有对世界的本能信赖，它还会建造鸟巢吗？如果我们听见这声呼唤，如果我们把鸟巢这个临时的避难处当作一个绝对的庇护所——当然这样做是矛盾的，但却是出于想象力本身的冲动——我们就回到了梦中家宅的源头。我们的家宅以其梦境潜能来看就是世界中的一个鸟巢。如果我们真的能在梦中分享最初居所的安全感，那么在家宅里我们就生活在天生的信赖之中。我们不需要为了体验这种深深地印刻在我们睡意之中的信赖而列举信赖的物质理由。

① 阿道夫·谢德洛（Adolphe Shedrow）：《无希望的摇篮》，Seghers 出版社，第 33 页。谢德洛还写道："我梦见一个鸟巢，里面的年代不再沉睡。"

鸟巢就像梦境中的家宅一样，梦境中的家宅就像鸟巢一样——如果我们处在幻想的开端的话——它们都不知道世界的敌意。对人来说，生活开始于好的睡眠，而鸟巢中的所有鸟蛋都得到好的孵化。关于外界敌意的经验——以及作为其结果的我们关于防卫和挑衅的梦——都是后来才有的。一切生命在其初生阶段都是幸福的。存在从幸福开始。在对鸟巢的静观中，哲学家平静下来，同时继续沉思他在世界上的宁静存在之中的存在。如果用今天的形而上学语言来翻译梦想的绝对天真性，幻想者可以说：世界是人的鸟巢。

世界是一个鸟巢；一种巨大的力量守护着世界这个鸟巢中的存在。在《希伯来诗歌史》（Carlowitz 译，第 269 页）中，赫尔德（Herder）①给出了一个依托在广阔大地之上的广阔天空的形象，他说："空气是一只鸽子，它依托在自己的巢上面，温暖它的孩子。"

我曾有过这些想法；我曾有过这些幻想，而现在我在《G. L. M. 笔记》②1954 年秋之卷中读到了这样一页，它帮助我证明一条将鸟巢"世界化"的公理，把鸟巢变成世界的

① 赫尔德（1744—1803），德国哲学家、诗人、文学批评家。——译者

② 《G. L. M. 笔记》，1936 年 5 月起由 Guy Lévis-Mano（1904—1980，法国诗人、翻译家、出版商）编辑出版，汇集众多超现实主义诗人的创作，也发表外国作家作品的译本。——译者

中心。帕斯捷尔纳克（Pasternak）[①]谈到本能，“我们就像燕子一样，凭借本能建造世界——一个巨大的鸟巢，糅合了大地和天空，死亡与生命，还有两种时间，一种是当下可得的，另一种是无法把握的。”[②]说得对，两种时间，因为我们不知道到底需要怎样的绵延，才能够让安静之波从我们的内心空间中心出发，扩散开去，一直涌向世界的边缘。

然而，帕斯捷尔纳克笔下燕子的世界-鸟巢中凝聚了怎样的形象呵。是啊，我们有什么理由要停止在我们的庇护所周围堆砌、糅合建造世界的面团？人的巢，人的世界永远不会完成。想象力帮助我们继续建造它。这位诗人离不开这个伟大的形象，或者更确切地说，这个形象离不开它的诗人。帕斯捷尔纳克恰如其分地写道（前引书，第 5 页）：“人默不作声，是形象在说话。因为很显然，只有形象能跟上自然的步伐。”

① 帕斯捷尔纳克（1890—1960），俄国诗人、作家，以小说《日瓦戈医生》闻名于世。——译者

② 《G. L. M. 笔记》，1954 年，秋之卷，André du Bouchet 译，第 7 页。

第五章
贝　　壳

I

贝壳对应着一个概念，这个概念如此明白、如此确定、如此严格，诗人无法简单将它描绘出来，却又不能不谈论它，于是一开始就处在缺乏形象的境地。他在涉足梦想价值时为形式的几何学现实所阻碍。形式是那样数量庞大，往往又那么新颖，以至在刚开始对贝壳的世界进行实证考察的时候，想象力就被现实战胜了。在这里，自然在想象，自然有渊博的知识。只需看一本菊石的图册就会明白，从中生代起，软体动物就按照高等数学的几何学教程来建造它们的贝壳。菊石按照对数螺旋轴来建造它们的居所。我们在莫诺-赫尔岑（Monod-Herzen）的优美著作中可以找到关于用生命建造几何学形式的清晰阐述。①

诗人能很自然地理解这个生命的美学范畴。保罗·瓦莱里（Paul Valéry）②的一篇题为《贝壳》的优美作品深受几何学精神的启迪。在这位诗人看来：“一颗水晶，一朵鲜花，一只*贝壳*，这些东西从全部可感事物通常的无序状态中脱离开来。比起其他所有我们看起来难以分辨的东西，它们在我们面前是有优先地位的对象，对眼睛来说更容易认识，尽管对思想来说更为奥妙。”[3]在这位诗人、这位伟大的笛卡儿主义者看来，贝壳好像一个凝固的动物几何学真理，它是“清楚明白的”。现实的对象具有高度的可理解性。始终保持神秘的是*形成过程*而不是形状。然而，在应该采取的形状方面，贝壳在最初选择向左旋还是向右旋的时候，这是怎样一个性命攸关的决定？关于这个最初的涡旋，我们有多少没说出来的东西！事实上，生命与其说是从向外伸出开始，不如说是从旋转开始。一种生命冲动（élan vital）旋转着，多么神秘莫测的奇迹，多么精美的生命形象！我们可以做多少有关左旋贝壳的梦！一个违背其同类的旋转方向的贝壳！

瓦莱里在一件塑造出来的理想对象面前驻足良久。这件精心雕琢的对象用它美丽而又坚固的几何形状见证了它的存在价值，这一形状脱离了保护材料的单纯考虑。软体动物的

---

① 莫诺-赫尔岑：《普通形态学原理》，Gauthier-Villars 出版社，1927 年，第一卷，第 119 页：“贝壳提供了不计其数的螺纹表面的例子，这些螺纹表面的相连螺圈之间的接缝是螺旋线。”比这更飘逸灵动的孔雀尾羽的几何：“孔雀开屏时尾羽上的眼睛位于两束螺旋的交叉点上，与阿基米德螺旋十分相似。”（第一卷，第 58 页。）

② 保罗 · 瓦莱里（1871—1945），法国作家、诗人、哲学家。——译者

③ 保罗 · 瓦莱里：《大海的奇妙：贝壳》，“农神”丛书，Plon 出版社，第 5 页。

箴言是：活着是为了建造家宅，但建造家宅不是为了活着。

诗人在进一步的沉思中意识到，人工雕琢的贝壳是从外部，通过一系列粉饰美丽的动作而得到的，相反（第 10 页），“软体动物从贝壳中流溢出来”，“任凭”建筑材料“渗出”，“适量地分泌出它的神奇保护层”。从第一次分泌开始家宅就是完整的。就这样，瓦莱里再次触及了构形生物的秘密，缓慢而持续的形成过程的秘密。

然而，想到缓慢形成过程的秘密，这只是诗人沉思中的一个片刻。他的著作是为形状的博物馆所作的导言。罗伯特（Paul-A. Robert）的水彩画为诗集作了图解。在开始画水彩画之前，我们先把对象准备好，把贝壳的瓣抛光。这一细心的抛光暴露了色彩的本来面目。于是我们参与到色彩的意愿中去，到着色的历史中去。家宅于是显得那样美丽，那样浓烈地美丽，梦想住在里面简直是对它的亵渎。

II

现象学家若想体验居住功能的形象，就不应该为外在的美丽所引诱。通常，美丽会显现在外表上，打乱关于内心空间的沉思。现象学家同样也不能总是跟着贝壳学家走，贝壳学家必须对鳞片和贝壳的浩瀚种类进行分类。贝壳学家总是渴望多样性。但现象学家还是可以向贝壳学家学习，只要贝壳学家把自己最初的那些惊奇感透露给他。

这是因为，对贝壳来说，和鸟巢一样，必须让天真的观察者从最初的惊奇感开始产生持久的兴趣。生物怎么可能在石头里活着，在这一小块石头里活着？我们几乎不会再次体验这种惊奇感。生活很快把最初的那些惊奇感消磨殆尽。此外，一个“活生生”的贝壳背后，有多少死去的贝壳！一个有生物居住的贝壳背后，有多少空的贝壳？

然而，一个空的贝壳就像空的鸟巢一样，唤起了关于庇护所的种种梦想。毫无疑问，追随一些如此简单的形象是梦想的细致化。然而，我们相信，现象学家需要前进到简单性的最大程度。因而我们相信提出一门关于有生物居住的贝壳的现象学是有价值的。

III

惊叹的最佳标志就是夸大。由于贝壳的居住者令人惊奇，想象力便及时地使令人惊奇的种种生物、比现实更令人惊奇的生物从贝壳里出来。比如，要是我们翻看巴尔特鲁沙蒂斯（Jurgis Baltrusaitis）[①]的美丽画册《魔幻中世纪》，我们会看见一些仿造的古代宝石，里面有“最意想不到的动物：一只兔子、一只鸟、一头鹿、一条狗，从魔术师盒子一

① 巴尔特鲁沙蒂斯（1873—1944），立陶宛象征主义诗人、翻译家。——译者

般的贝壳里出来”。[1]这个魔术师盒子的比方对于本来就跟随形象发展方向的人来说毫无用处。会接受小的惊奇感的人就会准备好想象更大的惊奇。在想象的领域里，大象这样庞大的动物从蜗牛的壳里出来，这是很正常的。异常的倒是我们在想象中要大象重新回到蜗牛的壳里。我们将会在另一章里说明，在想象中，进去和出来从来不是对称的形象。巴尔特鲁沙蒂斯说：“行动自由的巨型动物从微小的对象里神秘地溜出来”，并且“阿佛洛狄忒就是在这样的环境中诞生的”。[2]美丽的事物和巨大的事物使初生的萌芽成长壮大。我们将在后文中说明，大的东西从小的东西里面出来，这是缩影的能力之一。

从贝壳里出来的生物，它的一切都是辩证的。并且因为它没有完全出来，所以出来的部分和仍然封闭在内的部分相互矛盾。生物的后半部分仍然被困在坚固的几何学形状内。然而就在出来的那一刻，生命受到如此强烈的压迫，以至于它不再具有指定的形象，比如野兔或者骆驼。一些版画展现了各种生物在出来时进行了奇怪的混合，就像在巴尔特鲁沙蒂斯的书（第 58 页）里所画的那只蜗牛“有着留胡子的人脑袋和兔子的耳朵，戴着头巾，长着四足动物的脚爪”。贝

① 巴尔特鲁沙蒂斯：《魔幻中世纪》，Colin 出版社，第 57 页。
② 巴尔特鲁沙蒂斯：前引书，第 56 页。“在 Hatria 的货币上，那个头发迎风飘扬的女子，可能就是阿佛洛狄忒本人，从圆形贝壳里诞生。”

壳是女巫的锅，里面滚煮着所有动物。巴尔特鲁沙蒂斯接着说：“在《博热的玛格丽特的时光》一书中到处是这些奇形怪状的东西。它们之中有些动物抛弃了它们的甲壳，但保留了涡旋形状。那些狗、狼、鸟的脑袋和人头直接安在没有保护层的软体动物身上。”于是，任意驰骋的动物梦想完成了一幅浓缩的动物进化图式。只需缩短进化过程就可以孕育出异型动物。

事实上，从贝壳中出来的生物激发起我们关于混合生物的梦想。这不仅仅是“半畜半鱼”的生物。这是半死半活的生物，说得再离谱一点，是半石半人的生物。这正是那种骇人梦想的另一面。人从石头中出生。让我们仔细地看一看荣格的书《心理学与炼金术》第 86 页中重现的那些人物形象吧，我们可以在那里看到美人鱼，它们不是小说中的那些从湖水中出现的美人鱼，而是象征着炼金术的美人鱼，它们促使关于石头的梦形成，生命的本原就来自那里。美人鱼的确就是从它那布满鳞片和石子的尾巴中出来的，那条尾巴很长很长，微微旋起。在我们的印象当中，低级生物对自己的能量没有保留。尾巴-贝壳并不驱逐它里面的居民。不如说它用高级的生命取消了低级的生命。在这一点上，就像在其他情况下一样，生命在其顶点上充满了能量。而这一顶点正是在人类所创造的象征中获得了活力。一切梦想动物进化的人都想到了人类。在炼金术美人鱼的画中，人的形状出自画家只用最少的笔墨勾勒出的一个细长而单薄的形状。迟钝激发不了梦想，贝壳是一个我们很快就会扔掉的外套。出来的力量是那么强大，生产和出生的力量是那么强烈，以至于从尚未成形的贝壳中会出来两个人，在荣格的书的图 11 中他们各自都戴着一个王冠。这是“doppelköpfige Melusine”，即双头美人鱼。

这些例子为我们带来了现象学文献来研究关于“出”(sortir) 这个动词的现象学。它们都对应着假想的“出口”，因而其现象学性质更为纯粹。动物只是为了使“出”这一形象变得多样化而提供一个铺垫。人依赖形象而活。像所有重要的动词一样，“出自”要求我们做许多研究，除了具体的心理区分之外，还要收集一些难以感觉到的抽象运动。我们在语法派生、演绎和归纳中几乎不再感觉到行为。动词自身凝固不动，好像成了名词。只有形象能使动词重新运动起来。

IV

关于贝壳这个主题，想象力除了练习大和小的辩证法以外，还练习自由的存在和受缚的存在之间的辩证法：一个摆脱束缚的存在还有什么做不出来的呢！

当然，在现实中，软体动物从壳里软绵绵地出来。如果我们研究蜗牛的“举止”的真实现象的话，我们可以很容易地观察到这一举止。但如果我们能够在观察的同时恢复彻底的天真，也就是说真切地重新体验初次观察，我们就会使每一个在世界中的初次行动所带有的恐惧和好奇的复合体重新活跃起来。我们想要看见，但又害怕看见。这正是一切认识的感性门槛。在这一门槛上，兴趣涌动着、挣扎着、复活着。我们用来表示恐惧和好奇的复合体的例子并不庞大。在蜗牛面前的恐惧很快就平静下来，被耗尽，变得“微不足道”。然而，我们在这些文字中投入到对微不足道之物的研究中去。它有时候会显示出奇特的精妙之处。为了揭示这些精妙之处，让我们将它们放到想象力的放大镜下面。

这些恐惧与好奇的涌动，在没有现实对它们进行修正的时候，在我们进行想象的时候，它们变得那么巨大。然而，我们在这里不作任何发明；我们只给出关于确实是想象出来的形象的文献，这些形象是真正画出来的，并且永远镌刻在宝石和石头上。让我们再沉思一下巴尔特鲁沙蒂斯的几页文字。他让我们想起一个画家的*行为*，这位画家向我们展现了一只狗的打猎经过，它“从它的壳里蹦出来”，跃向一只兔子。如果这只住在壳里的狗的攻击性再强一点的话，它就会袭击人。我们面对的是增大的行为，想象力通过这种行为超越了现实。在此想象力工作着，不仅是在几何学的维度上，而且是在力量上，速度上——不再是在增大的空间中，而是在加速的时间中。当我们用电影加速花朵的绽放时，我们获得了祭献的崇高形象。我们会说，毫不迟缓、毫不拖沓地绽开的花朵具有赐予的意义，它是世界的赐予。如果电影向我们呈现蜗牛从壳里出来的加速画面，一只蜗牛飞快地将触角伸向天空，这将是多么有攻击性！多么有攻击性的触角！恐惧将会完全抑制住好奇。恐惧-好奇的复合体会因此分离。

所有因受到过度惊吓而从迟滞的壳里出来的生物，它们的形象中都有暴力的信号。画家粗暴地对待他的动物梦想。从钻出四足动物、鸟和人的蜗牛壳，应该联想到将动物头尾拼凑在一起的做法，就好像它们属于同一类型的梦想；这幅画遗漏了身体这个中间部分。省略中间部分是达到快速的理想方式。想象的生命冲动所具有的加速度欲使出自大地的生物立刻获得一个外形。

然而，这些不合常理的形象所具有的不可否认的活力是从哪里来的？这些形象活跃在隐藏与显露的辩证法中。隐藏起来的生物，“回到自己的壳里”的生物准备着“一次外出”。从已经下葬的死人复活到长期沉默的人突然重新开口说话，所有这类隐喻都是这样。当我们停留在所研究的形象中心时，生物似乎通过把自己保存在不动的壳里而预备着它的短暂爆发，生命的漩涡。最激烈的冲破牢笼开始于受压迫的生物，而不是开始于悠闲的并且只想着到别处去悠闲的生物那软绵绵的慵懒。如果我们体验到充满活力的软体动物这一矛盾的想象，即那些我们用清晰的形象作为评论的版画，我们就会遇到最具决定性的攻击性、延迟的攻击性、蓄势待发的攻击性。封闭在壳里的狼比在外游荡的狼更危险。

V

于是，我们遵循一种我们认为在形象的现象学中起决定性作用的方法，即把形象描述为超乎常理的想象的方法，通过这种方法我们突出了大与小、隐藏与显露、心平气和与咄咄逼人、慵懒与活跃之间的辩证法。我们跟随想象力的扩张活动，直至超出现实之外。为了超越，必须首先扩张。我们已经看到，想象力以多大的自由构造空间、时间和力量。然而，想象力不只是在形象的层面上运作。在观念的层面上，它同样超出常理之外。有些观念会梦想。有些我们曾经认为是科学性的理论乃是天马行空的梦想，自由驰骋的梦想。我们将举一个有关这种观念-梦想的例子，这个观念-梦想把贝壳当作构形生物所具有的力量的最清楚的见证。一切有形状的生命都经历过壳的发育。生命的最初努力就是建造外壳。我们相信关于贝壳的伟大梦想是罗比内（J.-B. Robinet）[1]的作品中所呈现的生物进化的广阔图景的核心。罗比内有一本书，仅其题目就已经明确表达了他的思想方

① 罗比内（1735—1820），法国自然主义哲学家，进化论的先驱，参与续撰狄德罗的《百科全书》。——译者

向：《关于生物形状的自然渐变的哲学观点，或试论学着创造人的自然》（阿姆斯特丹，1768 年）。读者如果有耐心读完这整部著作，就会重新找到对我们前面提到的绘画形象的名副其实的评论，不过是以一种教条的形式。*局部的动物*在书中到处可见。在罗比内看来，化石是生命的片断、器官的雏形，它们将在产生人类的进化顶点获得合为一体的生命。可以说人的内部是贝壳的集合。每一个器官都有自己的形式因，它是自然在学习创造人类的漫长年月里通过用一些贝壳类生物做尝试而得到的。生理功能根据古老的模型构造它的形状，局部的生命像贝壳类生物建造它们的壳那样构造它的居所。

如果能够重新体验这种局部的生命，那么我们会看到，在赋予自身形状的生命的精细化过程中，有形状的生物主宰了几千年。每个形状都保存着一个生命。化石不再只是一个曾经有过生命的生物，它是一个仍然活着的生物，沉睡在自己的形状里。贝壳是普遍的有壳生命的最明显例子。

所有这些都是罗比内始终一贯加以肯定的，他写道（前引书，第 17 页）："我坚信，化石即使不是过着一种外在的生活，因为它们可能缺乏某些肢体和感官，尽管对此我不能确定，但至少它们过着一种包裹起来的内在的生活，而且这对于它们这个物种而言是非常真实的，虽然比沉睡的动物和植物还要低级很多；我绝不否认它们具有对于维持它们的生命基本需要来说必不可少的器官以及它们所具有的某种形状，我把它们的形状看作一种进步，接近它们在植物、昆虫、大型动物乃至人身上的类似物的形状。”

接着，在罗比内的书中出现了配有美丽版画的描写；这些版画表现了心形石，脑形石，还有下颌形、足形、肾形、耳形、眼形、手形、肌肉形的各种石头，然后是睾形、双睾形、三睾形、阴茎形、结肠形、条蕈形这些模仿男性器官的石头，以及模仿女性器官的石头。

如果我们从这里面只看到用和常见事物作比较的方式来命名新事物这一语言习惯的简单沿用，那就错了。在这里，名称思想着、梦想着，想象力活动着。心形石是心脏的壳，是跳动着的心脏的雏形。罗比内的矿石收藏是大自然可能创造出来的人的各个解剖部件：批判的头脑会反驳说，这位 18 世纪的自然主义者是“自己的想象力的受害者”。然而，从原则上抛弃任何批判态度的现象学家不能不承认，当运用语词的人超乎常理之时，当形象超乎常理之时，梦想正在深层上揭示自身。罗比内在一切情况下都从内部思考形状。在他看来，生命是形状的原因。作为形状之原因的生命形成活的形状，这是十分自然的事。在这样的梦想中，形状又一次成为生命的住所。

贝壳类动物和化石一样，是大自然为了构思人体的各个部分的形状所作的尝试；它们是男人的碎片，女人的碎片。

罗比内对象征着女人外阴的维纳斯的海螺作了一番描写。精神分析学家一定会从中看到这些名称以及深入细节的描写中所包含的性强迫症。他可以毫不费力地在贝壳博物馆中找到幻想的各种象征，比如锯齿状阴道的幻想，这是玛丽·波拿巴夫人（Mme Marie Bonaparte）[①]对爱伦·坡的研究的主要题材之一。当我们聆听罗比内的时候，我们就会相信大自然在人类面前曾一度疯狂。为了捍卫自己的体系，罗比内对精神分析学或心理学的观察做出了多么令人愉快的回应。他简单地、从容地写道（前引书，第 73 页）：“我们不必惊讶于大自然精心地为同一代人的身体部分提供了各种不同的样式，因为这些身体部分很重要。”

面对一个像罗比内这样博学并且把自己的视觉观念系统地组织起来的梦想者，精神分析学家那种解开熟悉情结的惯用做法起不了什么作用。我们需要一个宇宙空间的精神分析学家，他暂时抛开人间的各种操心事，去关心宇宙中的各项矛盾。我们还需要一种关于物质的精神分析学，它在承认对物质的想象中有人伴随的同时，更深入地研究物质形象的复杂游戏。在我们研究形象的这个十分有限的领域中，我们要

① 玛丽·波拿巴夫人（1882—1962），法兰西帝国公主、作家、法国精神分析学先驱之一。——译者

解决有关贝壳的各种矛盾，贝壳的外表有时看起来那么粗糙，而它的内部空间有时又那么柔和，那么富有珍珠光泽。它是如何在一个柔软生物的摩擦下获得这种光泽的？当手指一边抚摸着里面的珍珠一边梦想时，它难道没有超出那些人性的、太人性的梦想吗？有时候，最简单的事物在心理学上是最复杂的。

如果我们任凭自己去做所有关于有生命居住的石头的梦，那么我们就有永远做不完的梦。有趣的是，这些梦既长又短。我们可以永无止境地继续把梦做下去，但反思会令它们一下就停止。只需一点暗示，贝壳就获得了人性，但我们马上就知道贝壳不是人性的。在贝壳中，居住的生命冲动消失得太快。自然太快就得到了封闭生活的安全感。然而梦想者只有当围墙坚固的时候才会相信建筑工程已经完成，建造贝壳的幻想就是这样把生命和活力赋予在几何学上如此紧密相连的分子。对这些梦想者而言，贝壳连同它的物质纹理都是活的。我们将在一个伟大的自然传说中找到证据。

VI

耶稣会神父基歇尔（Kircher）[1]声称，在西西里海岸，

---

① 基歇尔神父（1601—1680），德国耶稣会士、笔迹学家、东方学家、科学家。——译者

“如果给那些被烧成灰的贝壳浇灌盐水，它们就会从灰烬里重生并繁殖。”瓦莱蒙（Vallemont）神父[①]把这个寓言和凤凰浴火重生的寓言相比较。这是从水中诞生的凤凰。瓦莱蒙神父没有给两个凤凰寓言的任何一个提供证明。然而，对于我们这些处于想象领域中的人而言，我们应该注意到这两个凤凰都是想象出来的。它们是*想象事实*，想象世界中的实证事实。

这些想象事实也和一些年代久远的譬喻有关。巴尔特鲁沙蒂斯回忆道（前引书，第 57 页），“直到卡洛林时代，雕塑还常常带有蜗牛壳——这是死人会在其中重新醒来的坟墓的譬喻。”沙博诺-拉赛在他的书里写道（《基督的动物寓言集》，第 922 页）：“从整体上来看，有硬壳和感觉器官的贝壳类动物对古代人来说是完整的、有肉体和灵魂的人的象征。古代人的象征系统把贝壳作为我们身体的象征，它把给人生命的灵魂封闭在外壳里，软体动物的器官就代表了灵魂。于是，古人说，身体和灵魂相分离就没有了生气，同样，贝壳如果和给它生命的部分相分离就不能动。”关于这

---

① 瓦莱蒙神父：《自然和关于植物、农业、园艺的日臻完美的艺术中的新奇之物》，巴黎，1709 年，第一部分，第 189 页。[瓦莱蒙神父，原名 Pierre Le Lorrain(1649—1721)，法国物理学家、古币学家、文学家。——译者]

些“复活的贝壳”可以收集起厚厚的文献。[1]本书中的简单研究不是要以这些久远的传统为重点。我们在目前的研究中所要做的是对自己提问，那些最简单的形象如何能够在一些天真的梦想里形成一种传统。沙博诺-拉赛以恰到好处的简单和天真谈论这些东西。在引用了《约伯记》之中对复活的坚定不移的期待之后，《基督的动物寓言集》的作者补充道（前引书，第 927 页）：“土地里安静的蜗牛怎么会被选为这个强烈而坚定不移的期待的象征？这是因为，在死气沉沉的冬天笼罩大地的萧条时节，蜗牛紧缩起自己的身体，用一层坚硬的钙质膜把自己关在壳里，就好像躲进一口棺材，一直等到春天来到它的墓前歌唱复活节的哈利路亚……于是它冲破隔膜，重见天日，充满活力。”

对于一个以这种热忱为乐的读者，我希望他重新去体验考古学家在安德尔-卢瓦尔的坟墓里发现“一口装有大约三百只蜗牛壳的棺材，骷髅从脚一直到腰都铺满了蜗牛壳”时候的惊奇感。这样一种与信仰的接触把我们重新带到了信仰的源头。一种消失的象征体系重新开始聚集形象。

于是，我们在上文中必须逐个展示的这些更新、复活、复苏力量的证据都应该被纳入到梦想的聚合当中。

① 沙博诺-拉赛引用了柏拉图和扬布里科（Jambilique），以及马尼安（Victor Magnien）的书《埃莱夫西斯的神话》，第六卷，Payot 出版社。

如果我们把这些复活的譬喻和象征与关于物质力量的梦想的共同特征结合起来，我们就会理解伟大的梦想者离不开水中凤凰的梦。在综合性的幻想中，复活在其中准备的贝壳本身就是复活的材料。如果贝壳里的尘埃能够经历复活，那么化为灰烬的贝壳怎样才能重新找回它的螺旋力量？

当然，批判的头脑会嘲笑——这是它的职责——没有条件的形象。实在论者对一个很小的问题也要求经验。他希望我们的问题和所有问题一样，要通过和现实对比来验证形象。在一个装满碎贝壳的罐头面前，他对我们说：做一个蜗牛出来吧！然而，现象学家的计划比这*更加*宏伟：他想要*如同*（*tel*）那些形象的伟大梦想者所体验的一样进行体验。由于我突出显示了一些词，我应恳请读者注意，“*如同*”这个词超越了“*像*”（*comme*）这个词，确切地说，“像”忽略了一个现象学上的细微差别。*像*一词在于模仿，而*如同*一词意味着我们变成了梦想着梦想的那个主体本身。

因此，如果我们想要*以现象学的方式理解*蜗牛如何建造它的家宅，最柔软的生物如何构造最坚硬的外壳，在这个封闭的生物内部如何回荡着冬天与春天的宏大宇宙韵律，我们就有永远收集不完的梦想。这个问题并不是一个心理学上的空想。一旦我们重新回到——就像现象学家所说的那样——事物本身，一旦我们重新开始梦想一座随着住在里面的身体一同增长的家宅，它就会自动出现。小小的蜗牛如何在它的石质牢笼里长大？这是一个*自然*的问题，一个自然而然会被提出的问题。我们不喜欢问这个问题，因为它使我们回到孩提时代的问题。对于瓦莱蒙神父来说，这个问题永远没有答案，他补充道："在大自然中，我们很少处于知道的境地。每走出一步，都有能让高级的头脑受到羞愧和侮辱的事情。"换句话说，蜗牛的壳这座跟着它的主人一起长大的家宅是宇宙中的一个奇迹。瓦莱蒙神父总结道（前引书，第255页），总的来说，贝壳类动物是"精神最崇高的静观主题"。

VII

看到一个破坏寓言的人反被寓言捉弄总是一件痛快的事。18世纪初，瓦莱蒙神父不再相信火凤凰，就像不相信水凤凰一样；但他相信再生作用，相信火凤凰和水凤凰的某种混合。把蕨化为灰烬；把灰溶化在纯水中，再把溶液蒸发。剩下的将是美丽的结晶，它们具有蕨叶的形状。还有很多其他例子可以拿来，在这些例子中，梦想者沉思着，为了找到可以称为形式因的饱和增长之盐的那种东西。①

然而，如果我们更加靠近目前所关心的问题，就会在瓦莱蒙神父的书里感觉到鸟巢形象和贝壳形象之间的交错。瓦

① 参见《科学精神的形成》，Vrin出版社，第206页。

莱蒙神父谈到（前引书，第 243 页）生长在航船的木板上的茗荷（*anatifère*）植物或茗荷贝类。他说："这是像一束郁金香花一样的八个贝壳的集合……它们的质地和贻贝壳的质地完全相同……它们的开口在顶端，用一扇扇小门把自己关起来，小门合起来的样子我们再怎么赞赏都不为过。我们的问题不再是了解这一海洋植物以及住在这些艺术性寓所里的小主人是如何形成的。"

翻过几页以后，贝壳和鸟巢的交错清晰地呈现出来。这些贝壳是鸟儿从中飞出的巢（第 246 页）。"我说，我的茗荷植物的每一个贝壳……都是形成并孵出小鸟的鸟巢，这些小鸟起源不明，法国人把它叫做海番鸭（*Macreuses*）。"

在这里我们遇到了前科学时代的梦想共同具有的物种混淆。海番鸭被看作是一种冷血动物。如果我们问这些鸟儿如何孵蛋，人们会回答：既然它们天生不能焐热鸟蛋和养育小鸟，为什么还说它们孵蛋？瓦莱蒙神父还说（第 250 页）："索邦大学的神学家会议决定，把海番鸭从鸟类中撤出来，放到鱼类里去。"于是这就成了斋月的食物。

在离开鸟巢-贝壳之前，海番鸭这种鸟-鱼通过喙-肉柄和它们的鸟巢-贝壳连在一起。于是，在一个博学的梦想中，各种传说的联系聚集起来。在这里，鸟巢和贝壳的伟大梦想从两个角度呈现出来，我们或许可以说这两个角度是互为变形的。鸟巢和贝壳是两个反射梦想的伟大形象。在这里形状还不足以确定这种相近。包含此类传说的梦想原则超越了经验。梦想者进入一个领域，这个领域中所形成的信念超越了我们所见和所触摸之物。如果鸟巢和贝壳没有价值，我们就不会这么轻易、这么鲁莽地综合它们的形象。梦想者闭上眼睛，无视形状和色彩，被庇护所的信念所吸引。在这个庇护所中，生命紧缩着、酝酿着、转变着。鸟巢和贝壳只有通过梦想才能如此紧密地结合在一起。“梦境中的家宅”的整根树枝在这里找到了两个遥远的根，这两个根相互交叉，正如人的梦想中所有“遥远”的东西一样。

我们几乎不想解释这些梦想。没有任何清楚的回忆可以解释它们。当我们在刚才所提到的那些文本中抓住这些突然出现的梦想时，我们开始想到，想象力是先于记忆的。

VIII

结束了这次遥远梦想中的远足以后，让我们回到看起来更接近现实的形象中来。但我们要问自己——或者放进括号里——一个想象中的形象是否有接近现实的时候。常常当我们以为自己在描述的时候，我们是在想象。我们以为获得了寓教于乐的描述。这种虚假的文体涵盖了一切文学。在 18 世纪的一本教育年轻骑士的书中，[①]作者这样“描述”一只

① 《自然的奇观》，第 231 页。

粘附在卵石上的贻贝："我们把它当作一顶有绳子和桩子的帐篷。"人们没有忘记说，这些细小的绳子被织成了布。人们确实用贻贝的缆绳编成了线。作者还用一个非常平庸的形象作为哲理性的结尾，但我们还是应该看一下这个结尾："蜗牛建造一座它们带在身上的小家宅。"于是"蜗牛无论旅行到何方，它都在自己家里"。要不是在书本中碰到过几百次，我们不会说一件如此不值一提的事情。在这本书里，这件事是用来让一名十六岁的骑士思考的。

对完美的自然家宅的引用总是反复出现。这位作者说（第256页）："它们都根据同样的意图做成，那就是让动物处于庇护之下。然而，这个如此简单的意图是多么千变万化！它们各有各的优点、雅致和便利。"

所有这些形象和反思都对应着一种幼稚的、肤浅的、琐碎的惊奇；但一门想象力的心理学应该事无巨细地记录一切。最小的有趣之事中酝酿着最大的有趣之事。

也有一段时间，人们拒绝那些过于天真的形象，蔑视那些用得太多的形象。没有什么形象比贝壳-家宅这个形象用得更多的了。它太简单，所以人们难以很轻松地将它复杂化，又太古老，所以人们难以使它变年轻。它用一个词就说出了它所要说的。然而，这并不妨碍它成为一个*初始形象*，并且这个形象不可毁灭。它属于人类想象力的不会毁灭的旧货市场。

事实上，民歌里充满了人们唱给蜗牛听的小曲，为了让蜗牛伸出它的触角。孩子还会用一株小草逗蜗牛取乐，让蜗牛重新回到它的壳里。最意想不到的一些比喻说明了这一撤退。一位生物学家写道：蜗牛“狡猾地”收回到“它的凉亭里，就好像一个被戏弄了的姑娘回到闺房里哭泣”。①

一些过于清晰的形象——在这里我们会看到一个例子——变成了普遍的观念。因此它们阻止了想象。我们已经见过，已经明白，已经说过。一切都结束了。只有遇到一个特别的形象才能使普遍形象重获新生。为了使这个段落变得生动，下面就举一个形象为例，在这个形象中我们似乎成了平庸事物的受害者。

罗比内曾经以为蜗牛是通过自身的旋转形成它的“旋梯”的。因此，蜗牛的整座家宅都是一部楼梯。在每一段扭曲上，这个柔软的动物都做出它的螺旋楼梯的一级。它扭曲自己，从而前进和长大。建造自己的巢的鸟儿喜欢转圈。我们把罗比内贝壳的活动形象和米什莱鸟儿的活动形象联系起来。

IX

自然用一种非常简单的方法使我们感到惊奇：那就是制

① 莱昂·比内（Léon Binet）：“动物生活的秘密”，《动物生理学论文》，法国大学出版社，第19页。

造庞然大物。从我们习惯叫做大扇贝的贝类中，我们看到自然做了一个巨大的保护之梦，它是保护之狂想，甚至演变为保护的怪物。这个软体动物“只有 14 斤重，但它的每一瓣都有 250—300 公斤重，1—1.5 米长”。[①]这本书的作者是大名鼎鼎的“奇迹”丛书的著者之一，他还说：“在中国……有钱的官老爷们家里都有这种贝壳做的浴缸。”我们从这种软体动物的居所中将看到多么酥软筋骨的浴盆。一只 7 公斤重的动物在占据这么多空间的时候将感觉多么的放松！我对生物学的真实情况一无所知。我只是一个书籍的梦想者！然而，在阅读阿尔芒·朗德兰（Armand Landrin）的文字时，我做着一个宇宙空间的伟大梦想。谁在想象沐浴在大扇贝的壳里时不会感觉到宇宙空间的舒适呢？

大扇贝的力量和它围墙的大小与重量相对应。一位作者说，必须在它的每一瓣上套两匹马，才能把大扇贝“强行打开”。

我很想看一幅描绘这一尝试的版画。我想象这幅版画，用我曾经许多次静观的古老形象为依据，那就是“马德堡半球实验”的两个中间被抽真空、两边套上马匹的半球。这个基本科学常识中的传奇形象或许可以有一个生物学上的图

① 阿尔芒·朗德兰：《海洋怪物》，第二版，Hachette 出版社，巴黎，1879 年，第 16 页。

解。四匹马才能征服一具7公斤重的柔软身躯！

固然，自然很擅长制造庞然大物。人却能轻易想象出更大的东西。在科克（Cork）根据博斯（Hiëronymas Bosch）[①]的作品所作的一幅题为“在水面上航行的蚌壳”的版画中，我们可以看到一个巨大的贻贝壳，上面坐着十来个大人，四个小孩和一条狗。我们在拉丰有关博斯的优美著作里可以看见这幅住着人的贻贝的优美版画（第106页）。

居住在世上各种空心物体里的过度膨胀的梦想和博斯的想象中所特有的怪诞场景是相辅相成的。航行者们在贻贝里大吃大喝。我们在“回到我们的壳中”时想做的安宁梦想被表现画家天才的狂想意愿所取代。

在过度膨胀的梦想结束之后，我们总是要回到以原初的简单性为特点的梦想上来。我们很清楚，必须独自一人才能居住在贝壳里。我们知道，在体验一个形象的时候，我们认可了孤独。

独自居住，伟大的梦！生活在贝壳里，这个最缺乏生气的形象，生理学上最荒诞的形象正可以作为这样的梦的萌芽。人人都会做这个梦，无论弱者还是强者，在生命中遇到巨大悲伤的时候，在与命运和他人的不公抗争的时候，都会做这个梦。正如这位萨拉万（Salavin），一个怀着软弱无力

① 博斯（1450—1516），早期尼德兰画家。——译者

的忧伤的人，在他的狭小卧室里自我安慰，因为卧室很小，并且他可以对自己说："我不是一直有这间小卧室，这间像贝壳一样幽深隐秘的卧室吗？啊！蜗牛们真是身在福中不知福。"[①]

有时候，形象十分微妙，几乎感觉不到，但它活动着。它表达了缩到自己体内的生物的与世隔绝。一位诗人在梦想某座童年家宅的时候，在回忆中美化他的家宅，梦想着：

> 古老的家宅，里面忽闪着
> 星星和玫瑰

还写道：

> 我的影子形成一个会响的贝壳
> 诗人在他自己身影的贝壳里
> 听见了他的往昔岁月。[②]

另一些时候，形象通过各种休息空间的同构效果获得力量。于是所有令人感到舒适的蜗居之处都是安静的贝壳。加

---

① 杜亚美（Georges Duhamel）：《子夜的忏悔》，第七章。

② 马克西姆·亚历山大（Maxime Alexandre）：《皮肤和骨骼》，伽里玛出版社，1956年，第18页。

斯东·皮埃尔（Gaston Puel）写道[①]：

今天早上，我想要一个人躺在小渔船的船舱里的那种简单幸福。

一叶小舟的椭圆贝壳在这个人身上合起来。

他睡了。这是一枚杏仁。小渔船像一张床，嫁给了睡意。

人、动物、杏仁，都在贝壳里得到了最大程度的休息。休息的价值支配着所有这些形象。

X

既然我们努力地增加各种互相对立的细微差别，而想象力正是通过这些差别把生命赋予最简单的形象，那么就让我们注意几篇涉及贝壳的攻击性的资料。正如有些家宅是圈套一样，有些贝壳是陷阱。想象力把它们变成装备着诱饵和松扣装置的捕鱼篓。普兰（Pline）讲述道，和豆蟹共栖的江珧是这样维持生计的："这只没有眼睛的贝壳类生物张开自己，向在它周围游荡的小鱼露出它的肉体。以为没有危险而胆子大起来的小鱼就挤满了贝壳。这时候，

① 加斯东·皮埃尔：《两个天体的歌唱》，第10页。

一直窥伺着的豆蟹用轻轻一咬提醒江珧：江珧就合起来，把所有夹在它两瓣之间的东西都挤得粉碎，然后和它的同伴分享猎物。”①

在动物故事这方面，我们差不多到此为止了。我们不增加别的例子，只是再讲一个奇闻，因为这个奇闻有一位伟人为它作证。在达·芬奇的《笔记》中：“牡蛎在满月的时候完全打开，蟹看到了以后，向它扔去一块石头或一根小树枝，使它合不起来，便成了蟹的盘中餐。”达·芬奇把这个奇闻恰到好处地和一条道德戒律联系起来：“同样，言者无意，听者有心。”

为了确定我们在动物生活中发现的道德例子的价值，需要做很长的心理学研究。我们只是偶然地碰到这个问题。我们只是一笔带过地提到它。此外有些名字自己就讲述着故事：寄居蟹的名字就属于这一类。这种软体动物自己不做壳；我们总是说，它到一个空壳里居住。当它觉得太挤的时候它就换一个壳。

我们有时候把来到废弃壳中居住的寄居蟹的形象和来到其他鸟巢里下蛋的杜鹃的习惯相联系。在这两种情况

① 阿尔芒·朗德兰：前引书，第 15 页。这个寓言还被帕雷引用（《全集》，第三卷，第 776 页）。小寄居蟹“像看门人一样坐在贝壳的开口处”。当一条鱼进入贝壳里时，贝壳生物紧紧合上壳，“然后，两个家伙一起啃食它们的猎物”。

下，大自然似乎以违背自然道德为乐。想象力在一切不合常理的事情面前都特别兴奋。想象力热衷于给擅自占据空房的这只鸟的习惯加上狡猾和心机。我们说，杜鹃在窥伺到孵蛋的母亲离开以后，就打碎鸟巢里的蛋，在里面生下自己的蛋。如果它生了两个，就打碎两个。这只会叫“布谷”的动物精通自我隐蔽的技能。它是捉迷藏游戏的玩家。然而，谁看见它了呢？就像动物世界中的许多生物一样，我们对它们名字的了解胜过生物本身。谁能分辨红杜鹃和灰杜鹃？万瑟洛神父说（前引书，第 101 页），人们不是赞同这种说法，红杜鹃是幼年时期的灰杜鹃，其中一种“迁徙到北方，另一种到南方，人们不能在同一地点找到这两种杜鹃，这符合候鸟的规律，那就是老鸟和幼鸟很少造访同一国度”。

我们会感到惊奇，这种精通自我隐藏的鸟居然会赋予自己如此强大的变形力量，按照万瑟洛神父的说法（第 102 页），几个世纪来，“古人一直认为杜鹃会变形为雀鹰”。在对这一传说胡思乱想的时候，在想起杜鹃是偷蛋贼的时候，我发现杜鹃变形为雀鹰的故事可以归结为一句颇为贴切的谚语：“会偷一个蛋，就会偷一头牛。”

XI

对于有些人来说，某些形象保持着永远不变的优先地位。伯纳德·帕利西（Bernard Palissy）[①]就是这样一个人，贝壳的形象对他而言是有长久生命力的形象。如果我们要用物质想象力的主要元素来代表伯纳德·帕利西，我们会自然而然把他归为“土”这一类。然而，因为在物质想象力中，一切都有细微差别，所以我们必须把帕利西的想象力更加精确规定为这样一种土的想象力，它寻求坚硬的土地、用火烤加固的土地，但同时它又能通过一种冻结的盐、内含的盐的作用，获得自然的硬化过程。贝壳显示了这种过程。这个柔软的、粘性的、“垂涎的”生物以这种方式成为它的壳的硬化作用者。并且，这种坚固化的原则是那么重要，对坚硬的追求那么锲而不舍，使得贝壳赢得了美丽的珐琅质，就好像它受到了火的帮助一样。和几何形状的美相关的是物质的美。对陶工和搪瓷工来说，贝壳是多么重要的沉思对象！在天才陶工的盘子里，多少凝结在釉彩里的动物把它们的皮肤变成了最硬的贝壳！如果我们重新体验伯纳德·帕利西的热情，在各种物质的宇宙空间冲突中，在面团和烈火的斗争中，我们将会理解为什么分泌出自己的壳的最小蜗牛也给工人带来无尽的梦。我们将会看到这一点。

在所有这些梦想中，我们在这里只想记下那些寻找最古

---

① 伯纳德·帕利西（1510—1590），法国作家、学者，先后做过陶工、搪瓷工、画家、玻璃工。——译者

怪的家宅形象的梦想。其中一个的题目是“关于要塞城市”，收入《真正的接纳》这部著作。[1]我们希望在对它做概括的时候不背离故事的宏大规模。

伯纳德·帕利西在“战争的可怕危险”面前幻想着绘制一张“要塞城市”的图纸。他不指望找到“迄今为止建造出来的城市中的任何样板”。他解释说，维特鲁威（Vitruve）[2]在大炮的时代不再能给他任何帮助。他前往“树林、山峰和谷地，为了考察他是否能找到某种灵巧的动物，它造出过某种灵巧的家宅”。经过了大量搜寻，伯纳德·帕利西在“一只用自己的唾液建造家宅和要塞的幼小蜗牛”面前沉思。一个从内部进行建造的梦想萦绕了帕利西数月。他用所有的空闲时间来到海岸边散步，在那里他看见“许许多多不同种类的家宅和要塞，它们是一些小鱼用自己的体液和唾液造出来的，从那时起，我开始构想，我或许可以从它们那里找到对我的工作有益的东西”。比地上更激烈的“海上的战斗和掠夺”，对于最手无寸铁的生物、最柔弱的生物，上帝“赐予了它们每一个灵巧的本领，用以建造一座精心构造、工工整整的家宅，它们所运用的几何学和建筑学如此高明，所罗门以他的全部智慧也无法做出可以与之媲

① 伯纳德·帕利西：《真正的接纳》，罗马图书馆出版社，第151页。

② 维特鲁威（Marcus Vitruvius Pollio，约公元前80年或前70年—约公元前25年），古罗马作家、建筑师和工程师。——译者

美的东西来”。

至于那些螺旋形的贝壳，它们绝不是“仅仅出于美观的考虑，而是还有很多其他方面的因素。你应该知道，有好多种鱼，它们的嘴非常尖锐，使得它们能够吃到大部分鱼虾，假如后者的家宅是笔直的话；然而如果这些鱼虾被它们的敌人在家门口抓住的话，它们会往里面退，一边旋转一边后退，它们沿着螺旋线走，这样它们的敌人就不能伤害它们了”。

就在这时，有人从几内亚给帕利西带来两个硕大的贝壳：“一个荔枝螺，一个蛾螺”。根据帕利西的哲学，最虚弱的荔枝螺应该是最善于自我防卫的。实际上，这个贝壳长着“许多粗大的刺，全身都是，我由此确信，没有什么角是无缘无故形成的，这些刺同时用作要塞的凸起和防御”。

我们认为应该给出所有这些铺垫性的细节，因为它们清楚地说明了帕利西想要找到*自然的灵感*。“除了以荔枝螺的要塞为榜样”，他找不到更好的东西来建造他的“要塞城市”。在这样的启发下，他拿起圆规和尺，开始画他的图纸。在要塞城市的正中央有一座方形的广场，那将是统治者的所在地。*唯一*的一条道路从这个广场出发，环绕广场四圈，里面两圈是方形的，外面两圈是八角形的。在这条绕了四圈的道路上，所有的门和窗都朝着要塞的中心，这使得所有家宅的背面组成了一面连续的围墙。最后一圈家宅的围墙紧靠着城墙，就这样构成一只无比庞大的蜗牛。

帕利西大大发展了这座自然要塞的优势。敌人可能会占据它的一个部分，但撤退的腹地总是安全的。螺旋形的撤退路线是这个形象的总轮廓。对手的大炮无法跟踪撤退，也无法“打通”城市里绕圈的道路。敌人的炮手感到很失望，就像“尖嘴”的捕食者在绕圈的贝壳面前一样。

尽管这段概述对读者来说可能显得太过冗长了，然而它还没能进入例证和形象相互混合的细节当中。在逐字逐句阅读帕利西的文字时，心理学家会发现一些充当证明的形象，它们是进行推理的想象力的见证。这些简单的形象从心理学的角度看是复杂的。对我们而言，在我们的时代中，这样的形象不再进行“推理”。我们不再相信自然要塞的存在。当军事家组织“刺猬状”的防御工事时，他们知道他们不再是在形象的层面上，而是在单纯隐喻的层面上。如果我们因为混淆了类别而把帕利西的蜗牛-要塞当作一个单纯的隐喻，我们将犯下多大的错误！这是一个曾活在一位伟人中的形象。

就我们个人的兴趣而言，在这样的一本休闲书里，所有的形象都可以令我们愉快，但我们可能会满足于这个怪异的蜗牛。

为了说明一切形象都在想象力的简单游戏中变大，我们

引用了下面这首诗，诗里面的蜗牛长得有一个村子那么大：[①]

这是一只硕大无朋的蜗牛
它从山上往下爬
它的白涎形成小溪
陪伴在它身旁
它很老，只剩下一个角
那是它矮矮方方的钟楼

诗人补充道：

城堡是它的壳……

帕利西的书中另一些段落更加突出了在他所生活的贝壳-家宅中可以辨认出的形象变化过程。实际上，这个假想的贝壳-要塞建造者同时还是一位园林建筑师。为了补充园林的规划，他加上了“小屋”的规划。这些“小屋”是一些退避之处，它们在外表布满碎石，就像牡蛎的壳，帕利西说：[②]“这个小屋的外部应该由大块的岩石砌成，无需抛光，无需切割，为的是让小屋的外部完全没有建筑物的形

① 勒内·鲁基耶（René Rouquier）：《玻璃球》，Seghers 出版社，第 12 页。
② 前引书，第 78 页。

状。”相反，他希望小屋的内壁是抛光的，就像贝壳的内壁一样：“当小屋这样砌成以后，我要给它涂上好几层釉，从拱顶一直到墙角，地面也铺上釉。这样做好以后，我想在屋里生一大团火……把火生得很旺，直到墙上的那些釉融化或者液化……”于是，小屋看起来“内部完全就是一间房间……光泽是那么透亮，爬在内壁上的蜥蜴和壁虎就像在镜子里一样”。

有了屋里燃起的给墙砖上釉的这团火，我们就远离了“烤干石膏”的那种火焰。或许帕利西从中再度体验了他的制陶炉的幻象，炉火在墙壁上留下了砖块的泪痕。不管怎么说，对于非同寻常的形象，就有非同寻常的手段。在该书中，人想要居住在贝壳里。他希望保护他的墙壁是整块的、光滑的、封闭的，就好像他敏感的肌肤可以触碰家宅的墙壁。帕利西的梦想在触觉的层面上传达了居住的功能。贝壳托付给梦想一种完全生理上的内心空间。

最主要的形象容易互相联系。帕利西的第四间小屋是家宅、贝壳和洞穴的综合，帕利西说：“它的内部是如此灵巧地砌成，恰好就像一个从里面挖掉石头而钻成的岩洞；可是，这个小屋是弯曲的、拱形的，有好几个歪斜的凸起和凹陷，丝毫没有雕塑艺术的外表和形状，也看不出能工巧匠的劳作，它的拱顶弯曲成一种快要掉下来的样子，因为上面有好几个下垂的凸起。”毫无疑问，这座螺旋形的家宅内部覆盖着釉。这是一个涡旋贝壳状的洞穴。借助于人的劳作，狡猾的建筑师把它变成了一个自然的居所。为了突出小屋的自然特征，我们用土重新将它覆盖，“并在土上种下几棵树，它几乎没有建筑物的外观”。于是，生活在地面的伟大的帕利西的真正家宅是位于地下的。他想要生活在岩洞深处，岩洞的贝壳里。由于那些下垂的凸起，岩石里的居所收集着倒塌的噩梦。由于那个深入岩石的螺旋，这里收集着剧烈的动荡。然而，渴望地下居所的存在懂得控制寻常的惊恐。帕利西在他的梦想中是一位地下生活的英雄。他在想象中享受着狗的惊恐——他是这么说的——这条狗在山洞的入口吠叫；他享受着在弯曲的迷宫中继续前行的游客的迟疑。洞穴-贝壳在这里成了独居者的“要塞城市”，他是一位伟大的孤独者，懂得用简单的形象来自我防卫和自我保护。不需要栅栏，不需要铁门：别人会害怕进来……

关于黑暗的入口，有多少现象学研究是我们应该做的！

XII

我冒着使读者丧失耐心的危险，增加了鸟巢、贝壳这些形象，我认为这些形象通过一些被想象力过度发挥的基本形状为居住功能作了图解。我们感觉到这里有一个想象和观察相混合的问题。我们的问题当然不是对生物学空间的实证研究。我只是想要说明，一旦生命安顿下来，得到保护，把自己覆盖和隐藏起来，想象力就感到自己好像就是居住在受保护空间里的生物。想象力体验着保护，这种保护体现在各种有细微差别的安全感中，从最物质性的贝壳一直到简单的表面拟态这种巧妙伪装。正如诗人诺埃尔 · 阿尔诺（Noël Arnaud）[1]所梦想的那样，生物在相似性中隐藏[2]。庇护在颜色之下的生物不正是满怀着居住的安宁感，甚至有点大意么。阴影也是一个住所。

XIII

结束了这项关于贝壳的研究以后，我们可以讲述几个关于甲壳类动物的记载和故事。光是乌龟这种有行走家宅的动物就给我们提供了许多容易作出的评论。这些评论只不过是一些新的例证，为我们前面刚刚阐述过的论点作了图解。所以我们就略去了关于乌龟家宅的一个章节。

不过，由于原始形象之间的一些小矛盾有时会激发想象力，所以我们要评论一段吉塞卜 · 翁加雷蒂（Giuseppe Ungaretti）[3]的文字，摘自这位意大利诗人在佛兰德地区的旅行笔记[4]。翁加雷蒂在诗人弗朗茨 · 海伦斯家里——只有诗

---

① 诺埃尔 · 阿尔诺（原名 Raymond Valentin Muller，1919—2003），法国作家、编辑、先锋艺术收藏家。——译者

② 诺埃尔 · 阿尔诺：《草稿状态》，巴黎，1950 年。

③ 吉赛卜 · 翁加雷蒂（1888—1970），意大利诗人。——译者

④ 收入《欧洲文化杂志》，1953 年第四季度，第 259 页。

人才会有这样的财富——看见了一块木雕，“一位艺术家在上面表现了一头狼的狂怒，它扑向一只缩进自己硬甲壳里的乌龟，由于不能充饥而气得发疯”。

这几行文字在我脑海中挥之不去，我把它们编成了无穷无尽的故事。我看到狼从远处走来，从饥饿之乡走来。它已经饿得皮包骨头，舌头上滴淌着火热的渴望。正在这时，灌木丛中爬出一只乌龟，那是地上所有贪吃者所寻觅的美餐。狼一下跃向它的猎物，可是自然赐予了乌龟特有的敏捷，当它把头、爪子和尾巴全部收回它的家宅里时，乌龟比狼还要勇猛。对于这头饥肠辘辘的狼来说，它只不过是路边的一块石头。

在这场有关饥饿的冲突中，我该站在哪一边？我试图采取中立的态度。我不喜欢狼。然而，这一次，乌龟不应该这样做。翁加雷蒂对这幅古老的版画梦想良久以后，毫不含糊地说，艺术家成功地让“狼令人同情，而乌龟令人讨厌”。

现象学家可以对这句评论给出多少评论啊！在这里我们的确面对着必须作评论的版画。心理学上的解释一定会超出事实。图画中的任何一笔都不能传达出一只令人讨厌的乌龟。这只躲在自己盒子里的畜生十分确信自己的隐私。它变成了一头有着不可侵犯的外表的怪兽。现象学家必须自己给自己编造关于狼和乌龟的寓言故事。他必须把冲突上升到宇宙的层面上，并且沉思在世的饥饿（la-faim-dans-le-monde）：这些词带有现象学家们喜欢使用的连字符，以描绘出它们进入世界的路线。更简单地说，现象学家必须暂时地，在把自己变成石头的猎物面前，了解狼肚子里的东西。

如果我有这幅版画的复制品，我就会做一个测试来区分和度量人们参与在世饥饿这一冲突的角度和程度。这一参与的骑墙状态肯定很明显。有些人沉浸在虚构作用的半梦半醒之中，不去扰乱孩提时代古老形象的游戏。他们一定享受着凶恶动物的气恼；他们哈哈大笑，就和回到自己密室中的乌龟一样。然而，另一些人受到翁加雷蒂所作解释的提醒，很可能会颠倒这个处境。通过对一个沉睡在传统之中的寓言进行这样一次颠倒，虚构作用似乎重新恢复了朝气。在这个时候，想象力重新出发，现象学家正可以从中受益。这种处境的颠倒可以给现象学家提供几篇小文献，使现象学家一下子就把整个世界放在自己面前。他们直接具有在世之中、面向世界的意识。然而，对于一个研究想象力的现象学家来说，问题变得复杂。他不停地碰到世界中的奇怪事情。更有甚者，想象力在它的童稚状态中，在它特有的活跃性中，用最常见的事物做出奇怪的东西。想象力用一个诗意的细节把我们带到一个崭新的世界面前。从这时起，细节优于全景。一个简单的形象如果是新颖的，就会打开一个世界。从想象物的千百扇窗户中看出来的世界是千变万化的。想象之物更新了现象学的问题。通过解决小问题，我们学会了解决大问题。目前我们满足于在基础现象学的层面上进行练习。此外，我们确信在人的心灵中没有任何微不足道的东西。

第六章
角　　落

关上空间！关上袋鼠的口袋！那里很热。

莫里斯·布朗夏尔(Maurice Blanchard)[①]：

《诗歌的时代》,《G. L. M. 笔记》,1948 年 7 月,第 32 页。

I

当我们研究鸟巢和贝壳的时候，我们显然面对着居住功能的转移。那时我们的问题在于研究稀奇古怪或外观粗糙的内心空间，它们有的在空中，比如树上的鸟巢，有的象征着深深埋藏的生命，比如石头里的软体动物。现在我打算着手于内心空间的印象，它们虽然转瞬即逝，或出自想象，却有一个更加人性的根基。我将要在这一章中构想的印象不需要进行转移。我们可以直接对它们作心理学研究，即使实证精神把它们当作空虚的幻想。

我进行思考的出发点如下：家宅中的每一个角落，卧室中的每一个墙角，每一个我们喜欢蜷缩其中、抱成一团的空间对想象力来说都是一种孤独，也就是卧室的萌芽、家宅的萌芽。

我们在阅读中所能收集到的文献数量很少，因为这种完全生理上的缩成一团已经具有了否定主义的特征。从许多方面来看，“有人生活”的角落拒绝生命、限制生命、隐藏生命。角落是对宇宙的一种否定。在角落里，我们不和自己说话。每当我们回忆起角落里的时光，我们回忆起来的是一片寂静，思考的寂静。为什么我们要描述关于如此可怜的孤独的几何学？心理学家，尤其是形而上学家，会认为这些场所分析的循环毫无用处。他们只会直接观察“自闭”的性格。他们不需要别人向他们描述陷于角落之中的这一类神情阴郁的人。然而，我们不会如此轻易地抹去场所的条件。我们相信，灵魂的每一次退隐都有着避难的形象。角落这个最肮脏的避难所值得我们作一番考察。毫无疑问，退隐到自己的角落之中是一个贫乏的表达。它之所以贫乏，是因为它有很多形象，很古老的形象，甚至可能有心理学的原始形象。但有时，形象越是简单，梦想越是宏大。

然而，角落首先是一个避难所，它为我们确保了存在一个基本性质：稳定性。它是我的稳定性的确定所在，邻近所

---

① 莫里斯·布朗夏尔(1890—1960)，法国航空工程师、超现实主义诗人。——译者

在。角落可以说是半个箱子，半面墙，半扇门。它可以为我将在下一章中探讨的内与外的辩证法作图解。

在自己的角落里获得安宁的存在，如果可以这样说，对此的意识产生了一种稳定性。稳定性扩散着。一间想象中的卧室在我们身体周围建造起来，当我们躲避在角落里时，我们的身体以为自己隐藏得很好。影子就是围墙，家具就是屏障，帷幔就是屋顶。然而，所有这些形象都想象过度了。我们应该用构建存在空间的方式来确定稳定性的空间。一位诗人写下了这样一句短诗：①

> 我就是我所在的空间。

这首诗出自一本题为《草稿状态》的书。这句诗是伟大的。然而，还有什么地方比在角落里更能感受到这一点的呢？

在《没有自我的生活》（Armand Robin 译）这本书里，里尔克写道："突然，一间亮着灯的卧室出现在我面前，我几乎可以触摸到它。我早已进入它的角落里，而百叶窗感到了我，关了起来。"没有什么比这更好地说出了角落是存在的小屋。

---

① 诺埃尔·阿尔诺：《草稿状态》。

II

现在让我们来读一段似是而非的文本，它表明，存在显现的时刻正是他从角落里出来的那一刻。

萨特（Satre）在他评论波德莱尔的书里引用了一句可以大作文章的话。这句话是从休斯（Hughes）的小说里借用来的：[①]“埃米莉在船头的一个隐蔽角落里玩给自己建造家宅的游戏……”萨特要讨论的不是这个句子，而是它的下面一句：“玩厌了这个游戏以后，她漫无目的地走到船尾，这时她脑海中突然闪过一个念头，她就是*它*……”在对这些念头进行反复的全面考察之前，我们要首先观察到，它们在休斯的小说中大致上对应着可以称之为*虚构的童年*的东西。关于这个主题的小说有很多。小说家们把想象的天真性抛回到未经真实体验过的、想象出来的童年中。这段非真实的过去被文学创作投射在一段叙事的背后，常常掩盖了梦想的现实性。如果那个梦想在真正现实的天真性中给予我们，它就会具有彻底的现象学价值。然而，*存在*和*写作*很难相互接近。

不过，萨特所引用的文章正是因为这样才显得珍贵，因为它从场所分析的角度，也就是说从空间的角度，从内与外的经验的角度，指明了两个方向，精神分析学家用内倾和外

① 休斯：《牙买加的飓风》，Plon 出版社，1931 年，第 133 页。

倾这两个词来表示这两个方向：在生活之前，在激情之前，在经验本身的图式之中，小说家遇上这种二元性。在上面那个故事里，孩子从她自身的存在那里得来的一闪念，正是在她走出“自身”之时发觉的。这里关系到一个出现的“我思”（*cogito*），它并不需要伴随一个自我封闭的“我思”，这里的“我思”多少有些晦暗不明，它属于一个首先给自己建造笛卡儿“火炉”的存在，那就是船的隐蔽角落里的一个稀奇古怪的居所。当孩子向外部展开的时候，她才发现她就是它，这或许是对紧缩在存在一角里的那种状态的反应。船的隐蔽角落难道不是存在的一角吗？当孩子发现海上航船这个辽阔的宇宙时，她还会回到她的小家宅里去吗？既然她知道她就是它，她还会再玩那个居家游戏，还会回到家里也就是回到自己身上去吗？我们当然可以在脱离空间的情况下获得存在的意识，但在这里，存在的寓言和空间的游戏相互依赖。小说家没有告诉我们任何关于幻想颠倒的细节，即关于从自己家里出来，到宇宙中发现存在的这一颠倒。由于涉及虚构的童年，小说化的形而上学，作家手里握着两个领域的钥匙。他从这两个领域中感觉到互相联系。他或许可以用另一种方式来展示捕捉到“存在”这一过程。然而，由于家先于宇宙，在小家宅中的梦想应该事先就被给予我们。因此作者牺牲了——或许是压抑了——角落的梦想。他把这些梦想归在孩子的“游戏”这个共同主题之下，由此在某种程度上承认了生活的主要部分是在外部。

然而，诗人们还会告诉我们更多角落里的生活，当梦想者封闭在自身之内的同时，宇宙本身也收回到角落里。他们会毫不犹豫地把全部的现实性赋予这个梦想。

III

诗人米洛什的小说《爱情的启蒙》（第201页）中的主人公是真诚的犬儒主义者①，他什么也不会遗忘。这里所说的不是对年轻时代的回忆。一切都是关于体验到的现实。在他的宫殿里，在他过着激情生活的宫殿里，他有一些指定的角落，一些也常常居住于其中的角落。例如当所爱的人不在的时候，“你常蜷缩在这个阴暗的小角落，它夹在烟囱和橡木碗橱之间”。他不在宽敞的宫殿里等待不忠实的她，而是恰恰是在为不愉快的等待而准备的角落里，人可以在那里消化他的怒气。“屁股坐在坚硬冰冷的大理石地砖上，眼睛游离在冒充天空的天花板上，手里拿着一本没有裁开的书，多么美妙的几小时忧伤和期待，哦，没用的老家伙，你只会在那里过活！”那个地方难道不是一个为矛盾情绪而设的避难所吗？梦想者因为忧伤而幸福，因为孤独和等待而高兴。在

① 犬儒主义者（cynique），公元前4世纪一种古希腊哲学流派，不满于社会弊端，以愤世嫉俗、行为乖张为特征，其代表人物第欧根尼居住在一个大木桶里。——译者

这个角落里，我们沉思生与死，就像适于激情巅峰状态的时刻："你对自己说，在这个感伤的卧室一角生生死死；嗯，是的，在那里生生死死；有什么不可以的呢，皮纳蒙蒂先生，阴暗蒙尘的小角落的爱好者？"

所有角落的居住者都会赋予形象生命，使作为角落居住者的存在具有各种细微差别。对角落、壁角、洞穴的伟大梦想者来说，没有什么地方是空的，满和空的辩证法只是两种几何学上的非现实性质。居住功能在满和空之间建立起连接。一个生物填满了空的避难所。形象便居住其中。所有的角落即使没有人住，也常常有人光顾。米洛什所创造的角落梦想者皮纳蒙蒂先生安顿在一个"岩洞"里，它总的来说很宽敞，夹在碗橱和烟囱当中。他接着说："在这里，沉思的蜘蛛强壮而幸福地生活着；在这里，过去蜷曲起来，变得很小，像一只受到惊吓的老瓢虫……狡诈而又精明的瓢虫，就是我们在这里所说的过去，重新找回自己并居住在精品收藏家厚厚的眼镜片发现不了的地方。"在诗人的魔术棒之下，怎么可能不变成瓢虫，不把回忆和幻想收集到这个最圆的圆虫的翅膀下面？这只红色的球状地上生物把它的飞翔力量隐藏得多好！它逃离地面就好像逃离一个洞穴一样。或许就像小说里的孩子一样，它在蓝天上有过一闪而过的念头，它就是它！怎么可能在这个突然飞起的小贝壳面前停止梦想啊？

在米洛什的书里有很多动物生活和人的生活的相互交

换。他笔下那位犬儒主义梦想家还说（第242页）：在这里，在碗橱和烟囱间的角落里，“你会找到无聊的一千种疗法，以及无数值得永远占据你头脑的东西：一股三个世纪以前的发霉气味，写在苍蝇粪上的象形文字的神秘意义；老鼠洞门口的凯旋门；你又瘦又驼的背慵懒地靠在磨损的挂毯上面；你的脚跟在大理石上发出的摩擦声；你呛了粉尘而打喷嚏的声音……最后，被鸡毛掸子遗漏的房间角落里的陈年灰尘的灵魂”。

然而，除了我们这些“角落的阅读者”，还有谁会不断阅读这些*布满灰尘*的鸟巢？或许有位米歇尔·莱里斯会拿着大头针去掏地板槽里的灰尘。[①]然而，重申一遍，这些事情不是所有人都承认的。

可是，在这样的梦想中，怎样的古老年代才有过去可考呢。它们进入了没有时间记载的过去这一巨大领域。当我们任由想象力漫游在记忆的地下室里，我们不知不觉重新找回了在家宅的细小地沟里所过的幻想生活，梦里的动物般巢穴里所过的生活。

然而，在这个遥远的根基处，童年重新回来了。米洛什笔下的梦想者在他的*沉思角落*里进行他的意识考察。过去重新浮现，和现在处于同一平面上。梦想者突然哭了起来：

① 米歇尔·莱里斯：《删除线》，第9页。

“因为，孩子，你已经习惯了城堡的顶楼和夜莺栖息的图书馆角落，你贪婪地阅读着狄亚富瓦鲁对开本中的荷兰文特权证明书，一个字也没有搞错……啊！淘气鬼，你就知道要顽皮，在梅罗内城堡里那些弥漫着怀旧气息的隐蔽处，度过快乐的时光！你怎么能在那里把时间浪费在钻进那些事物所具有的灵魂里面。你用多大的幸福把自己变成一只被遗弃的拖鞋，躲过水流，从垃圾堆里被救出来。”

现在，我们是否应该停一停，打破梦想，中断阅读？谁能撇开蜘蛛、瓢虫和老鼠，而和被遗忘在角落里的东西化为同一？然而，什么是一个被停止的梦想？为什么要有所顾虑，或为了正当趣味、出于对陈旧事物的蔑视而停止梦想呢？米洛什就不停下来。在梦想的时候，我们在他的书的引领下，超越他的书之外，我们和他一起梦见一个角落，它是“一个木头娃娃的坟墓，这个娃娃被上世纪的一个女孩遗忘在房间的角落里……”毫无疑问，我们应该前往梦想的根基，让自己感动于不起眼之物的伟大博物馆。我们能否梦见一座陈旧的家宅，它不是陈旧东西的收容所，它不保存它自己的陈旧东西，而是被小摆设收藏家疯狂搜罗来的陈旧东西装满。要重新塑造角落的灵魂，纠缠着米洛什笔下那位梦想者的沉思的陈旧拖鞋和娃娃脑袋更为有用。诗人接着说（第243页）：“事物的神秘，时间中的细微情感，永恒的巨大空洞！一切无限者都在这个夹在烟囱和橡木柜子之间的石头墙角找到位置……它们现在在哪里，在哪里，见鬼！你那蜘蛛般大的欢乐，你对肮脏和死去的小东西的深刻沉思。”

于是，梦想者在他的角落深处回忆起所有与孤独有关的对象，这些对象是关于孤独的回忆，它们被遗忘所背叛，抛弃在角落。“试着幻想一盏灯，这盏灯是那样陈旧，它从最遥远的地方来到你思想的窗前，向你问候，这扇窗户被古老的阳光照耀着……”从这个角落的深处，幻想者重新看见一座非常陈旧的家宅，另一个国度的家宅，把出生的家宅和梦中的家宅结合起来。古老的对象向梦想者发问：“陈旧的灯，你的朋友，在孤零零的冬夜，它会对你怎么想？那些在你看来像兄弟般亲切的对象，它们会对你怎么想？它们的惨淡命运难道不是和你的命运紧紧相连吗？……那些恒久不变而又静默无声的东西是不会遗忘的：忧郁的、不受重视的它们聆听着我们自己心底里最卑微、最被我们无视的东西的心里话。”（第 244 页）梦想者在他的角落里听见了多少对卑微的呼唤！角落否定宫殿，灰尘否定大理石，废旧的对象否定壮丽与奢华。梦想者在他的角落里做着细致入微的梦想，一个接一个破坏掉世界上的所有对象，把整个世界清扫一空。角落成为一个收藏回忆的柜子。对象—回忆在跨越了尘封事物的杂乱堆积所形成的无数小门槛之后，把过去整理得井井有条。和浓缩的稳定性相关的是在一个消失的世界中的遥远旅行。在米沃什的书中，幻想在过去中走得很远很远，直到记忆之外："所有这些事物都是那么的远，它们不再存在，它们从未存在，过去不再有关于它们的任何记忆……你看，你寻找，你惊奇，你颤抖……你自己也不再有过去。"（第 245 页）当我们沉思这些文字时，我们感到自己被卷入了某种存在之前的阶段，仿佛超出了幻想之外。

IV

我们试图用米沃什的文字来提供关于阴郁梦想的一个最具体的经验，这个梦想属于在角落中固定不动的存在。他在那里找到一个废旧的世界。与此同时，我们提醒读者注意形容词的力量，特别是当我们把它用于形容生活的时候。阴郁的生活、阴郁的存在象征着一个宇宙。这里不再是一种颜色覆盖在事物上面，而是事物自身结晶成忧伤、遗憾和怀念。当哲学家要到诗人身边，到一位像米洛什这样伟大的诗人身边寻找关于世界个体化的教导时，他很快就会信服，世界的秩序不是名词，而是形容词。

如果我们给想象在关于宇宙的哲学体系中一个应有的地位，我们就会看到一个形容词初露端倪。我们或许可以给出这个建议：要找到关于世界的哲学的本质，就从它的形容词开始。

V

然而，让我们重新和更简短的梦想建立联系，这些梦想由事物的细节，也就是真实事物所具有的乍看起来微不足道的特点所引发。难道我们不曾许多次地想起，达·芬奇建议画家们，当他们在自然面前没有灵感的时候，用一只梦想的眼睛看一看旧墙壁上的裂缝吧！那里难道没有一幅宇宙的地图，上面的线条都是时间在旧墙壁上绘就的吗？谁没有在天花板上的几根线条里看见过新大陆的地图？诗人懂得所有这一切。然而，诗人为了用他自己的方式言说这些由巧合所创造的接近图画的宇宙，他会居住其中。他找到一个角落，暂居在有裂纹的天花板所构成的世界里。

诗人就是这样沿着建筑线脚的凹陷路线在门楣的角落里重新找到他的小屋的。让我们来听一听皮埃尔·阿尔贝-比罗在《写给另一个我的诗》里"娶"了他所说的"保持温暖的曲线"的事。它温和的热量很快让我们把自己卷起来，包裹起来。

首先，阿尔贝-比罗在线脚上流动：

> ……我沿着线脚笔直向前
> 线脚沿着天花板笔直向前。

然而，当他"聆听"事物的图画时，一会儿有一个壁角、一会儿有一个陷阱困住这个梦想者：

然而，有一些壁角让人无法从中走出。

安宁就在这个牢笼里。在这些壁角，在这些角落，梦想者似乎体会到介于存在与非存在中间的休息。他是属于非真实世界的存在。必须用一个事件才能把他抛到外部世界。诗人确切地补充道：

> 在壁角里，我正要开始沦陷在对天使的梦想中。然而，喇叭声把我从壁角里拉了出来。

针对这段文字的修辞学批评十分容易。对于这类形象、这类幻想，批判的头脑有很多理由可以驱散它们、消除它们。

首先，因为它们不是“合理性的”，因为我们不能居住在“天花板的角落”里的同时而又懒洋洋地躺在舒适的床上，因为蜘蛛网不是诗人所说的帷幔——而且，更为个人的批评意见是，形象的过度发挥必然会表现为对哲学家的嘲讽，因为哲学家致力于把存在集中到它自己的中心，在存在的中心处找到某种场所、时间和行动的统一。

没错，然而即使理性的批评、对哲学的蔑视和诗歌的传统联合起来要让我们远离诗人那迷宫般的幻想，诗人把他的诗变成梦想者的陷阱这一点并没有改变。

我则任凭自己被诗人摆布。我跟随线脚的方向。

在前文关于家宅的一章中，我说过，一幅版画所表现的家宅很容易引起在那里居住的欲望。从精心雕刻的图画线条中，我们感觉到我们会喜欢住在那里。促使我们到角落里去生活的空想有时候就是从一幅简单图画的优美中产生的。然而，一条优美的曲线不仅仅是一种有着正确拐点的柏格森式运动。它不仅仅是自行展开的时间。它同样也是一个以和谐方式构造的可居住空间。还是皮埃尔·阿尔贝-比罗为我们提供了这幅“角落-版画”，一幅美丽的文学版画。它在《写给另一个我的诗》（第48页）中写道：

在这里，我变成了一幅装饰画
多愁善感的画轴
螺旋形的画卷
黑白构图的画面
可是，我刚刚听见了呼吸声
不知道是画
还是我自己。

螺旋好像用它相连的手将我们抱住。画在它紧紧卷起的时候比它舒展开来的时候更加主动。当诗人来到画轴的手柄上居住，并在曲线的把手上重新找回温暖和平静的生活时，他就会感觉到这一点。

理智主义哲学家试图坚持语词的精确意义，他把语词当作清晰思想所具有的无数小工具，这样的人只会惊讶于诗人的鲁莽。可是，感觉的混合阻止了语词结晶成完美的固体。在名词的核心意义之上堆积着很多意想不到的形容词。一个新的意境使得语词不仅能够进入思想，而且能够进入梦想。语言在梦想。

批判的头脑对此无能为力。梦想者能够写道，一条曲线是热的，这是一个诗歌中的事实。我们是否相信，柏格森在把优美赋予曲线、并且肯定也会把僵硬赋予直线的时候，他没有超越意义？当我们说壁角是冷的、曲线是热的时，我们还能做什么？曲线欢迎我们，太尖锐的墙角驱赶我们？壁角是阳性的，曲线是阴性的？最少的价值就能改变一切。优雅的曲线邀人入住。我们不能在从那里悄然离去的时候不能不抱着回来的希望。心爱的曲线具有鸟巢的力量；它是对占有的召唤。它是一个弧形的角落。这是一门居住的几何学。我们在其中处于最少的庇护之下，在休息梦想的极为简化的图式中。只有在静观圆圈时把自己变成圆形的梦想者，才能了解画中单纯的休息之乐。

对一名作者来说，在一个章节的末尾堆砌一些互相没有关联的想法、一些纯属细节的形象、一些虽然真诚但是稍纵即逝的信念，这种做法毫无疑问是有欠谨慎的。然而，一位想要研究丰富想象力的现象学家除此之外还能做什么呢？对他而言，单单一个词语就常常是梦的萌芽。在阅读一个伟大的语词梦想者如米歇尔·莱里斯的作品（特别是《删除线》）时，我们惊讶于在语词之中，在一个词的内部体验到内心的运动。如同友谊，语词有时候会根据梦想者的意愿在音节的循环中自我膨胀。换句话说，一切都平静而又紧张。当智慧的茹贝尔好奇地谈论“小屋”的概念时，难道他没有在词语中体会到内心空间中的休息吗？我常常想象，语词是微小的家宅，它们有地窖和阁楼。常用的意义居住在底楼，时刻准备着“对外贸易”，和他人等价交换，这个过路人永远不是梦想者。登上词语这个家宅的楼梯就是一级一级地走向抽象。下降到地窖就是梦想，在不确定的词源的遥远走廊里迷路，在词语中寻找无法找到的宝藏。在词语本身中上升和下降，这就是诗人的生活。上升得太高，下降得太低，这对诗人来说都是可能的，他把大地和天空连接起来。或许只有哲学家会被他的对手宣判为一直居住在底楼？

第七章
缩　　影

I

心理学家——哲学家尤甚——很少注意童话故事里常常出现的缩影术。在心理学家看来，作家以建造鹰嘴豆中的家宅来取乐。正是在这一点上有一种原始的荒谬，它把童话故事加入最单纯的空想的行列。在这种空想中，作家并未真正进入虚构作品的巨大领域。作家本人在——常常相当困难地——开展他的轻易发明时，他似乎并不相信有一种心理学实在和这些缩影相对应。这里缺少一颗可以沟通作家和读者的幻想种子。为了让人相信，必须自己相信。对一个哲学家来说，针对这些“文学中的”缩影，这些很容易被文人缩小的对象，是否有必要提出一个现象学问题？意识——作家的意识、读者的意识——是否能够真诚地活动于这类形象的起源本身？

我们应该赋予这些形象某种客观性，就因为一个原因：它们引来许许多多梦想者的认同，甚至兴趣。可以说，这些变成缩影的家宅是由一种真实的心理学客观性所提供的伪造对象。这里所发生的想象过程是一个典型。它提出了一个问题，这个问题必须和几何学相似性的一般问题区别开来。几何学家在两个用不同比例尺画出的相似形象中看见确确实实同一个东西。用缩小的比例尺画成的家宅图纸不包含任何属于想象力哲学的问题。我们甚至不应该把自己放在再现的一般层面上，尽管在这一层面上或许可以研究有关相似性的现象学的有趣问题。我们的研究应该专门化，仅致力于想象力。

假设我们可以跨越荒谬性的门槛，进入发挥想象的领域，那么一切都会变得很清楚。让我们花一点点时间跟随夏尔·诺迪埃的《蚕豆的宝藏》里的主人公，进入仙女的敞篷四轮马车。在这辆只有四季豆大小的马车里，这位年轻人肩扛六“升”四季豆走了进去。于是，数量和空间大小同时产生了矛盾。一颗四季豆里装着六千颗四季豆。同样，当身材高大的米歇尔进去的时候——他是多么惊奇！——来到面包屑做成的仙女住所，在这个隐藏在草丛下面的居所里，他觉得十分舒适。他“安顿”下来。他幸福地住在一个狭小空间里，把场所癖好的经验化为了现实。有一次，在缩影的内部，他看到了宽敞的寓所。他从内部发现内部的美。这里有一个视角的颠倒，这一颠倒或者瞬息即逝，或者稍作滞留，取决于讲故事的人的天才和读者的幻想能力。诺迪埃常常太想“痛痛快快地”讲故事，太自得其乐于想象力的深度发挥，以至于一些没有掩盖好的推理过程残留下来。为了从心理学角度解释进入缩影中的居室，他提到小孩玩游戏用的硬纸板做的小家宅：想象的“缩影”十分容易地把我们带回童年，参加玩偶的游戏，回到玩偶的现实世界。

想象力的价值不只这些。事实上，缩影化的想象力是一种自然的想象力。它出现在任何年龄的人身上，出现在天生的梦想者的梦想中。确切地说，我们必须把娱乐的成分去掉，才能发现实际的心理学根源。例如，我们可以严肃地阅读赫尔曼·黑塞（Hermann Hesse）①发表于《泉水》杂志（第57期，第725页）的这段文字。一个犯人在他的囚室墙上画了一幅风景画：一辆小火车开进一个隧道。当狱卒们来叫他的时候，他向他们“礼貌地请求稍等片刻，让我可以到我画布上的小火车里面去，为了检查一些东西。和往常一样，狱卒们笑了起来，因为他们把我看作一个弱智。我把自己变得很小。我进入我的图画，登上小火车，它开动起来，消失在小隧道的一片漆黑中。有片刻的时间，我们还看到如丝如缕的一点黑烟从圆洞里飘出来。接着，烟消散了，和烟一起消散的是图画，和图画一起消散的是我自己……”多少次，这位诗人-画家在他自己在牢房里用隧道打穿了墙壁！

① 赫尔曼·黑塞（1877—1962），瑞士籍德国小说家。——译者

多少次，当他画出自己的梦时，他通过墙上的缝隙溜了出去！只要能从牢房里出去的方法都是好方法。需要的时候，荒谬性也能带来自由。

因此，如果我们怀着同情跟随缩影的诗人，乘上牢中画家的小火车，那么几何学上的矛盾就迎刃而解，再现被想象所支配。再现不过是一种表达的载体，用来向他人传递我们自己的形象。在一种把想象力作为基本禀赋的哲学思路上，我们可以用叔本华的方式说："世界是我的想象。"我越是善于把世界缩影化，我就越能占有世界。然而，在这样做的时候必须理解，价值在缩影中压缩并丰富。柏拉图式的关于大与小的辩证法不足以了解缩影的动力学性质。必须超越逻辑，才能体验小中有大。

通过研究几个例子，我将说明文学中的缩影——也就是所有涉及颠倒来看大小的文学形象——能引发深刻的价值。

II

我们首先引用一段西拉诺·德·贝尔热拉克（Cyrano de Bergerac）[①]的文字，由皮埃尔-马克西姆·舒（Pierre-Maxime Schuhl）[②]转引在一篇优美的文章中。在这篇题为

---

① 西拉诺·德·贝尔热拉克（1619—1655），法国作家。——译者

② 皮埃尔-马克西姆·舒（1902—1984），法国哲学家。——译者

《格列佛主题和拉普拉斯公设》的文章中，作者的目的是强调西拉诺·德·贝尔热拉克笔下的滑稽形象的理智主义特征，并把这些形象和那位数学天文学家的观点联系起来。①

西拉诺的那段文字是这样的："这只苹果对它自己来说就是一个小宇宙，它的果核比其他部分更热，向自己周围散发它的球体所持存的热量；这样看来，这个核就是这个小世界里的小太阳，它加热并滋养这团小物质的植物盐。"

在这段文字中，没有任何描绘，全部都是想象，想象的缩影被用来总结一种想象的价值。位于中心的果核比整个苹果更热。这种浓缩的热量，这种令人喜爱的热的幸福，把形象从看得见的形象行列转移到体验得到的形象行列。想象力感到自己在这个被植物盐滋养下的核中获得了充分的鼓舞。②苹果、水果不再是首要价值。真正的动力价值是果核。自相矛盾地说，正是果核造就了苹果。它向苹果输送有香味的汁液，自我保存的力量。果核不只是出生在一个温暖的摇篮里，果实厚实的保护中。它是生命热量的保护者。

在这样的想象中，有一种和作观察的头脑相对立的彻底颠倒。在这里，进行想象的头脑沿着和进行观察的头脑相反

---

① 《心理学杂志》，1947 年 4—6 月，第 169 页。

② 有多少人在吃掉了苹果以后，还要侵犯它的核！人们在公开场合会抑制那种想要剥开果核品尝它们的幼稚疯狂。可是，在吃核的时候，会产生多少想法，多少梦想啊！

的道路前进。想象力不愿终结于一张概括知识的图表。它找机会增多形象，一旦想象力对某一个形象感兴趣，它就抬高这个形象的价值。当西拉诺想象果核-太阳的那一刻，他有一个坚定的信念，果核是一个生命与火的核心，简而言之，它是一种价值。

我们自然而然地处在一个过度发挥的形象面前。西拉诺作品中的调侃成分和很多其他作者一样，比如和我们在前面提到过的诺迪埃一样，会破坏想象的沉思。形象跑得太快，跑得太远。然而，对于缓慢阅读的心理学家，放慢速度考察形象的心理学家，通过延长在每个形象上停留的时间，他从中感受到某种无限的价值融合。价值涌入缩影中。缩影令人梦想。

皮埃尔-马克西姆·舒在他的研究结论里用这个特别典型的例子来强调总是与谬误和欺骗为伴的想象力的危险。我们也这么认为，但我们用另一种方式梦想，或者更准确地说，我们同意作为梦想者与我们的读者交流。这正是以梦境的方式接受梦境价值的全部问题之所在。以*客观的方式*描述一个梦想，这已经减少和阻止了梦想。多少用客观的方式讲述的梦成了被粉碎的梦境！面对一个梦想着的形象，必须把它当作一种邀请，它邀请我们继续进行那个创造它的梦想。

研究想象力的心理学家将形象的实证性定义为梦想的动力学，所以他必须证明形象发明的正当性。在我们所研究的例子中提出的问题是荒谬的：果核是不是苹果的太阳？我们在这个问题里放进了许多梦——毫无疑问，必须有很多梦——最后我们使这个问题在梦境的层面上变得有价值。西拉诺·德·贝尔热拉克并没有打算用超现实主义来欢快地处理荒谬的问题。在想象力的层面上，他没有“弄错”，因为想象力从来不会弄错，因为想象力不需要用客观实在性来看待形象。我们应该走得更远：西拉诺并不希望欺骗他的读者。他很清楚，读者“不会弄错”。他一直希望找到和他处在同一个想象水平上的读者。任何一部想象作品中都有一种存在的乐观主义。热拉尔·德·内瓦尔不是说过（《奥雷利娅》，第 41 页）：“我以为人的想象力所发明的任何东西没有不真实的，不论它们是在这个世界之中还是在别的世界之中。”

当我们自发地体验到像西拉诺的苹果那样的行星形象时，我们会理解，这个形象不是由思想所产生的。它和那些用来说明或支持科学观念的形象毫无共同之处。例如，玻尔（Bohr）的原子行星形象是一个数学思维的纯粹综合图式，它属于科学思维，即便不属于普及性哲学的贫乏而有害的价值化。在玻尔的行星原子中，小太阳不是热的。

我们简要地提出这一点是为了强调自行完成的绝对形象和后于观念、只作为思维总结的形象之间的本质区别。

III

我们将跟随一个植物学家的梦想，以此作为第二个被赋予价值的文学缩影实例。植物学家的心灵在一朵花这个存在的缩影中获得满足。这位植物学家天真地运用一些表示常见事物大小的词语来描述花朵的内心空间。我们可以在 1851 年出版的《新神学百科全书》里厚厚一卷《基督教植物学词典》中读到一个关于水苏的条目，它是对这种德国水苏属花卉的描述：

“这些在毛茸茸的摇篮里成长起来的花朵小而精致，红白相间……我把小花萼连同覆盖它的长长丝状网一起摘下……花朵的内唇瓣是笔直的，顶端稍稍弯曲；它内部呈鲜艳的粉红色，外部包裹着厚厚的绒毛。当人碰到它时，整株植物都会发热。它有一件完全适用于北极的小外套。四根小小的雄蕊像几把黄色的小刷子。”直到这里的文字都可以看作是客观性的。然而，这段文字立刻开始了心理活动。渐渐地，梦想伴随着描述：“四根雄蕊笔直竖起，十分融洽地同居在内唇瓣所形成的一个小壁龛里。它们非常暖和地待在厚厚包裹起来的小密室里。细小的雌蕊恭敬地站在它们的脚边，但由于它身材非常矮小，所以雄蕊们为了和它说话，必须蹲下来。矮小的妇女有十分重要的地位；而且这些说话语气十分谦卑的妇女往往在做家务的时候举止十分果断。四根赤裸的雄蕊停留在花萼底部，竖立起来，就像印度的小孩躺在吊床里一样。每一根雄蕊都守着自己的本分，没有嫉妒存在。”

因此，在花朵中，博学的植物学家找到了夫妻生活的缩影，他感到了绒毛所保存的温暖热量，他看见了摇着种子的吊床。他从形式的和谐中得出了居所的幸福。是否应该像西拉诺的文章一样强调，封闭区域的温暖热量是内心空间的首要标志？这种暖和的内心空间是所有形象的根源。并且我们看到，形象不再与任何实在对应。我们可以在放大镜下辨认出雄蕊的小黄刷子，但没有一个观察者能够看见可以证实那位基督教植物学家所叙述的大量心理学形象的任何真实成分。应该想到的是，如果叙述涉及的是一个有着常规尺寸的对象，叙述者或许会更为谨慎。然而，他进入了一个缩影，于是形象立刻开始增多、变大、逸出。大出自于小，不是根据矛盾性辩证法的逻辑规律，而是依靠所有尺寸上的约束的解放，这一解放正是想象活动的特征。在同一本基督教植物学词典的常春花条目里，我们读到：“读者，仔细研究常春花吧，你将看见细节在多大程度上使对象变大。”

这个用放大镜的人在这两行文字中表达出一条重要的心理学规律。他把我们放在一个关键的客观性位置上，正是在这一时刻我们应该接受并且掌握那无法觉察的细节。在这个实验中，放大镜为进入世界提供了条件。这里用放大镜的人不是一个想要克服老眼昏花继续读报纸的老人。用放大镜的人把世界看作全新的事物。如果他向我们倾诉他亲身体验的发现，他就给我们提供了纯粹现象学的文献，那里面所说的发现世界、进入世界，不只是用滥的词，不只是在频繁的哲学使用中褪了色的词。哲学家常常以司空见惯的对象为主题，用现象学的方式描述他的“进入世界”、他的“在世存在”。他用现象学的方式描述他的墨水盒。一个贫乏的对象于是成了广阔世界的看门人。

用放大镜的人轻而易举地将司空见惯的世界划去。他是崭新对象面前的新鲜目光。植物学家的放大镜是一段重新找回的童年。它重新赋予植物学家以儿童特有的放大眼光。借助于它，植物学家重新回到花园里，在花园里：

> 孩子们眼里什么都很大。[①]

于是，缩影尽管是一扇窄小的门，却打开了一个世界。一件事物的细节可以预示着一个新世界，这个世界像所有的世界一样，包含各种巨大之物的属性。

缩影是巨大之物的住所之一。

---

① 德·布瓦塞（P. de Boissy）：《最早的手》，第 21 页。

Ⅳ

毫无疑问，当我们构思一门用放大镜的人的现象学时，我们所针对的不是实验室里的工作者。科学工作者的客观性约束阻止了所有想象力的梦想。他在显微镜下所观察到的东西是他早已看见过的东西。我们甚至可以说，尽管有些自相矛盾，他从来不是第一次看见。说到底，在有着确定的客观性的科学观察领域里，“第一次”并不重要。观察属于“许多次”的领域。在科学工作中，必须首先在心理学上消灭惊奇。学者所观察的东西是在思维和实验的材料中被精确定义的。所以，当我们研究想象力时，我们应该注意的不是科学实验层面上的问题。正如我们在引言中已经说过的那样，我们应该忘掉科学客观性的习惯，寻找*第一次的形象*。如果我们从科学史中选取一些心理学文献——因为人们还是会反驳我们说，在这部历史中有一大堆“第一次”——我们将会看到，最早的显微镜观察是一些关于小物体的传说，如果小物体是有生命的，那么就是关于生命的传说。这种观察者，虽然还停留在幼稚的阶段，难道他没有在“精子大小的动物”[①]里看见人类的形状吗！

又一次，我们重新来到这个问题面前，那就是用“第一

① 参见《科学精神的形成》。

次”的名义提出关于*想象力*的问题。这个问题证明我们在最夸张的突发奇想中找出例证的做法是正当的。作为用放大镜的人这个主题的一个令人惊讶的变奏，我们准备研究安德烈·皮埃尔·德·芒迪亚尔格（André Pieyre de Mandiargues）[①]的一首散文诗，题目是《风景中的鸡蛋》。[②]

诗人和许多其他人一样，在窗玻璃后面梦想。然而，就在玻璃里面，他发现了一种微小的变形，这一变形将扩散到宇宙当中。德·芒迪亚尔格对他的读者说：“走近你的窗，同时努力不要让自己的注意力过多集中在外面。直到你眼中有一个个像玻璃的囊肿似的核里面的一个，它们是小小的骨瘤，有时候是透明的，但大多数时候是雾状的，或者模模糊糊半透明的，并且呈现出细长的形状，令人想起猫眼。”透过这个玻璃球面，透过这个猫眼，外面的世界会变成什么样？“世界的性质会改变吗？或者说，难道是真正的性质战胜了表象！无论怎样，经验的事实是把核放到风景中足以赋予风景一种柔软的性质……墙壁、岩石、树干、金属建筑物，都在活动的核的抛面中失去了全部的刚硬性。”（第106页）诗人让形象从每一个方面喷发出来。他为我们提供了一个不断增多的宇宙原子。在诗人的引领下，梦想者通过

① 安德烈·皮埃尔·德·芒迪亚尔格（1909—1991），法国作家。——译者
② 《变形记》，伽里玛出版社，巴黎，第105页。

移动他的脸庞来更新他的世界。在玻璃囊肿的缩影中，梦想者让一个世界出现。梦想者强迫世界作“最不合常理的爬行”（第 107 页）。梦想者让非现实的波动流淌在原本现实的世界之上。“整个一致性的外部世界在这个独一无二的硬质透光物体面前转变为一个可以随意变幻的柔韧中心，这个物体是一个名副其实的哲学鸡蛋，你脸庞的最轻微跳动就可以使它在空间中移来移去。”

因此，诗人不用到很远的地方去寻找做梦的工具。可是，他用了怎样的技巧进入风景的核！他通过怎样的突发奇想把各种曲线赋予空间！那正是突发奇想的黎曼曲线空间！因为任何宇宙都封闭在曲线中；任何宇宙都聚集在一个核里，一颗种子里，一个有活力的中心里。这个中心很有力量，因为它是一个想象出来的中心。如果我们在皮埃尔·德·芒迪亚尔格所提供的形象世界中再前进一步，我们就会看见进行想象的中心；于是，我们在玻璃的核中阅读风景。我们不再透过它看世界。这个核心化的核心就是一个世界。缩影在宇宙的规模上展开。又一次，大被包含在小之中。

拿起一个放大镜是集中注意力，但集中注意力难道不已经是有了一个放大镜吗？注意力本身就是一块起放大作用的玻璃。皮埃尔·德·芒迪亚尔格在另一本书[①]中一边沉思看

① 皮埃尔·德·芒迪亚尔格：《大理石》，Laffont 出版社，第 63 页。

大戟花，一边写道："大戟在他过于专注的目光之下就像一只跳蚤的截面在显微镜的镜片之下，神秘地变大了：现在它成了一座五角形的要塞，以不可思议的高度矗立在他面前，矗立在一片白色岩石的沙漠中，一个个红色的尖顶看起来遥不可及，它们是五座分布在城堡周围的塔楼，这座城堡是旱地上的植物群落的前卫。"

一个理性的哲学家——这种人并不少见——可能会反驳我们说，这些文献太夸张了，它们太不费力气地用词语使大和巨大从小中出现。这只不过是词的魔术，在会从顶针里变出闹钟的魔术师的戏法面前，它显得十分贫乏。可是我们要捍卫"文学"的魔术。魔术师的动作令人惊奇，令人发笑。诗人的动作令人梦想。我无法一次又一次反复体验最初的动作。然而，只要我喜爱梦想，诗人的文字就是我的。

理性哲学家会原谅我们的形象，只要它们能够被当作某种毒品、某种麦司卡林所产生的效果。于是在他看来，它们就具有了一种生理学上的实在性。哲学家就利用它来阐明关于身心统一的问题。对我们来说，我们把这些文学文献看作*想象的实在*，看作想象力的纯粹产物。因为，为什么想象行为不能和知觉行为一样现实呢？

又是为什么，这些我们作为读者不能够自己形成、却能够从诗人那里真诚地接受的"过度发挥"的形象，它们不可以是——如果我们坚持用这个概念——为我们提供梦想种子的虚拟“毒品”呢？这种虚拟的毒品有一种非常纯粹的效用。借助于一个“过度发挥”的形象，我们确信自己处于自主想象的方向上。

V

我在上文中引用了《新神学百科全书》中的一大段植物学家的描述，并不是有欠考虑。这段文字过早地抛弃了梦想的种子。它唠着家常。当我们有时间消遣的时候，我们欢迎这样的文字。我们想要重新找回想象之物的活生生种子时，我们就把它打发走。我们敢说，这是一幅用粗糙材料做成的缩影。我们应该和缩影化的想象力建立更恰当的联系。作为卧室里的哲学家，我们没有条件在中世纪微缩图画画家的作品面前沉思，中世纪是孤独的耐心者的伟大时代。然而，我们可以非常确切地想象这一耐心。它把安宁放入指尖。只要想象安宁，它就会进入灵魂。所有小的事物都需要缓慢。我们真应该给自己充分的闲暇，在安静的卧室里把世界化为缩影。我们必须喜爱空间，才能用微缩的方式描绘它，仿佛有一些世界的分子，可以把一整幅景观封闭在一个图画分子里。在这一举动中，总有一种把东西看大的直觉和排斥冲动的努力之间的辩证法。实际上，直觉主义者只凭一眼就看见整体，而细节总是一个接一个被发现并排列的，还需要耐心地运用细心的微缩图画画家的推论术。微缩图画画家似乎对直觉主义哲学家的懒惰静观提出了挑战。他不是说："你不可能看见这个！花时间好好看看所有这些微小的事物，它们不能从全体的角度来静观。"在缩影的静观中，需要一种反向的注意力来整合细节。

很自然，缩影说起来比做起来容易，我们可以很容易收集各种把世界缩小的文学描述。由于这类描述讲述的是变小的事物，它们自然就变得啰嗦冗长。正如雨果的这段文字（我把它缩写了），我们用它来提请读者注意一种看起来可能微不足道的梦想类型。

我们说雨果能把东西看大，他也懂得描绘缩影。在《莱茵河》[①]中，我们读到："在弗莱堡，我忘记了很久以前我坐在方形草地上时眼中所见的广阔风景。那是一个山丘上的荒草丛生的小土堆。那里同样有一个世界。金龟子在植物的深层纤维下面缓慢爬行；五针松上的毒芹花长得像意大利松树……一只可怜的湿漉漉的雄蜂，穿着黄黑相间的丝绒，沿着一根多刺的树枝艰难地往上爬；小飞虫群的厚厚云团遮住了它的日光；一个蓝色的花冠迎风微颤，一整群蚜虫在这顶巨型帐篷下面躲风避雨……我看见一条蚯蚓从泥沙里钻出，向着天空扭动，呼吸着空气，它好像一条远古洪荒时代的巨蟒，或许在它的微观宇宙里，它也有

① 维克多·雨果：《莱茵河》，Hetzel 出版社，第三卷，第 98 页。

杀死它的赫拉克勒斯（Hercule）[1]和描写它的居维叶（Cuvier）[2]。总之，这个宇宙和别的宇宙一样大。”这页文字延续着，诗人自娱自乐着，他提到了“小大由之”（Micromégas）[3]，接着得出一个简单的理论。然而这位读者并不着急——这也是我们自己唯一可以期望的——他充满信心地进入缩影化的梦想。这位悠闲的读者常常进行这类梦想，但他从来不敢把它们写下来。诗人刚刚给予了他们文学上的尊严。我们想要给他们哲学上的尊严——多大的野心！因为说到底，诗人没有弄错，他刚刚发现了一个世界。“那里同样有一个世界。”为什么形而上学家不能面对这个世界呢？他毫不费劲就能更新他的“向世界开放”、“进入世界”的经验。哲学家所说的世界往往不过是一个非我。它的庞大是否定性的堆积。哲学家太快达到肯定性，他给自己一个世界，唯一的世界。在世存在、属于世界的存在，这些表述在我看来都太庄重了；我难以体验到它们。我在缩影的世界中更加自在。这才是我所认为的被主宰的世界。在体验它

① 赫拉克勒斯，希腊神话中最伟大的英雄，其第一项功绩是杀掉尼米亚猛狮。——译者

② 居维叶（1773—1838），法国古生物学家。——译者

③ “小大由之”，即“小”（micro）和“大”（mégas）两个词缀的组合，是法国哲学家伏尔泰的一部哲理故事的同名主人公，该故事讲述了一个外星生物造访地球的经历，表达了相对性的哲学概念，并包含了对宗教的批判。——译者

们的时候，我感觉到从我梦想着的存在中发出创造世界的波。被真诚体验到的缩影将我从周围世界中分离出来，帮助我抵抗环境的溶解作用。

缩影是一项形而上学的创新运动；它能够让人以很小的风险创造世界。在这项主宰世界的运动中有怎样的休息！缩影在休息时从来不睡着。缩影中的想象力是警惕而幸福的。

然而，为了让我们自己自觉地投入到缩影化的形而上学中去，我需要增加证据，收集一些文本。如果没有这些东西，我们在承认自己对缩影的爱好时会害怕肯定法韦-布托尼耶夫人（Mme Favez-Boutonier）[①]这位老朋友在四分之一个世纪以前我们刚刚结识时向我指出的诊断：你的小人国幻觉是酗酒的特征。

在很多文本中，草原就是森林，草丛就是树丛。在托马斯·哈代(Thomas Hardy)[②]的一部小说中，一撮苔藓就是一片杉树林。在一部充满各种各样细腻激情的小说《尼尔斯·莱恩》中，雅科布森（J.-P. Jacobsen）[③]描述了幸福的森林：秋天的树叶和被"沉甸甸的串串红花"压弯了腰的花楸树占据了他的画面，并点缀上"鲜活茂密的苔藓，它们就像杉树或棕榈"，并且"还有薄薄的苔藓裹在树干上，令人想

① 法韦-布托尼耶夫人（1903—1994），法国精神分析学家。——译者
② 托马斯·哈代(1840—1928)，英国小说家、诗人。——译者
③ 雅科布森（1847—1885），丹麦小说家、诗人、科学家。——译者

起小精灵的麦田”（法译本，第255页）。一个致力于继续一部高度紧张的人间戏剧的作家，例如雅科布森[1]，如果他打断富有激情的叙事来“书写这幅缩影”，这就出现了一个悖论，我们必须阐明这个悖论，才能对作者的文学旨趣有一个准确的把握。如果我们更切近地体验文本，通过从高大树木的森林里努力看出这片嵌在其中的细小森林，某种人性的东西似乎变得更加细腻。从一片森林到另一片森林，从舒张的森林到收缩的森林，宇宙空间在呼吸。自相矛盾的是，当我们生活在缩影中时，我们却在一个狭小的空间中舒展开来。

这正是上千个把我们放到世界之外的梦想中的一个，它把我们放进另一个世界，小说家用这个梦想把我们转移到这个世界之外的地方，这是一种新的爱的世界。受生计所迫的人无法进入这个世界。一个跟随强烈激情波动的读者可能会惊讶于宇宙空间性所造成的这一中断。他只用线性的方式来阅读书籍，沿着人间事件的线索阅读。在他看来，事件不需要图画。然而，线性的阅读从我们身上剥夺了多少梦想！

这类梦想唤起垂直性。它们是叙事的间隙，在这段间隙中读者被召唤去梦想。它们非常纯粹，因为它们没有任何用

① 《尼尔斯·莱恩》曾是里尔克的枕边书。

处。必须把它们和故事的外衣区分开来，在这个故事中，一个侏儒躲藏在一棵莴苣后面，为了给主人公设置陷阱，就像在奥尔努瓦夫人（Mme d'Aulnoy）①的《黄矮人》中的故事那样。宇宙空间的诗歌不能没有讲给孩子听的故事里的那些诡计。在我们所举的这些例子中，宇宙空间的诗歌要求我们参与真正内心空间的素食主义，这种素食主义避免了柏格森哲学判定给它的迟钝。实际上，依靠缩影化的力量，植物的世界是小中的大，温和中的激烈，在它的绿色活动中生机勃勃。

有时候，诗人捕捉到一个微小的冲突，就像雅克·奥迪贝蒂（Jacques Audiberti）②在他令人吃惊的《阿布拉克萨斯》一书中，让我们感受到墙草和筑墙石斗争的冲突时刻，"墙草顶起灰色的砖瓦"。植物界的阿特拉斯神③啊！在《阿布拉克萨斯》中，奥迪贝蒂编织了一块幻想与现实紧密交织的布。他体会到把直觉置于眼的近点④的梦想。于是我们想要帮助墙草的根在陈旧的墙上再添加一个鼓起的包。

然而，在这个世界上，我们哪有时间去喜爱事物，切近地看那些以自身的渺小为快乐的事物。在我的一生中只有一

---

① 奥尔努瓦夫人（1650/1651—1705），法国童话作家。——译者
② 雅克·奥迪贝蒂（1899—1965），法国作家、戏剧家。——译者
③ 阿特拉斯（Atlas）是希腊神话里的擎天神，是提坦神族。——译者
④ 近点（*punctum proximum*）：能够看见物体的清晰形象的物体离肉眼距离，正常情况下为 25 厘米。——译者

次，我看见一层新生的地衣在墙上诞生并延伸开来。墙面获得了怎样的年轻与活力而熠熠生辉！

毫无疑问，如果我们用简单的大与小的相对主义来解释缩影，我们就会失去通向真实价值的方向。细细的苔藓可以是杉树，但杉树永远不会是细细的苔藓。想象力并不用同样的信念在两个方向上运作。

正是在微型的花园里，诗人认识了花的萌芽。我希望自己能像安德烈·勃勒东那样说："我有双手可以采摘你，我的梦化作的小百里香，我的极度苍白化作的迷迭香。"①

Ⅵ

童话故事是一个进行推理的形象。它试着把几个异乎寻常的形象联系起来，就好像它们可以成为融贯一致的形象一样。因此童话故事把原初形象的信念带给了所有的派生形象。然而，形象之间的联系是如此简单轻巧，推理是如此一泻千里，以至于我们很快就不知道故事的开头是什么了。

在童话故事式的缩影中，我们似乎可以毫不费力地找到原初形象的原则，例如《小拇指》这个故事：天真的小个子将轻松地完成所有壮举。然而，如果考察得更仔细一些，这

---

① 安德烈·勃勒东：《白头发的手枪》，自由手稿出版社，1932年，第122页。

个童话的缩影所具有的现象学情境是不稳定的。它实际上受制于惊奇和玩笑的辩证法。有时候，附加的一笔就足以使参与奇迹的过程停止。在一幅画中，人们或许还会惊叹，但评论越出了这一界限：根据加斯东·帕里斯（Gaston Paris）[①]引用的一个版本，[②]小拇指是那么小，“以至于他用自己的头打穿了一粒灰尘，然后整个人穿了过去”。在另一个版本中，小拇指被蚂蚁一脚踢死了。在后面这一笔描写中没有任何梦境价值。我们的动物化梦境是那么强有力，总是涉及体型庞大的动物，却从不记录渺小动物的行为和动作。从渺小性的角度来看，我们的动物类梦境不如植物类梦境那么离谱。[③]

加斯东·帕里斯注意到，在小拇指被蚂蚁一脚踢死这一说法中，人们转向了讽刺诗，这是用表示鄙视的形象对缩小的存在进行侮辱。我们面对的是一种反参（contre-participation）。“我们重新找回了罗马人玩的趣味游戏；一首关于堕落的讽刺诗，写的是一个侏儒：‘跳蚤的皮给你做一件袍子绰绰有余。’”加斯东·帕里斯补充道，在我们的时代，同样的玩笑出现在《小丈夫》这首歌里。此外，加斯东·帕里斯把这首歌作为“儿歌”，这样做不能不令我们的

---

① 加斯东·帕里斯（1839—1903），法国作家、语文学家。——译者

② 加斯东·帕里斯：《小拇指和大熊星座》，巴黎，1875年，第22页。

③ 不过，我们要注意，某些神经官能症患者以为看见了细菌在侵蚀他们的内脏。

精神分析学家感到惊讶。四分之三个世纪以来，心理学的解释方法有了可喜的增加。

不管怎么说，加斯东·帕里斯直截了当地指出了这个传说的关键点（前引书，第23页）：人们嘲笑小个子的那些片段改变了原始的故事，即纯粹的缩影。在现象学家应该恢复的原始故事中，“小个子不是滑稽可笑的，而是令人赞叹的；故事的旨趣所在，是小拇指凭借自己的渺小而完成的异乎寻常的事；此外，在所有的情形下，他都充满机智和狡黠，并且他总是以凯旋的姿态从被意外卷入的恶劣处境中脱身”。

然而，如果要真正参与到故事中去，就必须给头脑的精微再加上一种物质的精微。这促使我们“钻进”困难中。换句话说，除了图画之外，我们还应该把握缩影的动力学。这是一个附带的现象学要求。如果我们遵循微小者的因果规律，也就是作用于庞大存在之上的渺小存在所发生的运动，我们从这个故事中将会获得多大的动力！例如，缩影的动力学常常显示在这样的故事中：稳坐在马耳朵里的小拇指成了拖动犁的力量的主宰者。加斯东·帕里斯说（第23页）：“我认为，那才是故事的原始基础；那才是在所有民族那里都能找到的特征，而其他加在小拇指身上的故事都是突发奇想创造出来的，在这个有趣的微小存在身上一次性受到激发而成的，在不同的民族那里顺理成章地发生变化。”

自然而然地，在马耳朵里，小拇指对这个动物说：吁，驾。他是我们意志的梦想带动我们在一个狭小空间里建立起来的指挥中心。我们在上文中说过，渺小者是巨大者的住所。如果我们和活跃的小拇指一起充满活力，这时渺小者就会表现为原始力量的住所。一个笛卡儿主义者会说——如果笛卡儿主义者会开玩笑的话——在这个故事里，小拇指是犁的松果体[①]。无论怎样，总是最卑微者成了力量的主宰者，微小者指挥着庞大者。小拇指一说话，马、犁铧和人都只有乖乖服从。这三个附属的存在越是顺服，就越能确保犁沟笔直。

小拇指十分自在地待在耳朵的空间里，音响的自然空腔的入口处。他是耳朵里的耳朵。因此，这个形象化为视觉表象的故事同时也是我们在下面一段中所说的音响的缩影。实际上，随着这个故事，我们被驱使下降到听觉的门槛下，用我们的想象力倾听。小拇指稳坐在马耳朵里，以便小声说话，也就是说用除了应该“听从”的那个人以外没有人听见的声音强硬地下命令。“听从”这个词在这里包含了听见和服从的双重含义。此外，难道不正是通过最轻微的音调，通过音响的缩影，就像这个传说所展示的那样，双重含义才以

① 法国哲学家笛卡儿认为，位于大脑底部的“松果体”是肉体与灵魂之间相互作用的中介。——译者

最微妙的方式起作用?

这个用智慧和意志引导牲口耕地的小拇指似乎远离了我们小时候的那个小拇指。可这个小拇指却位于这样一条寓言线索上，当我们跟随加斯东·帕里斯这位计量原始性的伟大计量员时，他将把我们引向原始的传说。

在加斯东·帕里斯看来，小拇指传说的关键像许许多多传说一样在天上：正是小拇指指引着大熊星座（Grand Chariot）。实际上，加斯东·帕里斯注意到，在很多国家，人们用小拇指这个名称来称呼位于手推车（chariot）[①]上方的一颗小星星。

我们不需要一一举出读者在加斯东·帕里斯的著作中能够找到的所有融为一体的例证。我们仅仅强调一个瑞士的传说，它将给我们提供关于会梦想的耳朵的美妙依据。在加斯东·帕里斯所讲述的传说（第 11 页）中，手推车在半夜里轰的一声翻倒了。这样一个传说难道不是在教我们倾听夜晚吗?夜晚的时光?星空的时光?我在哪里读到过，一位看着自己的祈祷沙漏而没有祈祷的隐士，听见了震耳欲聋的声响?突然之间，他在沙漏里听见了时间的毁灭。我们的手表的嘀嗒声是这么粗野，跳动得这么机械，使得我们再也没有足够敏锐的耳朵可以听见时间的流逝。

---

① 法文中，“大熊星座”（即北斗七星）又称“大手推车”。——译者

Ⅶ

移植到天空中的小拇指故事证明，形象毫不费力地由小变大，由大变小。格列佛的梦想是自然的。一个伟大的梦想者从双重角度体验他的形象，在地上和在天上。然而，在形象的诗歌生命中，不只有尺寸的简单游戏。梦想不是几何学性质的。梦想者在深处开展行动。我们在哈克特（C. A. Hackett）的博士论文《兰波的抒情诗》的附录里可以找到以“兰波与格列佛”为题的几页精彩文字，其中兰波被表现为母亲身旁的一个小孩，被主宰的世界中的一个巨人。在他母亲身边，他不过是“大人国里的一个小不点”，而一到学校，小“阿蒂尔[①]就想象自己是小人国里的格列佛”。哈克特引用了雨果在《静观集》（父亲的回忆）里的文字，写的是孩子们笑着：

看见非常愚蠢的可怕巨人
被充满机智的侏儒战胜。

在这个地方，哈克特指出对兰波进行精神分析的所有要素。然而，如果精神分析就像我们常常提请注意的那样，给

① 阿蒂尔（Arthur）是兰波的名字。——译者

我们带来关于作家深刻本性的宝贵看法，它有时也会使我们绕过对形象的直接性质的研究。有些形象是如此广阔，它们的交流能力从离开生命、离开我们的生活如此遥远的地方召唤我们，以至于精神分析学的评论只能在价值的边缘处展开。在下面这两句兰波的诗中有多么广阔的梦想：

我是爱梦想的小拇指，在奔跑中
撒下诗韵。我的客栈在大熊星座。

我们当然可以同意，大熊星座对于兰波来说是“兰波夫人的形象”（哈克特，第69页）。然而，这一心理学的深入研究不能给我们提供形象冲动的动力学，正是这种形象冲动让诗人找回瓦隆小拇指的传说。如果我想获得这位梦想者、这位十五岁先知所创造的形象对现象学的帮助，我甚至必须把我的精神分析学知识放在一旁。如果说大熊星座上的客栈只是一个受欺凌的少年的寒碜家宅，它就不能在我心中唤起任何正面的回忆，任何主动的回忆。我只能在兰波的天空中梦想。精神分析从作家生活中找出的特殊因果关系尽管从心理学角度来说是准确的，却几乎不可能在任意的一个读者身上找到反应。可是，就是这个如此异乎寻常的形象，我接收到了它的讯息。有一瞬间，它把我同我的生活分离开来，从而把我变成了一个进行想象的存在。正是在这样的阅读情形下，我慢慢地做到不仅质疑精神分析学上的形象因果关系，而且质疑一切心理学上的诗歌形象的因果关系。诗歌在它的各种自相矛盾中可以是反因果性的，这也是这个世界中的一种存在方式，参与到激情的辩证法中去的方式。然而，当诗歌达到自主性的时候，我们可以说它是非因果性的。为了直接地获得孤立形象的性质（形象在孤立中具有其全部性质），现在现象学对我们来说比精神分析学更为有利，因为现象学确切地要求我们自己不带批判、带着热情承受这个形象。

于是，“大熊星座的客栈”在其直接梦想的方面不是一座母亲的牢笼，也不是一个村落的旗号。它是一座“天上家宅”。一旦我们在看见方形时开始强烈地梦想，我们就会体会它的坚固性，我们就会知道这是一处有很大安全性的庇护所。在大熊星座的四颗星星之间，一个伟大的梦想者能够前去居住。他可能会逃离地面，而精神分析学家会列举出他逃遁的种种理由，但是梦想者首先确信他会找到一个住所，一个符合他的梦想的住所。这座天上家宅是旋转着的！其他消失在天空的潮起潮落中的星星旋转得很混乱。然而大熊星座不会迷路。看见它那么规则地旋转，就已经是旅行的主宰者了。诗人在梦想的时候一定体验到了传说的融合。这些传说，所有这些传说都被形象恢复了生机。它们不是陈旧的知识。诗人不是在复述祖母的故事。他没有过去。他在一个崭新的世界中。面对过去和现世中的事物，他实现了绝对的升华。现象学家要做的是跟随诗人。精神分析学家只关心升华的否定性。

Ⅷ

关于小拇指这个主题，我们刚才已经在民间传说和诗人那里见到了巨大的转移，它赋予诗歌空间双重的生命。有时候只需两行诗就足以完成这一转移，诺埃尔·比罗（Noël Bureau）的这两行诗如下：[①]

> 他躺在一小丛草后面，
> 为了把天空变大。

然而，有时候，小和大之间的交换变得多样化，相互反射。当一个熟悉的形象变得天空那样大，我们会突然感觉到，与此相关联的是，熟悉的物体变成了一个世界的缩影。大宇宙和小宇宙是相互关联的。

朱尔·苏佩维埃尔的很多诗歌都建立在这个可能在两个方向上起作用的相互关联中，特别是《万有引力》这个富有启发性的标题下的一些诗。所有诗歌的中心旨趣，不论在天

---

① 诺埃尔·比罗：《绷紧的双手》，第25页。

上还是在地上，都是一个活动的重心。在这位诗人看来，这个诗歌重心，我们敢说，既在天上又在地上。例如，通过怎样一番的形象的自如运用，熟悉的桌子变成了一张空中的桌子，把太阳当作灯？[①]

男人，女人，孩子
围在一张空中的桌子前
这张桌子支撑在
飘忽不定的奇迹上。

接着，在这个“非现实的爆发”之后，诗人回到了地面上：

我重新回到平常的桌子前
回到耕种的土地上
这片土地出产玉米和羊群
……
我重新找回我身边的面孔
借助于真实的凹凸不平。

① 朱尔·苏佩维埃尔：《万有引力》，第183—185页。

这个梦想不断变化形状，忽而在地上，忽而在空中，忽而在家庭内，忽而在宇宙中，作为它的中心的形象是太阳般的灯和灯一般的太阳。关于这个和世界一样古老的形象，我们可以收集的文学文献数以千计。然而，苏佩维埃尔让这个形象在两个方向上活动，从而带来了一个重要的变化。由此他赋予想象力充分的灵活性，这一灵活性是如此奇妙，因而我们可以说形象结合了增大的意义和聚集的意义。诗人不让形象固定下来。

尽管《万有引力》一书中苏佩维埃尔的宇宙空间性对于我们这个时代的人来说是那样充满科学意义，可是如果我们去体验它，我们就会重新找回那些历史悠久的思想。如果我们不对科学史进行过分的现代阐释，例如，如果我们按哥白尼当时的眼光来看待他和他所有的梦想与思想，我们就会意识到，天体是围绕着光在旋转。太阳首先是世界的伟大光源。然后，数学家才把它变成一个引力质量。光首先是向心律。它在形象的等级系列中具有如此重要的地位！在想象力看来，世界围绕着价值旋转。

晚上家庭餐桌上的灯也是一个世界的中心。被灯照亮的餐桌自己就是一个小世界。一个爱梦想的哲学家不可能担忧我们的人工照明会使我们失去晚间卧室的中心。于是记忆保存起往日的面孔：

借助于真实的凹凸不平。

当我们读完了苏佩维埃尔的整首诗，跟随他升上天体又降回人间，我们会意识到熟悉的世界换上了一副迷人的宇宙缩影的崭新外貌。我们原本不知道熟悉的世界是那样巨大。诗人向我们证明，大和小并非互不相容。我们想起波德莱尔，他在谈到戈雅（Goya）[①]的版画作品时说那是“缩影中的宽广画面”，[②]他还会这样说釉彩画家马克·鲍德（Marc Baud）：[③]“他懂得在小中创造大。”

事实上，正如我们将在专门探讨广阔性的形象时还会看到的那样，渺小之物和广阔之物是和谐并存的。诗人总是倾向于小中见大。例如，克洛岱尔的一部作品中的宇宙发生学在形象的帮助下轻易模仿了今天的科学词汇——即使并没有掌握今天的科学思想。克洛岱尔在《五首大颂歌》（第180页）中写道：

我们把小小的蜘蛛或者某些昆虫的幼虫看成藏在锦囊里的宝石。

人们正是这样给我展示在寒冷星云层层环抱之中的一窝初

① 戈雅（1746—1828），西班牙画家、雕塑家。——译者
② 波德莱尔：《审美好奇》，第429页。
③ 波德莱尔：前引书，第316页。

生的恒星。

无论透过显微镜还是望远镜，诗人总是看到同样的东西。

IX

此外，遥远的距离在地平线的每一点上创造着缩影。梦想者在这些遥远自然的景色面前分辨出这些缩影，就好像它们都是他梦想要生活其中的孤独鸟巢。

因此，若埃·布斯凯写道：[①]“我深陷于远距离所造就的微缩空间，激动不安地在这缩小之地包容进那紧紧裹住我的稳定感。”钉在床上的一动不动的伟大梦想者跨越了中间的空间，“深陷于”缩影之中。消失在地平线上的村落于是成了目光的归宿。遥远的距离并不把任何东西分散。相反，它用缩影聚成我们渴望生活其中的国度。在遥远距离所产生的缩影中，不协调的事物开始“相互组合”。它们不顾创造它们的遥远距离，变成了我们的“占有”。我们从远处占有，并且是多么地安详！

我们应该把这些地平线上的缩影图画和钟楼里的梦想所见的景色相比较。它们多得使人们觉得司空见惯。作家对它

---

① 若埃·布斯凯：《搬月亮的人》，第162页。

们只是一笔带过，几乎不对它们作任何发挥。可是，这是多么重要的孤独素材啊！孤独钟楼里的人静观着夏日阳光照耀下白花花的广场上“来来往往”的人。这些广场上的人“就像苍蝇一样大”，“像蚂蚁一样”漫无目的地到处走动。这些用滥的比喻人们已经不敢再写出来了，但它们一不留神就出现在关于钟楼梦想的文字中。无论怎样，形象的现象学家必须注意这种沉思的绝对简单性，它如此轻易地将梦想者从躁动的世界中脱离出来。梦想者轻而易举地获得了主宰世界的印象。然而，当这种梦想的平常性被完全指明以后，人们意识到它代表了高处的孤独感。封闭的孤独感会有其他的想法。它会用别的方式否认世界。它不需要一个具体的形象来主宰世界。在塔楼的顶端，主宰世界的哲学家将宇宙变成缩影。万物都很渺小，因为他在高处。他高高在上，所以他很大。住所的高大证明了他的伟大。

为了确定空间对我们的影响，有那么多场所分析的定理需要阐明。形象不愿意被度量。它空谈着空间，它变化着大小。最小的价值都会扩大它，升高它，增大它。梦想者变成了他自己的形象的存在。他吸收他的形象的整个空间。或者说，他把自己纳入他的形象的缩影中。正如形而上学家所说的那样，正是在每个形象中，我们都必须确定我们的此在（être-là），即便有时候我们可能只能在自己心中找到一个存在的缩影。我在后面的章节中还会重新思考这方面的问题。

X

由于我把所有的思考都集中在体验到的空间的问题上，所以缩影在我看来只属于视觉形象的范围。然而，微小事物的因果规律能打动所有的感官，并且对于每一种感官都有必要研究它的“缩影”。对于像味觉和嗅觉这样的感官，可研究的问题或许会比视觉更为有趣。视力把它看到的冲突简化了。然而，一缕香气、一阵淡淡的气味可以决定想象世界中的真正气候。

微小事物的因果规律这一问题已经很自然地被感觉心理学考察过了。心理学家用一种完全实证的方式非常细心地确定了限定不同感觉器官运作范围的门槛。这些门槛在不同的个体身上可以是不同的，但它们的实在性是毋庸置疑的。门槛的概念是现代心理学显然最客观的概念之一。

在这个段落中我想要考察想象力是否并未呼唤我们越过门槛，格外关注内在言语的诗人，当他使颜色和形状说话时，是否并未在超感官的领域里倾听。在这方面，自相矛盾的隐喻数量太多，我们无法对它们进行系统的考察。它们应该包含了一部分实在性，一部分想象的真实性。我将举几个例子，有关我们姑且称之为音响缩影的东西。

我们必须首先远离习惯上与幻觉相关的参照物。这些与客观现象相关的参照物可以在现实行为中觉察到，我们可以用一张因“想象的”声音而惊恐的脸的照片来定格这种行为，这种参照物会妨碍我们真正地进入纯粹想象力的领域。我认为，人们不能在真实的感觉和亦真亦假的幻觉的混合物中把握创造性想象力的自主活动。在我看来，让我再说一遍，问题不在于考察人，而在于考察形象。并且，我们能够以现象学方式来考察的只是可传递的形象，也就是我们可以通过幸福的传递来接受的形象。即使在形象的创造者身上有幻觉，形象还是能够满足我们的想象欲，而作为读者的我们并没有产生幻觉。

在爱伦·坡等人的叙述中，当精神病专家称为幻听的东西从伟大的作家那里获得文学上的尊严时，我们应该从中看出真正意义上的存在论转变。心理学或精神分析学的解释在涉及艺术作品的作者时，很可能导致错误地提出（或者未能提出）创造性想象力的问题。通常情况下，事实不能解释价值。在诗歌想象力的作品中，价值具有这样一种新颖的特性，它使一切属于过去的东西相形之下都变得缺乏活力。一切记忆都是用来重新想象的。我们的记忆中有一些微缩胶片，它们只有接受了想象力的强烈光线才能被阅读。

我们总是可以很自然地肯定，爱伦·坡之所以写出《厄舍古屋的倒塌》这个故事，是因为他曾经“患”了幻听的病。然而“患病”和“创作”是对立的。我们可以确信，爱伦·坡不是在“患病”的时候写出这个故事的。这个故事中的形象得到了天才般的联想。黑暗和寂静有着巧妙的对应。物体在黑夜中“温和地辐射出黑影”。语词在喃喃作声。每一个敏感的耳朵都知道，这是一位用散文体写作的诗人，在恰当的时刻，诗歌将主导意义。总之，在听觉层面上，我们有一幅广阔的音响缩影，它是低声说话的整个宇宙。

面对这样一幅世界声响的缩影，现象学家应该系统地指出从感官和对象两个方面超出可感范围的东西。不是耳朵在叮当作响，也不是墙上的裂缝在扩张。在地下墓穴里有一个死去的女人，这个女人不愿意死去。在书架的某一层上，有一些非常古老的书讲述着一段梦想者所不曾经历的过去。一段无法忆起的记忆在前世中活动。幻想、思想和回忆交织在一起。灵魂梦想着，思想着，然后想象着。诗人把我们带到了一个临界状态，接近一个我们害怕超出的边界，介于疯癫与理性，生者与死者。最轻的声响酝酿着一场灾难。四面吹来的风酝酿着万物的混乱一片。喃喃细语和大声喧哗互相伴随。我们学会了预感的存在论。我们被放入前听觉中。我们被要求留心最微弱的迹象。在这宇宙的边界处，一切都是成为现象前的迹象。迹象越是微弱，就越有意义，因为它预示着起源。由于所有的迹象都被理解为起源，它们好像不断地反复重新开始着故事。我们从中接受了天才的基本教导。这个故事最终从我们的意识中出生，正因为如此，它成了现象学家的财富。

并且，在这里，意识不是在人际关系中发展，人际关系是精神分析学最常作为观察基础的关系。如何对待我们这样面对处于危险之中的世界的人？在行将崩塌的家宅中，在将随着崩塌把死者彻底埋没的墙壁下，一切都生活在震颤之中。

然而，这个宇宙不是现实的。用爱伦·坡的话来说，它是“地火般的”（sulfureuse）理念。是梦想者在他的每一次形象涌动中创造了它。人和世界，人和他的世界于是更靠近了，因为诗人懂得向我们指示这两者，在它们靠得最近的时刻。人和世界生死与共。两者唇亡齿寒。所有这一切在诗歌隆隆作响的低语中都被听见，被说出。

XI

然而，如果我们采用结构较简单的缩影，我们对诗歌缩影的实在性的证明毫无疑问会简单许多。所以就让我们选择一些只有几句诗的例子吧。

诗人们常常让我们进入不可能的声响世界，它是如此不可能，乃至人们很可能认为它是毫无意义的胡思乱想。人们对它一笑置之。不过，大多数情况下，诗人并不是把他的诗当作游戏，因为我不知道是什么样的柔情带来了这些形象。

勒内-居伊·卡杜（René-Guy Cadou）[1]生活在幸福家宅的“村庄”里，所以他能写下这样的诗句：[2]

我们听见屏风上的花儿轻声吟唱。

因为，所有的花都会说话，都会歌唱，即使是画出来的花。我们无法在画一朵花，一只鸟的时候保持沉默。

另一位诗人说：[3]

他曾偷偷地
……
听着花儿
年老色衰。

同样，克洛德·维热和很多诗人一样，听见草儿生长。他写道：[4]

我听着

① 勒内-居伊·卡杜（1920—1951），法国诗人。——译者
② 勒内-居伊·卡杜：《海伦或植物界》，Seghers 出版社，第 13 页。
③ 诺埃尔·比罗：《绷紧的双手》，第 29 页。
④ 克洛德·维热：前引书，第 68 页。

一棵年轻的榛子树
绽出新绿。

这类形象至少应该从它们作为表达的现实中的存在这一方面来考虑。它们从诗歌表达中获得它们全部的存在。如果我们想在现实中寻找它们的参照，我们就会减损它们的存在，哪怕只是在心理学的现实中寻找它们的参照。它们支配着心理学。它们不对应任何心理学冲动，除了当我们在自然中聆听所有不能言说的东西时，从存在的愉悦中产生的纯粹表达欲望。

如果说这类形象是真实的，那就多余了。它们存在。它们有形象的绝对性。它们超越了划分有条件的升华和绝对升华的界限。

然而，即使从心理学的角度出发，心理学印象向诗歌表达的转移也时常难以捉摸，所以我很想给纯粹的表达加上一个作为基础的心理学实在。莫罗（J. Moreau）“在把他抽大麻的感受变成诗的时候，情不自禁地引用戈蒂埃（Théophile Gautier）[1]的话”。[2] 戈蒂埃说：“我的听觉变得奇迹般地发达；我听见颜色的声响；绿色、红色、蓝色、黄色的声音，通过完全不同的波传到我这里。”然而，莫罗并没有被

① 戈蒂埃（1811—1872），法国浪漫主义诗人。——译者

② 莫罗(de Tours)：“论大麻和精神错乱”，《心理学研究》，巴黎，1845年，第71页。

蒙骗，他注意到，他在引用诗人的话时，“不管它们所带有的诗意夸张的特征，而且也不需要在意”。那么，这个文献对谁有用呢？心理学家还是研究诗的存在的哲学家？换句话说，谁在“夸张”：大麻还是诗人？大麻本身不会夸张。而我们，安静的读者，只是被文学的替代品“麻醉”的读者，如果不是诗人懂得让我们聆听，超常地聆听，我们就不会听见颜色的颤抖。

那么，如何在听不见的时候看见？就在休息的时候，有一些复杂的形状会产生声响。已经扭曲的东西继续发生弯转，并且嘎吱作响。兰波知道这一点，当：

> 他听着成排长了螨虫的果树乱扭乱动。
>
> 《七岁的诗人》

曼德拉草在它的形状里保存着它的传说。当人们将它那人形的根拔起时，它一定会发出惨叫。对一个会梦想的耳朵来说，它名字的音节有着怎样的声响！词语，词语就是装满叫喊声的贝壳。单单一个词语的缩影里就有那么多故事！

寂静的巨大波浪在一些诗里振动。在一部附有马塞尔·雷蒙德（Marcel Raymond）[①]所作优美序言的诗集里，佩里

① 马塞尔·雷蒙德（1897—1981），瑞士文学批评家。——译者

克莱·帕托基（Pericle Patocchi）用一句诗集中了遥远世界的寂静：

> 我从远处听见大地上的泉在祈祷。
>
> 《二十首诗》

有些诗归于寂静，就好像人沉入回忆。比如米洛什的这首伟大的诗：

> 当狂风尖叫着死人的名字
>
> 还有路面上陈腐酸雨的声响
>
> ……
>
> 听——什么也没有——只有巨大的寂静——听。
>
> 米洛什：重刊于《文学》，第2年，第8期。

在这首诗里丝毫不需要像雨果著名的优美剧作《神灵》中的那种拟声诗。更恰当地说是寂静迫使诗人聆听它。于是幻想变得更加属于内心。我们再也不知道寂静在何处：在宽广的世界里，还是在漫长的过去中？寂静来自比风都吹不到的地方、雨都打不到的地方的更远处。在另一首诗（前引书，第372页）中，米洛什不正是写了这样永垂不朽的一句：

寂静的气味是那么陈腐……

啊！逐渐衰老的生命中有多么不该回忆的寂静！

XII

存在和非存在的重大价值是多么难以确定！寂静的根源在何处？它是非存在的荣光，还是存在的主宰？它是“深沉的”。然而，它的深度之根源在哪里？是在将要诞生的泉水发出祈祷的宇宙中，还是在一个受过苦难的人的心里？倾听的耳朵应该在存在的哪个高度开启？

对我们来说，作为研究形容词的哲学家，我们受困于深和大的辩证法；或者是无穷缩小的深入，或者是无限扩张的巨大。

看《给玛丽的通知》里这段维奥莱纳和马拉的简短对话，还有比它达到的存在深度更深的地方吗？它用几句话就总结了不可见者与不可听者的存在论。

维奥莱纳(盲人)：我听见……

马拉：你听见什么？

维奥莱纳：事物和我一起存在。

这里所触及的问题是那样深刻，以至于我们必须花很长时间去沉思一个通过其音响而深刻地实存的世界，这个世界的全部实存（existence）就是声音的实存。声音，脆弱而倏忽即逝的存在，却能够证明最强有力的现实。在克洛岱尔的对话中（我们可以轻松地找到大量的证据），它肯定了一个把人和世界统一起来的实在。然而，在言说之前，必须先听见。克洛岱尔是一个伟大的倾听者。

XIII

我们刚才在存在的巨大之中找到了所见之物的超越性（transcendance）和所听之物的超越性这两者的统一。为了用更简单的一个特点表示这一双重的超越性，我们可以再次引用大胆的诗人所写下的话：[①]

> 我听见自己闭上眼睛，又重新睁开眼睛。

每一个孤独的梦想者都知道，当他闭上眼睛的时候，他用另一种方式在听。当需要思索，需要聆听内心的声音，需要写出简明扼要的句子来表达思想的“深处”时，谁不曾把

① 洛伊斯·马松（Loys Masson）：《伊卡洛斯或旅行者》，Seghers 出版社，第 15 页。[洛伊斯·马松（1915—1969），毛里求斯诗人、小说家。——译者]

拇指和前两个手指压在眼皮上，紧紧地压着？于是，耳朵知道眼睛是闭着的，它知道正在思考和写作的存在的责任在它身上。当这个人重新张开眼皮时，他才松弛下来。

然而，有谁能告诉我们闭着眼睛、半闭着眼睛、睁着眼睛的梦想。为了向超越性开放，必须保留这个世界的哪些东西？在莫罗写于一个多世纪以前的书里，我们可以读到（前引书，第 247 页）：“在有些病人那里，在醒着的时候稍稍把眼皮垂下来，就足以产生视力的幻觉。”莫罗引用了巴亚尔热（Baillarger）[①]的话并补充道：“眼皮的下垂不仅仅产生视力的幻觉，而且还有听力的幻觉。”

当我收集优秀的老医生以及洛伊斯·马松这位细心诗人的各种观察时，我给自己带来了多少梦想！这位诗人的耳朵是多么敏锐！他多么擅长进行这些梦想工具的游戏：看和听，超看（ultra-voir）和超听（ultra-entendre），听见自己看。

另一位诗人，我们敢说，他教我们听见自己听：

“但是要好好听。不是听我说的话，而是听当你听自己的时候，你的体内升起的喧嚣。”[②]勒内·多马尔（René Daumal）[③]很好地把握了有关“听”这个动词的现象学的

① 巴亚尔热（1809—1890），法国精神病医生。——译者

② 勒内·多马尔：《黑色的诗，白色的诗》，伽里玛出版社，第 42 页。

③ 勒内·多马尔（1908—1944），法国诗人、作家。——译者

开端。

所有幻想和梦想的文献都喜欢玩弄语词，也就是最倏忽即逝的印象，通过采用这些文献，我们再一次表明我们只想停留在表面。我们只探索初生形象的薄层。毫无疑问，最脆弱的、最不稳定的形象能揭示深刻的振动。然而，我们需要以另一种方式来探究，才能把形而上学从所有超出我们感觉生活之外的东西里面解脱出来。特别是，为了说明寂静如何同时影响人的时间、人的言语、人的存在，必须写一本厚厚的书。这本书已经写成了。我们应该读一读马克斯·皮卡德的《寂静的世界》。[①]

① 马克斯·皮卡德：《寂静的世界》，Rentsch 出版社，苏黎世，1948 年。法译本，J. J. Anstett 译，法国大学出版社，巴黎，1954 年。

第八章
内心空间的广阔性

世界很大，但它在我们心中深似海。

里尔克

空间总是让我沉静下来。

朱尔·瓦莱斯(Jules Valles):《孩子》,第 238 页。

I

广阔性可以说是梦想的一个哲学范畴。毫无疑问，梦想充满着各种各样的情景，然而，出于一种天生的爱好，它总是静观巨大。对巨大的静观决定了一种十分特殊的态度，一种奇特的灵魂状态，那就是梦想把梦想者放在身边的世界之外，放到一个向无限发展的世界面前。

不需要大海和平原那样的广阔性，借助于单纯的回忆，我们就可以在沉思中重新产生我们心中对巨大的静观所引起的共鸣。然而，这是否真的与回忆有关？想象力本身难道不能无限地增大广阔的形象吗？想象力难道不是从第一次静观开始就已经活跃起来了吗？事实上，梦想是一种在初始的一瞬间就已全部构成的状态。我们几乎看不到它开始，可是它却总是以相同的方式开始。它逃离邻近物，并立刻去了远处，别处，在*别处*的空间里。①

当这个*别处*是在*自然中*，当它不居于往日的家宅中时，它就是广阔的。并且我们可以说，梦想是*最初的静观*。

如果我们可以分析广阔的印象、广阔的形象或是广阔性带给形象的东西，我们就马上进入了一个最纯粹的现象学领域——一种没有现象的现象学，或者用不太自相矛盾的方式说，这种现象学如果要了解形象产生的流变过程，只需要等待想象的现象自行构成，自行固定为完成的形象。换句话说，由于广阔性不是一个对象，所以关于广阔性的现象学把我们直接交给了我们的想象意识。通过对广阔性形象的分析，我们在自己心中实现纯粹想象力的纯粹存在。于是，艺术作品很明显表现为存在主义的*副产品*，这种存在主义属于进行想象的存在。在广阔性的梦想这个方面，真正的*产品*是不断扩大的意识。我们感到自己被提升到发出赞叹的存在的高度。

自此，在这一沉思中，我们不再是“被抛入世界”，因

① 参见苏佩维埃尔：《楼梯》，第 124 页。“距离把我卷入它的流浪运动。”

为我们在某种程度上打开了世界，通过超越那个被看作如此这般的世界，在我们开始梦想之前就是如此这般的世界。即使我们认识到我们孱弱的存在——通过一种粗暴的辩证法行为——我们还是对巨大有了意识。于是我们被放回到我们使事物放大的存在的自然活动中。

广阔性就在我们心中。它关系到一种存在的膨胀，它受到生活的抑制和谨慎态度的阻碍，但它在孤独中恢复。一旦我们静止不动，我们置身别处；我们在一个广阔的世界中梦想。广阔性是静止的人的运动。广阔性是安静梦想的动力特征之一。

既然我们一直是从诗人的作品中获得我们的哲学启蒙，那么就让我们在这里读一读皮埃尔·阿尔贝-比罗的诗，他在三行诗中告诉我们一切：①

我用一笔创造出我自己
世界的主人
无拘无束的人。

II

尽管这看起来自相矛盾，但往往正是这种内心的广阔性

① 皮埃尔·阿尔贝-比罗：《自然的娱乐》，第192页。

把它的真正意义赋予一些表达，它们表现了呈现在我们眼前的世界。为使讨论针对一个具体的例子，让我们稍微仔细地考察一下森林的广阔性对应着哪些东西。这种“广阔性”诞生于一系列印象，它们其实并不属于地理学家的资料。要体会一个“深陷于”无边无际的世界之中的人总是具有的惶惶不安的印象，我们并不需要在树林里呆很长时间。如果一个人不知道他要去哪里，那么他很快也就不知道他正在哪里。关于无边无际的世界这一主题，我们很容易找来作为它的各种变奏的文学文献，它是森林这个形象的原始表语。然而，我们从马尔科（Marcault）和泰雷兹·布罗斯（Thérèse Brosse）的一本非常实证性的书里借用来的一页简短的文字，有关一种独特的心理学深度的文字，它将使我们能够很好地确定中心主题。他们写道：[①]“尤其是森林，由于它那从树干和树叶的帆布向外无限延伸开去的神秘空间，这个对眼睛来说被蒙蔽但对行动来说却是透明的空间，是一种真正的心理学超越性。”[②]在我看来，我们对心理学的超越性这个用语有些迟疑。但至少它是一个很好的指引，用来引导现象学研究朝向时兴的心理学之外的领域。最恰当地说就是，描述的功能——不论是心理学描述还是客观性描述——对这

① 马尔科及布罗斯：《明天的教育》，第 255 页。

② “森林的特征是在封闭的同时全面敞开。”皮埃尔·德·芒迪亚尔格：《海上百合》，1956 年，第 57 页。

里的问题都不起作用。我们感觉到，除了客观地自行呈现给表达的东西之外，还有别的东西需要表达。所要表达的东西是隐藏着的巨大，也就是深度。我们没有投入到冗长的表达中去，也没有迷失在光与影的细节中，而是感到自己面前有一种寻求自我表达的“本质”印象，简而言之，我们位于被我们所引用的作者称为“心理学的超越性”的视角。如果我们想“体验森林”，最恰当地来说就是，我们面对着身在其中的广阔性：，面对着身在深深森林之中的广阔性。有位诗人感受到古老的森林所带来的身在其中的广阔性：[①]

> 虔敬的森林，任凭落叶遍地凋零的森林
> 无穷无尽地围满着，密布着笔直而泛红的苍老树干
> 无穷无尽地重重密布着更古老且泛灰的树干
> 竖立于一层辽阔无边的青苔，丝绒般的摩挲声那样深厚。

在这里诗人不是在描述。他很明白他的任务比这更重大。虔敬的森林凋零，被围住，被布满，重重布满。它在现场堆积起它的无限性。诗人在接下去的诗里说起了在树梢的乐章中活着的“永恒的”风的交响曲。

因此，皮埃尔-让·茹弗的“森林”是直接成圣的，被它

---

① 皮埃尔-让·茹弗：《抒情诗》，法国水星出版社，第 13 页。

的自然传统祝圣，不需要任何人类历史。树林在神存在以前就已成圣。神来到神圣的树林里居住。他们所做的只是为森林之梦的伟大法则增加了种种人性的、太人性的特点。

即使在诗人提到地理学维度的时候，他也本能地知道这个维度能够被身在其中地读到是因为它植根于一种特殊的梦境价值。因此，当皮埃尔·盖冈（Pierre Gueguen）提到“深深的森林”（布劳赛良德的森林，《布列塔尼》，第 71 页）时，他增加了一个维度，但并不是这个维度揭示了形象的强度。当他说深深的森林就叫做“安宁的土地，因为它那凝结在三十里格的绿色中的非凡寂静”，盖冈召唤我们进入一种“超越性的”安宁、“超越性的”寂静之中。因为森林飒飒作响，因为“凝结”的安宁颤动着、发抖着，被赋予了千种生命。但这些声响和运动并没有扰乱森林的寂静和安宁。当我们体验盖冈的文字时，我们感觉到诗人平息了他所有的惶惶不安。森林的平和在他看来是一种灵魂的平和。森林是一种灵魂状态。

诗人们都知道这一点。有些诗人，比如朱尔·苏佩维埃尔，用一句话就指出了这一点。他知道，在安详的时刻，我们是：

> 我们自身这片森林里的感觉敏锐的居民。

另一些更絮絮叨叨的诗人，比如勒内·梅纳尔（René Ménard），会拿出一部令人赞叹的树木影集，里面的每一棵树都和一个诗人相关。下面就是梅纳尔的《内心的森林》："我在这里，被光线穿越，被阳光和阴影封住……我居住在美妙的厚度中……庇护所召唤着我。我把脖子缩回丛丛树叶的肩膀里……在森林里，我是完完全全的自己。在我的心里，一切都有可能，就像在山沟里的隐蔽处一样。一段模模糊糊的距离将我隔离了人烟和城市。"[①]然而，我们应该读一下整首散文诗，正如诗人所说，这首诗深受"对创世想象的敬畏之情"的激发。

在我们所研究的诗歌现象学的领域中，有一个形容词是研究想象力的形而上学家应当怀疑的：那就是"祖先的"（*ancestral*）这个形容词。实际上，这个形容词对应着一个过于草率形成的价值，往往完全是口头上的，从来没有得到足够的审视，因而导致深层想象力的直接特性的缺失，甚至整个深层心理学的缺失。所以"祖先的"森林是一种轻易得到的"心理学超越性"。祖先的森林是一个儿童书籍里的形象。如果说关于这个形象有一个现象学问题需要提出，那就是我们要知道由于哪一个当前的原因，根据哪一种正在活动

① 勒内·梅纳尔：《树之书》，图像工艺美术出版社，巴黎，1956 年，第 6 及第 7 页。

的想象价值，这样的形象吸引我们，对我们说话。来自无数时代以前的遥远亲戚关系是一个毫不费力得来全不费工夫的心理学假设。这种假设如果被一个现象学家采用，就成了一个偷懒的诱因。就我们而言，我们认为有必要确立原型的当前内容。无论如何，“祖先的”这个词在想象价值的范围内是一个有待解释的词，而不是一个起解释作用的词。

然而，谁能告诉我们森林的时间维度？光有历史是不够的。我们需要知道森林如何达到它的高龄，为什么在想象的范围里没有年轻的森林。对我来说，我只能够沉思我家乡的事物。我能够体验我难忘的朋友加斯东·鲁普内尔（Gaston Roupnel）[①]告诉我的广袤田野和广袤森林之间的辩证法。[②]在非我（non-moi）的宽广世界里，田野这一非我和森林这一非我是不同的。森林是前我（avant-moi）、前我们（avant-nous）。至于田野和草原，我的梦想和回忆在所有的农作和收获时节都伴随着它们。当自我和非我的辩证法得到调和的时候，我感到草原和田野和我在一起，与我同在，与我们同在。然而，森林统治着从前。在我所知道的那个森林里，我的祖父曾在其中迷路。人们告诉我这个故事，我忘不了它。这是一段我没有经历过的往昔。我最古老的回忆也只有一百

① 加斯东·鲁普内尔(1871—1946)，法国历史学家、作家。——译者

② 加斯东·鲁普内尔：《法国乡村》，“森林”一章，法国书店俱乐部出版社，第 75 页及以下。

年或者比这长不了多少的历史。

这就是我祖先的森林。其余的都是文学创造。

III

在这些占据了沉思者脑海的梦想里，细节淡化了，风光失色了，时钟不再敲响，空间无尽扩展。对于这样的梦想，我们完全可以冠名为对无限性的梦想。借助“深深的”森林的形象，我们刚才已经勾勒出这种表现为价值的广阔性力量。然而，我们还可以走相反的道路，并且在一种显而易见的广阔性面前，比如夜晚的广阔性面前，诗人可以为我们指明通往内心深处的路。米洛什的一页文字将为我们提供一个中心，让我们体会世界广阔性的和弦，以及内心存在的深度。

在《爱情的启蒙》一书中（第 64 页），米洛什写道：“我静观着充满空间奇迹的花园，我感觉自己看见了最深处，自己最隐秘的地方；我笑起来，因为我从来没有梦得这样纯粹、这样博大、这样美丽！在我心里响起了感谢宇宙之恩典的赞歌。所有的星座都是你的，它们在你的心中；没有你的爱它们就没有任何实在性！呵！世界对互不认识的人来说显得多么可怕！当你感到孤单，被遗弃在海边，幻想一下夜色中的水面是多么孤独吧，幻想一下无限宇宙中的黑夜是多么孤独吧！”诗人继续着这曲梦想者与宇宙的爱情二重奏，把世界和人变成两个联合起来的创造者，他们在各自的孤独中对话，以这种自相矛盾的方式统一在一起。

书中另一处，在一种沉思-狂喜的状态下——这一状态统一了收缩和膨胀两种运动——米沃什写道（前引书，第 151 页）：“空间，将水域分隔开来的空间；我快乐的朋友，我怀着多么深的爱渴望着你！于是我在这里就像透过废墟的温和阳光下的荨麻花，泉眼处锋利的卵石，温暖草丛里的蛇！什么，瞬间真的是永恒？永恒真的是瞬间？”接下去的一页把微小和广阔相连，把白色的荨麻和蓝色的天空相连。所有这些尖锐的矛盾，例如锋利的卵石和清澈的水流之间的矛盾，都在这里被同化，被消除，只要梦想的存在者超越小和大的矛盾。这个狂喜的空间越出了一切界线（第 155 页）：“倒塌吧，视野的冷漠边界！出现吧，遥远的真实！”还有第 168 页：“一切都是光芒、温柔、智慧；在非现实的空气中，遥远的事物从远处发来信号。我的爱包围了宇宙。”

可以肯定的是，如果我写这些文字的目的是客观地研究广阔性的形象，那就必须打开一份连篇累牍的文档；因为广阔性是一个不可穷尽的诗歌主题。我已经在先前一部著作[①]中讨论过这个问题，并强调了在无限宇宙面前沉思的人的抗争意愿。我曾谈到过一个奇异的复合体，其中观看的傲气是静观的存在的意识核心。然而，我在本书中所构想的问题是

① 参见《土地与意志的梦想》，第十二章，第七节，“广袤的土地”。

对广阔性形象的更为轻松的参与，一种小与大之间更为私密的交换。我希望在一定程度上厘清这个奇异的复合体，它可以巩固诗歌静观的某些价值。

Ⅳ

在放松地沉思和梦想的灵魂中，一种广阔性似乎为广阔性的形象作好了准备。精神反复地看见种种对象。灵魂在某个对象中找到广阔性的巢。我们会有各种各样的例证，只要我们随着在波德莱尔的灵魂里展开的梦想，在宽广这个共同主题下的梦想。宽广是最具有波德莱尔特点的词语之一，这个词对诗人来说最自然地标志着内心空间的无限性。

毫无疑问，我们也会找到一些段落，其中宽广这个词只有客观性几何学的贫乏含义："在一张宽广的椭圆形桌子周围……"波德莱尔在《审美好奇》（第 390 页）中有这样的描写。然而，当我们对语词变得超常敏感的时候，我们将看见，这里有一种对幸福的宽度的认同。并且，如果对波德莱尔作品中的宽广一词的不同用法作一个统计的话，我们会感到惊讶，这个词在实证客观意义上的使用远远少于它引起内心共鸣的情况。①

① 但"宽广"一词并没有编入这部著作最后的精彩索引：《导火索和私人日记》，法国水星出版社。

波德莱尔是那样远离受习惯规定的词语，波德莱尔特别细心地斟酌他的形容词，以避免把它们当作名词的后遗症，但他没有留意宽广一词的使用。每当巨大触及一个事物、一个想法、一个梦想的时候，他就不得不用这个词语。我们将简要提及几处这一惊人的多样使用。

鸦片吸食者为了享受安抚的梦想，必须有“宽广的闲暇”。[①]梦想被“乡村的宽广寂静”[②]所触发。于是，“人间世界开启了宽广的视角，充满了崭新的明亮”。[③]有些梦被放置在“记忆的宽广画布上”。波德莱尔还说到一个“人，追逐着伟大的计划，被宽广的想法所逼迫”。

他想要给民族下定义了？波德莱尔写道：“民族……宽广的动物，它们的组织机构适合于它们的群体。”他又说：“民族，宽广的集体性存在。”[④]以上就是一个这样的文本，其中宽广一词提高了隐喻的音调；如果没有被他增加了价值的宽广这个词，波德莱尔就很可能在思想的贫乏面前退缩。然而，宽广一词拯救了一切，波德莱尔补充道：一旦读者熟悉了“这些宽广的静观”，他就会理解这个比喻。

这样说并不过分：“宽广”一词在波德莱尔的作品中是

---

① 波德莱尔：《鸦片吸食者》，第 181 页。
② 波德莱尔：《人造天堂》，第 325 页。
③ 前引书，第 169、172、183 页。
④ 波德莱尔：《审美好奇》，第 221 页。

一个真正的形而上学论证，宽广的世界和宽广的思想通过它而统一起来。然而，巨大不正是从内心空间的角度来看才最为活跃吗？这种巨大不是来自景象，而是来自宽广思想的不可测量的深度。在《私人日记》（前引书，第 29 页）中，波德莱尔确实写道：“在灵魂的某些超自然状态中，生命的深度在我们眼前的景象中完全显现出来，虽然是那样平常。景象成为了生命深度的象征。”正是这个文本指明了我们要努力前行的现象学方向。

*宽广*这个词在波德莱尔的作品中还是表示绝对综合的词。在精神的推论步骤和灵魂的能力之间究竟有怎样的区别，我们只要沉思一下这个想法就会明白[①]：“抒情的灵魂把宽广的大步跳跃当作综合；而小说家的精神在分析中自得其乐。”

于是，在*宽广*这个共同主题下，灵魂找到了他的综合性存在。*宽广*这个词把相互矛盾的东西收集在一起。

“像黑暗和光明一样宽广。”在一首关于大麻的诗[②]里，我们找到了下面这句著名诗句的关键词语，这句诗反复出现在波德莱尔所有追随者的记忆中：“人间世界开启了宽广的视角，充满了崭新的明亮。”因此就有了在本性中包含

① 波德莱尔：《浪漫主义艺术》，第 369 页。
② 波德莱尔：《人造天堂》，第 169 页。

着巨大的“人间”自然和“人间”庙宇。顺着诗人的所有作品，我们可以跟踪“宽广的统一性”的行动，它总是倾向于统一混乱无序的财富。哲学头脑无休止地争论着一和多的关系。波德莱尔的沉思是真正的诗歌沉思方式，它在综合的力量自身中找到了深邃幽暗的统一，不同的感官印象正是通过这种综合形成通感。“通感”过去总是以过于实证的方式被研究，被看作感觉的事实。可是，感官的键盘几乎从不在一个梦想者和另一个梦想者之间相吻合。安息香除了给每一位读者的听觉都带来愉悦之外，并没有被给予所有人。然而，从十四行诗《通感》的开头几行，抒情灵魂的综合行动就已经开始了。即使诗歌的感官享受着“通感”这个主题的几千个变奏，还是必须承认主题本身就是一种绝对的享受。确切地说，波德莱尔说过，在这些情形下，“生存的情感得到了巨大的增强”。[①]我们从这里发现，*广阔性*对于内心空间来说是一种*强度*，存在的强度，这个存在在内心广阔性的宽广视角下展开。本质上，“通感”吸纳世界的广阔性并把它转化为我们的内心存在的强度。广阔性和强度建立起两种类型的巨大之间的相互作用。我们不能忘记波德莱尔体验过这种相互作用。

这么说来，乐章本身就有一个幸福的音量。波德莱尔会

① 波德莱尔：《私人日记》，第 28 页。

用他的和声把音量纳入宽广性的美学范畴。对于一艘航船的运动，[1]波德莱尔这样写道："在直线上运动[2]的过程所引发的诗兴是一个假想的宽广、广阔、复杂但却声律协调的存在，一个充满天赋的动物，承受并呼出所有的叹息和所有的人类理想。"因此这艘航船，浮在水面上的美丽音量，包含着宽广一词的无限性，这个词不作描述，却把原初的存在给予一切应该被描述的东西。在宽广一词下，波德莱尔的作品中有一个形象的复合体。这些形象互相深化，因为它们在一个宽广的存在上长大。

尽管冒着使我们的论证支离破碎的危险，我们还是试着指出了波德莱尔作品中这个奇特形容词的所有显露之处，它之所以奇特是因为它把巨大赋予了毫无共同之处的一些印象。

然而，为了使我们的论证具有统一性，我们还将追踪一条形象线索，这是一条价值线索，它将向我们证明在波德莱尔的作品中，广阔性是一个内心空间的维度。

没有什么比波德莱尔为瓦格纳而写的这些文字能更好地表达广阔性这个概念的内心特征。[3]我们可以说，波德莱尔给出了广阔性这一印象的三种状态。他首先引用了演出"罗

---

① 前引书，第 33 页。
② 法文中，"运动"和"乐章"是同一个词（mouvement）。——译者
③ 波德莱尔：《浪漫主义艺术》，第十节。

恩格林”序曲的音乐会节目单（前引书，第 212 页）。“从最初的几小节开始，等待圣瓶的虔诚的孤独灵魂就投入无限的空间之中。他看见一个古怪的显现渐渐形成，具有了身体、人形。这一显现越来越清晰，接着天使的神奇队伍从他面前经过，队伍中间携带着圣杯。神圣的队列走近了，上帝选民的心一点点激动起来；他扩大，他膨胀；难以形容的憧憬在他心中苏醒；他顺从逐渐增大的真福，并发现自己一直靠近光芒四射的显现，当圣格拉尔最终亲自显现在神圣队列中央时，他沉浸在出神的崇拜之中，仿佛整个世界突然消失。”所有的突出显示都是波德莱尔自己标示的。他充分让我们感受到了梦想的逐渐膨胀，直至最高点，从那里生出了广阔性，它产生于内心，产生于一种出神的情感，它以某种方式融化并吸收感官世界。

第二种我们以为可以称作存在的增长的状态是在李斯特（Liszt）的文本中，这一文本让我们分享从音乐沉思中产生的神秘空间（第 213 页）。在“一块旋律织成的沉睡的宽大桌布上，一层轻盈的以太……扩展开来”。在李斯特文本的后文中，关于光的种种隐喻帮助我们把握透明的音乐世界的扩展。

然而，这些文本只不过为波德莱尔自己的文字作了准备，在他自己的文字中，“通感”将作为感官的各种增长而出现，每次一个形象的扩大都扩大着另一个形象的大小。广阔性发展着。波德莱尔这下完全进入了音乐的梦境之中，他说，他体会到“一种幸福的印象，几乎所有会想象的人都在睡梦中通过梦体会过这种印象。我感到自己摆脱了重量的束缚，我通过回忆重新找到了超乎寻常的快感，它在高处盘旋。直到我不自觉地给我自己画出一副美妙的状态，一个人追逐着一个巨大的梦想，在绝对的孤独中，但这一孤独伴随着广阔的视野和大片弥散的光芒，这一广阔性除了自身以外没有其他背景”。

在这个文本的后续内容中，我们可以找到许多关键词语，有关延展（extension）、扩张（expansion）、出神（extase）的现象学——简而言之，就是关于前缀 ex 的现象学。然而，经过波德莱尔的长期酝酿，我们才得以通达这个应该放在我们的现象学观察的核心位置的格言：除了自身没有其他背景的广阔性。波德莱尔刚刚为我们详细讲述过的这种广阔性是对内心空间的征服。随着内心空间的深化，巨大在世界中增强。波德莱尔的梦想不是在一个被静观的宇宙中形成的。诗人自己说，他闭上双眼进行梦想。他并不体验回忆。他在诗歌中的出神渐渐变成一种没有事件的生活。在空中张开蓝色翅膀的天使融化在蓝色的宇宙中。慢慢地，广阔性成为原初价值，原初的内心空间价值。当梦想者真正体验到广阔这个词的时候，他就会看见自己摆脱了他的烦恼、思想和梦想。他不再禁锢于自己的体重。他不再是自己的存在的囚徒。

如果我们沿着心理学的常规途径来研究波德莱尔的文本，就可能会得出这样的结论，诗人抛弃了世界的背景去体验广阔性的唯一“背景”，他这样做只能体会到一种抽象，传统的心理学家称之为“实在化的抽象”（abstraction réalisée）。诗人这样构造出来的内心空间只是几何学家的外部空间的对称物，几何学家们同样想要除了无限本身之外没有其他性质的无限空间。然而，这样的结论错误估计了漫长梦想的具体步骤。每当梦想抛弃一点过度想象的部分，它就赢得一点内心空间的新增广度。读者即使没有机会观看《汤豪泽》（*Tannhauser*）[①]的试演，通过沉思波德莱尔的文字，详细描述诗人梦想的接连几个状态，他也同样能意识到，通过远离那些过于浅显的隐喻，他被引向一种关于人性深处的存在论。在波德莱尔看来，人类作诗的使命就是成为广阔性的镜子，或者更准确地说，广阔性在人心中获得对自身的意识。在波德莱尔看来，人是一个宽广的存在。

因此，我相信我已经在许多方向上证明了，在波德莱尔的诗学中，宽广一词并非真的属于客观世界。我还要补充一个现象学上的细微差别，这一差别属于言语的现象学。

① 《汤豪泽》，瓦格纳的一部歌剧。——译者

我认为，对波德莱尔而言，*宽广*一词是一个有声的价值。这是一个*被读出声的*词，而从不仅仅是在我们用到这个词的对象上被阅读、被看见。它是那种作家写到它的时候总是低声说出的词语。不论在诗歌还是在散文中，它都有进行着诗的行动，有声诗歌的行动。这个词立刻在相邻的言语中凸显出来，在形象中凸显出来，或许也在思想中凸显出来。这是一种“言语的力量”[①]。一旦我们在波德莱尔的作品中读到这个词，无论是在韵诗的音节中还是在散文诗的宏大段落中，诗人似乎都在迫使我们把它读出声。*宽广*这个词于是成了一个呼吸的词。它位于我们呼出的气中。它要求呼出的气缓慢而平静。[②]实际上，在波德莱尔的诗学中，*宽广*一词总是唤起一种平静、一种平和、一种安详。它传达着一种至关重要的信念，一个内心的信念。它给我们带来我们自己的存在这个隐秘卧室的回声。这是一个庄重的词语，它憎恨躁动不安，反感朗诵时的拿腔拿调。刻板的发声方式会破坏它。宽广一词应该在存在的平和寂静世界居首要地位。

假如我是精神病医生，对一个受焦虑折磨的病人，我会建议他在危机出现的时候读一读波德莱尔的诗，心平气和地

① 参见爱伦·坡：“言语的力量”，收入《新怪诞故事集》，波德莱尔译，第238页。

② 在雨果看来，风是宽广的。风说：“我就是那伟大的过路人，宽广（vaste）、不可战胜（invincible）、空无一物（vein）。”（《上帝》，第5页。）在最后三个词语中，嘴唇在发v音时几乎不动。

读波德莱尔诗歌中的这个主导词语“*宽广*”，这个词提供平静和统一，它打开一个空间，一个无边无际的空间。这个词教我们呼吸停留在天际的空气，远离令我们焦虑的假想牢笼的围墙。它的声音特性在声音力量的门槛上就开始起作用。潘泽拉（Panzera）[①]这位善于感受诗歌的歌唱家有一天告诉我，根据实验心理学家的说法，我们在*思考*“a”这个元音的时候不能不振动声带。这个字母在眼睛看来本来就*具有*欲展歌喉的声音。元音“a”是宽广（vaste）一词的主要部分，它的细腻微妙使它与众不同，这种细腻微妙是感情在言说时发生的错格。

似乎很多对“波德莱尔的通感”所作的评论都遗漏了这个专门致力于塑造和改变声音的第六感。因为这架格外细腻精致的、天生位于我们呼气口的风弦琴，就是第六感，它的出现后于其他感官而又高于其他感官。这琴随着隐喻的简单运动而轻轻颤动。人的思想通过它歌唱。我就这样无止境地继续我这些不羁的哲学梦想，直至我想到元音“a”是广阔性的元音。这是一个音响空间，它从一声呼气音开始，无边无际地延伸。

在*宽广*一词中，元音“a”保留着它全部的音色增大的特性。从发音方面来考虑，*宽广*一词不再仅仅是维度上的。它

① 潘泽拉（1896—1976），瑞士男中音歌唱家。——译者

像一块柔软的材料吸收着无边无际的平静的芳香力量。无边无际通过它进入我们的心胸。我们通过它在宇宙中呼吸，远离人间的焦虑。我们为什么要无视诗歌价值层面上的最小因素呢？一切有助于赋予诗歌以最关键心理活动的东西都应该被包括在动力想象力的哲学中。有时候，最不同、最微妙的感觉价值相互联系起来，使诗歌具有活力并变得伟大。对波德莱尔的通感作一番详细研究或许能阐明每个感官和言语之间的通感。

有时候，一个字的声音、一个字母的力量能开启或限定对语词的深刻思考。在马克斯·皮卡德的一部优美著作《人和语词》中，我们读到："*Das W in Welle bewegt die Welle im Wort mit, das H in Hauch lässt den Hauch aufsteigen, das t in fest und hart macht fest und hart.*"［波浪（Welle）中的"W"推动这个词中的波浪，气息（Hauch）中的"H"使气息上升，坚定（fest）和坚硬（hart）中的"t"造成了坚定和坚硬。］[①]研究寂静世界的哲学家用这样的评论把我们带到了感性的极致，在这些地方语音现象与道说现象和谐一致，这时语言拥有其全部的高贵。然而，我们需要达到多么缓慢的

① 马克斯·皮卡德：《人和语词》（*Der Mensch und das Wort*），Eugen Rentsch 出版社，苏黎世，1955 年，第 14 页。很明显，这句话不应该翻译，因为它要求我们竖起耳朵听德语的音色。［方括号中的译文为译者所加。——译者］

沉思，才能体验词语的内在诗歌，词语的内在广阔性。所有大的词语，所有被诗人用于巨大的词语都是宇宙（univers）的钥匙，这是大宇宙（Cosmos）和人类灵魂深处的双重宇宙。

V

我们似乎已经证明，在波德莱尔这样的伟大诗人的作品中，人们能够听见的不只是来自外部的回声，而是广阔性的内心召唤。因此我们可以用哲学的方式说，广阔性是一个诗歌想象力的“范畴”，而不仅仅是一个在对宏伟景象的静观中形成的普遍观念。为了给出一个“经验的”广阔性的例子作为对照，我将对泰纳（Taine）[①]的一段文字进行评论。我们将从这段文字中看到糟糕的文学而不是诗歌的创作，这种文学创作不惜一切代价来描绘景色，哪怕牺牲了基本的形象。

在《比利牛斯山的旅行》（第 96 页）中，泰纳写道：“我第一次见到大海的时候，我感到了最不愉快的幻灭……我以为看见的是大片种着甜菜的平原，就像人们在巴黎近郊找到的那样，平原被块状的绿色白菜地和条状的橙红色大麦地分割开来。远处的白帆好像往回飞的鸽子的翅膀。这个视

① 泰纳(1828—1893)，法国哲学家、历史学家。——译者

角给我感觉十分狭窄；画家的画作给我展示的大海比这大得多。我用了三天时间才重新找回广阔性的感觉。”

甜菜、大麦、白菜和鸽子，它们被这么生硬地联系在一起！把它们聚集在一个“形象”之中，这只能是一个只喜欢说“别出心裁”的东西的人在谈话中的突发事件。在大海面前，怎么可能还想得到阿登平原上的甜菜地？

现象学家会很高兴知道这位哲学家怎样在三天的失落之后重新找回“广阔性的感觉”，他怎样回到那片在天真状态中静观的大海，并最终看到海之巨大。

在这个小插曲之后，让我们回到诗人那里。

Ⅵ

诗人会帮助我们在自己心中发现一种静观的快乐，这种快乐是那样容易扩张，所以有时候我们可以在一个切近的对象面前体验到内心空间的扩大。例如，让我们听一听里尔克的诗，他把广阔性的生存赋予了一棵他所静观的树：①

> 空间，外在于我们，囊括并转换事物
>
> 如果你想让一棵树成活

① 《诗集》，写于 1924 年 6 月，克洛德·维热译，收入《文学》，第 4 年，第 14、15、16 期，第 13 页。

就给它注入内在空间，这个在你心中
获得其存在的空间，用种种限制将它围住
它没有界限，它要真正成为一棵树
只有安置在你的遗世独立之中。

在最后两句诗里，有一种马拉美式的隐晦迫使读者沉思。这种隐晦从诗人那里获得了一个想象力的美妙问题。“用种种限制将它包围”这个建议首先要求把它画出来，在外部空间中给它设置边界。于是我们服从于知觉的简单规则，我们是“客观的”，我们不再想象。然而，树木和一切真实的存在一样，它是在自己的存在中“没有界限”地被把握的。它的边界只是种种偶然。和边界的偶然性相反，树木需要你给予它你自己的丰富形象，你的内心空间所孕育的形象，内心空间就是“这个在你心中获得其存在的空间”。于是，树木和它的梦想者一起，安置着，生长着。在幻想的世界里，树木从来不被构造成完整的存在。它寻求自己的灵魂，朱尔·苏佩维埃尔在一首诗里说：[①]

空间那富有生命力的湛蓝下
每棵树在棕榈叶的末梢向上拔高

① 苏佩维埃尔：《楼梯》，第106页。

寻找自己的灵魂。

然而，当一位诗人知道世界中的一个存在寻找自己的灵魂时，其实是诗人在寻找他的灵魂。“一棵长长的树轻轻颤抖，总是触碰灵魂。”①

树木被归还给想象的力量，被倾注了我们的内在空间，因而它和我们一起投入追求巨大的自我超越。里尔克在另一首写于1914年8月的诗（前引书，第11页）中说：

……鸟儿寂静地
穿过我们飞去。哦，想要长大的我
望着外面，我心中的树在长大。

因此，树木总是有长大的命运。它把这一命运广为传播。树木使它周围的一切变大。克莱尔·戈尔在一本充满人情味的小书里收录了一封里尔克写给他的信，②信中写道：“这些树是雄伟的，但比它们更雄伟的是它们中间那崇高而悲壮的空间，仿佛随着树木的增长，这一空间也在增大。”

我们敢说，这两个空间，内心空间和外在空间，永无止

① 亨利·博斯科：《安托南》，第13页。
② 克莱尔·戈尔：《里尔克和女人们》，第63页。

境地互相激励，共同增长。把被体验的空间当作情感空间，这是心理学家应当做的，但这样做无法达到空间性幻想的根源。诗人借助诗歌空间发现了一个并不把我们封闭在某种感受中的空间，从而达到更深入的地方。无论给空间染上色彩的是哪一种感受，无论这种感受是悲伤还是沉重，一旦它被表达出来，以诗歌的方式表达出来，悲伤就会缓解，沉重就会减轻。既然诗歌空间被表达出来，它就获得了扩张的价值。它属于向外的现象学（la phénoménologie de l'*ex*）。这是我们在任何时候都要提到的一个论题，我们将在下一部著作中重新思考这个论题。这里先给出一个证据，当诗人对我说：①

> 我知道一种菠萝香味的忧伤……

这时我就会感到自己不那么忧伤，我感到了更为轻柔的忧伤。

诗歌空间性的传递从内心深处到无限广延，两者集中在同一扩张过程中，我们从中感到一种巨大涌现出来。里尔克说过：

> 唯一的空间通过所有存在展开，内心空间在世界中展

---

① 苏佩维埃尔：《楼梯》，第 123 页。

开……

于是，空间在诗人眼里就像展开这个动词的主语，长大这个动词的主语。一旦一个空间成为一种价值，它就会长大——还有什么比内心空间更大的价值吗？被赋予价值的空间是一个动词；无论在我们心中还是在我们之外，巨大从来不是一个“对象”。

把诗歌空间赋予一个对象，就是赋予这个对象比它客观具有的空间更多的空间，更恰当地说，就是跟随它的内心空间的扩张。为了保持前后一贯，让我们再提一次若埃·布斯凯，他是这样表达树木的内心空间的：[①]“空间不在任何地方。空间在自己心中，就像蜂蜜在蜂窝里。”在形象的领域中，蜂窝里的蜂蜜不符合内容和容器的基本辩证法。隐喻的蜂蜜不让自己被封闭。在这里，在树木的内在空间中，蜂蜜是和骨髓完全不同的东西。正是“树的蜜”让花朵变得芬芳。树的蜜是树的内在太阳。梦想蜂蜜的人知道蜂蜜是一种忽而会聚忽而辐射的力量。如果说树木的内在空间是一种蜂蜜，那是因为它赋予树木“无限之物的扩张”。

毫无疑问，我们可以在读若埃·布斯凯的文字时不停留于形象。然而，如果我们愿意来到形象的根基处，形象将激

① 若埃·布斯凯：《另一个年代的雪》，第92页。

发怎样的幻想！空间的哲学家让自己开始梦想。如果我们喜欢形而上学的复合词语，我们难道不能说，若埃·布斯凯刚才为我们揭示了空间-实体，那就是蜂蜜-空间，或者说空间-蜂蜜？每一种物质都有它的位置。每一个实体都有它的实存。每种物质都有它所征服的空间，都有它的扩张力量，超出几何学家想用于限定它的表面。

因而，似乎是通过它们的“广阔性”，内心空间和世界空间这两种空间才变得和谐。当人的巨大孤独变得更深时，这两种广阔性互相接触、互相混合。里尔克在一封信中用他全部的灵魂去接近“这种无边无际的孤独，它把每一天变成一生，这种和宇宙的相通，用一个词来说就是空间，不可见但人却能居住其中的空间，用无数的在场把人包围起来的空间”。

事物在一个加上了我们的生存意识的空间里的这种共存是多么具体。作为莱布尼茨哲学主题的空间，这个共存者的所在地，找到了里尔克作为它的诗人。在这种共存主义中，每个被注入了内心空间的对象都变成了整个空间的中心。对每个对象来说，遥远的就是在场的，边缘和中心具有同样的实存。

VII

在形象的领域里，不会有矛盾，而且同样感觉敏锐的诸多灵魂可以用不同的方式使中心和边缘的辩证法变得明显。

对此我们可以提出一种*平原测试*，其中回响着不同类型的达至无限的行动。

在这一试验的一个极端，我们应该放上里尔克简洁地说出的一句广阔的句子：“平原是使我们变大的感情。”这条审美人类学的定理以一种如此简明的方式陈述出来，令我们感觉到另一条相关定理初露端倪，我们可以用这样的话来表述这后一条定理：一切使我们变大的感情都在世界中安排我们的处境。

在平原测试的另一端，我们将放置亨利·博斯科的这段文字。[①]在平原上，“我总是在别处，一个飘忽不定、流动不居的别处。长期的失去自我，又不在场于任何地方，我太容易让我那些支离破碎的梦想契合那些有利于它们产生的无边无际的空间了。”

在主宰和四散这两极之间，如果我们注意到梦想者的心情、季节和风，我们将会找到多少细微差别。并且，我们总是会在受平原安抚和受平原烦扰的梦想者之间找到种种细微差别，这些差别研究起来更为有趣，因为平原常常被看作一个简化的世界。诗歌想象力的现象学的一个迷人之处就在于能够在看似千篇一律的、可以概括为一个观念的景象面前体验到新的细微差别。如果细微差别是诗人真诚地体验到的，

① 亨利·博斯科：《风信子》，第18页。

现象学家就可以确信把握住了形象的起始。

对于所有这些细微差别，如果有一项比我们所做的更为深入的调查，那就应该证明这些细微差别如何包容于平原或高原的巨大中，应该说明比如为什么高原的梦想永远不是平原的梦想。这项研究是困难的，因为作家很少愿意描述，因为作家预先就知道数以公里计的他的孤独的大小。于是，我们在地图上梦想，我们像地理学家一样梦想。例如洛蒂（Loti）[①]在他心爱的达喀尔港口的一棵树的树荫下："我们的双眼转向国度的内部，我们询问沙漠的广阔地平线。"[②]这条沙漠的广阔地平线难道不是一个小学生的荒漠，教学地图册里的撒哈拉？

对一个现象学家来说，菲利普·迪奥莱（Philippe Diolé）的优美著作《世间最美的荒漠》中的荒漠形象更是多么珍贵！在体验到的荒漠中，广阔性在内心存在的强度上发生回响。正如迪奥莱这位充满幻想的旅行者所说，[③]我们应该体验荒漠"如其在流浪者心中所反映出来的那样"。迪奥莱召唤我们进行一种沉思，它是相反者的合题，通过它我们将学会体验聚在一起的到处漂泊。在迪奥莱看来，"这些零碎

① 皮埃尔·洛蒂（1850—1923），法国作家，擅长描绘"异国风光"。——译者

② 皮埃尔·洛蒂：《一个贫穷的年轻军官》，第85页。

③ 迪奥莱：《世间最美的荒漠》，Albin Michel，第178页。

的山头，这些沙漠和死去的河流，这些石块和酷热的阳光”，这整个荒漠一般的宇宙“从属于内部空间”。[①]通过这一从属关系，形象的多样性统一于“内部空间”的深刻性中。这是一个决定性的公式，它用于我们将要证明的世界空间的广阔性和“内部空间”的深刻性之间的相通。

此外，在迪奥莱的作品中，荒漠的内在化并不对应着内心真空的意识。相反，迪奥莱让我们体验形象的冲突，这是水和干旱两个物质形象之间的基本冲突。实际上，在迪奥莱的作品中，“内部空间”是对内心实体的一种认同。他长久地体验过，津津有味地体验过潜入深水中的经验。在他看来，海洋已经变成了一个“空间”。在水下四十米处，他找到了“绝对的深度”，这一深度不再能被测量，这一深度即使被增大为两倍或三倍也不会提供别的梦想和思想能力。通过他的潜水经验，迪奥莱真正进入了水的体积之中。当我们在迪奥莱的前几本书中和他一起体验这种对水的内心空间的征服时，我们得以在这个空间-实体中体会到一个一维的空

---

① 亨利·博斯科还写道（《古玩家》，第228页）：“我们心中有一片隐蔽的荒漠，里面掺杂了沙砾和石块的荒漠，在这片荒漠中，灵魂的广延消失在没有人烟的无尽广延之中，它把大地的孤独变为荒芜。”另见第227页。

此外，在一片光秃秃的高原上，在这片触及天空的平原上，写下《风信子》的伟大梦想者将世界的荒漠和灵魂的荒漠转化为他的深刻性：“在我心中，这一空无重新延展开来，我是荒漠中的荒漠。”沉思的诗节终止于这句话：“我不再有灵魂。”（亨利·博斯科：《风信子》，第33及34页。）

间。一个实体就是一个维度。由于我们远离了地面，远离了地上生活，所以这个水的维度就具有了无边无际的意义。在一个物质上如此统一的世界里寻找上下左右，这是思考，而不是生活——这是像过去在地面上生活那样思考，而不是在通过潜水所征服的新世界里生活。就我而言，在阅读迪奥莱的书以前，我没有想到无边无际是这样容易在我们掌握之中。只需梦想纯粹的深度，不需要度量就能存在的深度。

然而，为什么迪奥莱，这位心理学家、海底人类生命存在学家要前往荒漠？他想通过哪种残酷的辩证法从无边无际的水来到无穷无尽的沙漠？迪奥莱以诗人的身份回答这些问题。他知道，一切新的宇宙空间都会更新我们的内部存在，并且，当我们摆脱和原有感性的联系以后，一切新的宇宙都向我们开放。在他的书的开头（前引书，第 12 页），迪奥莱告诉我们，他曾想“在荒漠中完成一项魔法行动，在深水里让潜水者解开时间和空间的惯常联系，让生活和一首内在的隐晦诗歌相吻合”。

在这本书的结尾，迪奥莱总结道（第 178 页）：“潜到水下或漂泊在荒漠中，这是在转换空间”，通过转换空间，通过离开习以为常的感性空间，我们开始和心理学上全新的空间发生交流。“我们在荒漠里和在海底一样保持着致密而不可分割的微小灵魂。”这一具体空间的转换不再只是一次简单的精神活动，像几何学相对论的意识那样的精神活动。我们转换的不是空间，而是性质。

然而，既然存在在具体的空间、高度定性的空间中的融合是想象力的现象学所关心的问题——因为我们必须大量想象才能“体验”一个新的空间——那就让我们看看基本形象对这位作者的影响。在荒漠里，迪奥莱没有丢掉海洋。荒漠的空间并没有和深水的空间相抵触，而是在迪奥莱的幻想中通过水的语言表达出来。这里有一个真实的物质想象冲突，这一冲突产生于两种十分敌对的元素想象之间的斗争，那就是荒漠中的干燥沙砾和确信自身质量的水，它们绝不会调和成面团和泥团。迪奥莱的文字具有那样*真诚的想象*，因而我作了完整的引用（前引书，第118页）。

迪奥莱说：“我曾经写过，体会过深深的大海的人不会再重新变成和别人一样的人。我是在这样（在荒漠中央）的时刻获得了对此的证明。因为我意识到，在精神层面上，当我行走的时候，我用水装满了荒漠的背景！在想象中，我使那把我包围并且我在其中行走的空间溢满水。我在假想的浸透中生活。我置身于一种流动的、发光的、摇晃的、浓稠的物质中，那就是海水，对海水的记忆。这一妙计足以让我把一个有着恼人干旱的世界人性化，征服岩石、寂静、孤独和天上洒下的大片金色阳光。甚至我的疲惫也减轻了。我的重量在梦想中承载在想象的水上。

我突然发觉，这已不是我第一次无意识地借助于这一心理学防御了。我的撒哈拉生活中的寂静和缓慢前进在我心中重新唤起了潜水的回忆。于是一种温柔沐浴着我的内在形象，在反射着梦想的路途上，水自然而然地冒出来。我行走着，心中充满闪光的反射，这种半透光的厚实只能是深海的回忆。

因此，迪奥莱为我们提供了一种心理学技巧，让我们存在于别处，在一个绝对的别处，它阻挡住一切迫使我们留在此处这个牢笼里的力量。它不仅仅涉及一个处处向冒险开放的空间里的水漫金山。迪奥莱不需要那个把西拉诺带到太阳王国里的装有屏幕和镜面装置的盒子，就把我们转移到了另一个世界的别处。可以说，他只利用了一个心理学装置，它让那些最确定无疑的、最强有力的心理学规律发生作用。他只借助于这些强有力的稳定实在，那就是基本的物质形象，作为一切想象力基础的形象。这些形象中没有任何属于空想和幻觉的成分。

在这里，时间和空间处在形象的主宰之下。别处和过往比当下和立刻更强大。此在（être-là）被一个在别处的存在所支撑。空间，巨大的空间，是存在的朋友。

啊！哲学家们如果愿意读一读诗人，他们将受到多大的教益！

VIII

我已经采用了两个具有英雄气概的形象，即潜水和荒漠的形象，我们只能在想象中体验它们而永远不能给它们充实具体的经验，下面我将用一个更贴近我的形象来结束这一章，我可以用我们关于平原的全部回忆来充实这个形象。我们将看到一个非常特殊的形象如何能够指挥空间，把它的规律加给空间。

在一个安静的世界中，在安详的平原上，人能够体会平静和休息。然而，在记起的世界里，在想象的世界里，平原的景象往往只有已经损耗的效力。要恢复它们的作用，就需要崭新的形象。由于文学形象、出乎意料的形象的助益，被感动的灵魂便跟随安宁感的诱导。文学形象使灵魂变得足够敏锐善感，可以接受出奇细微的印象。正是以这种方式，邓南遮（d'Annunzio）[①]在一段令人赞叹的文字中向我们传达了容易受惊的动物的目光，一只兔子的目光，它在无忧无虑的一瞬将平和投射到秋天的宇宙中。“你可曾见过，清晨，一只兔子钻出刚刚犁过的地沟，在银白色的霜上跑了一小会儿，然后在寂静中停下脚步，坐在自己的后腿上，竖起耳

① 邓南遮：《火》，法译本，第 261 页。[邓南遮（1863—1938），意大利作家。——译者]

朵，眺望着地平线？似乎它的目光让整个宇宙安详。一动不动的兔子在它永远的惊恐不安的间歇时刻，静观白雾茫茫的乡野。我们无法想象四下里还有比这更明显的深刻安宁的迹象。在那一刻，这是一只应该受到崇拜的神圣动物。”将会在平原上延展开来的这种平和，它的投射方向被清楚地标明：“似乎它的目光让整个宇宙安详。”如果一位梦想者把他的幻想赋予这个视觉运动，他就将在一种扩大的音色中体验到一望无垠的田野的广阔性。

这样一页文字本身就是一个很好的修辞感性测试。它平静地任由无诗意的头脑的批评。它的确非常邓南遮，并且可以用来揭露这位意大利作家的笨拙隐喻。实证的头脑以为，*直接地*描绘田野的平和是轻而易举的！何必选择静观的兔子这个中介呢？然而，诗人对这些不错的理由毫不在意。他想要揭示出静观的所有增长等级，形象的所有瞬间，并且首先是动物的平和归入世界的平和的那一瞬间。在此我们开始意识到一种无所事事的目光的功能，这种目光不再看一个特定的对象，而是看*这个世界*。如果诗人告诉我们的是他自己的静观，我们就不会这般彻底地回到原始状态中去。诗人所做的只是重新提出一个哲学主题。然而，邓南遮笔下的动物在一瞬间摆脱了它的本能反应：它的眼睛不再警惕张望，耳朵不再是动物机器上的一个铆钉，耳朵不指挥逃跑。是的，确实，这样一种目光在这个胆小的动物身上是静观的神圣瞬间。

在这之前的几行文字中，诗人跟踪记录了一次颠倒，它表现了看者与被看者的二元论，通过这一颠倒，他在兔子那如此美丽、如此硕大、如此安静的眼睛里看到了食草动物眼中的水中自然："这湿润的大眼睛……像夏夜的池塘一般闪闪发亮，还有浸在池塘里的灯心草，还有在池塘里照见自己并变了样的整个天空。"我已经在《水与梦》这本书里汇集了许多别的文学形象，那些形象告诉我们，池塘就是风景的眼睛，水面上的反射是宇宙对自己的最初视线，反射出的风景那扩大的美是宇宙自恋的根源。在《瓦尔登湖》中，梭罗也自然而然地跟踪记录了形象的长大。他写道（法译本，第158页）："湖是风景最美丽和最富表现力的特征。它是大地的眼睛，观赏者在把自己的眼睛潜入湖下时窥探到的是他自己的本性深处。"

又一次，我们看到广阔性与深刻性的辩证法活动起来。我们不知道这两个夸张的起点在何处，一个夸张是视力超常的眼睛，另一个夸张是在沉睡的水面的沉重眼皮下迷迷糊糊看见自己的风景。然而，一切关于想象物的学说都不可避免地是关于过度的哲学（philosophie du trop）。一切形象都有长大的命运。

一位当代诗人本应该更为谨慎，然而他还是这样说了：

我居住在树叶的安静中，夏天长大了。

让·莱斯屈尔写道。

一片真正有人居住过的安静树叶，一个在最谦卑的视线中所捕捉到的安静眼神，它们是广阔性的进行者。这些形象使世界变大，使夏天变大。在某些时刻，诗歌散布着平静之波。从被想象出来开始，平静就成为存在的突现，成为一种主导的价值，不论存在的附属状态是什么，无论世界多么动荡不安。广阔性被静观放大。静观的态度是一种如此重要的人性价值，它把广阔性赋予一个心理学家完全有理由宣布为转瞬即逝和个别情况的印象。然而，诗歌是人性的实在；以“印象”为参照不足以解释诗歌，应该在诗的广阔性中体验它们。

第九章

外与内的辩证法

人类界限的庄严的地理学……

艾吕雅：《富饶的眼睛》，第 42 页。

因为我们就在我们所不在的地方。

皮埃尔-让·茹弗：《抒情诗》，第 50 页。

约束我童年的一条行为教养准则：不要张着嘴吃东西。

科莱特：《牢笼和天堂》，Ferenczi 出版社，第 79 页。

I

外和内组成了相反力量的辩证法，一旦我们让这一辩证法表面上的几何学在隐喻的领域里发挥作用，我们就会被它所迷惑。它具有是非辩证法的判然两别的清晰性，这一辩证法决定着一切。我们冒失地把它变成形象的基础，并且这个基础支配着所有关于肯定与否定的思维。逻辑学家画出相交或相排除的圆圈，他们的所有规律就立刻清楚了。哲学家用内与外来思考存在与非存在。最深奥的形而上学就这样植根于一种隐含的几何学，这种几何学——不论人们愿不愿意——把思想空间化；形而上学家什么时候不用画画来思考？开放与封闭是他的思想。开放与封闭是他到处运用的隐喻，包括用于他的体系。让·伊波利特（Jean Hyppolite）[①]在一次讲座中研究了否认（dénégation）的复杂结构，它和否定（négation）的简单结构大不相同。让·伊波利特恰如其分地说到了“外与内的最初神话”。[②]他还补充道：“你们可以感觉到这个关于外与内之形成的神话有怎样的意义：建立在这一对词上的异化意义。表现为它们形式上的对立的东西进一步变成了两者之间的异化与敌对。”因此，几何学上的简单对立带上了攻击性的色彩。形式上的对立不能静止不变。它受到神话的影响。然而，我们不应该在几何学直观的误导下研究神话通过想象和表达的广阔领域所发生的作用。[③]

这边（l'en-deçà）和那边（l'au-delà）沉闷地重复着内与外的辩证法：一切都被画出，包括无限。我们想要固定存在，并且想要在固定它的时候超越所有具体情况，从而

① 让·伊波利特(1907—1968)，法国哲学家。——译者

② 让·伊波利特：《评弗洛伊德的否定》，收入《精神分析》，第1期，1956年，第35页。

③ 让·伊波利特揭示了否认中所发生的否定这一深层心理学反转。我们会在下文中简单给出这一反转的形象和例子。

给出所有情况的情况。于是我们把人的存在放在世界的存在面前，就好像我们轻易地达到了原始状态。我们把这里（*ici*）和那里（*là*）的辩证法抬高到绝对的地位。我们过分大意地赋予这些贫乏的地点副词以存在论上的限定能力。许多形而上学家都需要地图学。然而，在哲学中，所有简便方法都要付出代价，哲学认识错误地从图示化经验的起点开始。

II

让我们稍微仔细地研究一下这个当代哲学的语言组织中的几何学癌变。

实际上，似乎是一种人为的句型把副词和动词焊接在一起，由此形成赘生物。这个句型通过增加连字符来得到词语短语。词语的外部从它的内部建立起来。哲学语言变成了粘着语言[①]。

相反，有时候，词语没有相互焊接，而是从内部解开。前缀和后缀，特别是前缀，会自己拆焊开来：它们想要单独进行思想。这样一来，词语有时就失去了平衡。在此在（*être-là*）这个词中，哪里是主要重量呢，是在存在（*être*）上，还是在此（*là*）上？在“此”这个词中——虽然叫做“这

① 在粘着语言中，句法关系通过在词根上添加词缀来表现。——译者

里”（ici）更好——是否首先应该寻找我的存在？或者说，在我的存在中，我是否首先要找到在“此”之中把我固定的确定性？无论怎样，两个词中的一个总是削弱了另一个。“此”一词往往用非常大的力气说出来，以至于几何学的固定粗暴地概括了问题的存在论方面。从表达的时刻开始就引起了哲学用语的独断化。在法语的音色中，“此”这个词是那么充满力量，以至于用“此”在来称呼存在，就是确立一个强有力的指引，它把内心存在轻易地放到了外在地点。

然而，为什么在最初的称呼中这么匆忙下结论？人们或许会说形而上学家不再花时间思考了。我们认为，对一项关于存在的研究来说，更好的做法是跟踪记录各种存在经验的存在论循环。从根本上说，能够证明“几何学”经验之正当性的存在经验是最贫乏的存在经验……在法语中，我们应该在说到“此在”这个词之前先对它思考两遍。当我们封闭在存在中时，我们总是应该走出去。当我们刚刚走出存在时，我们总是应该回去。因此，在存在中，一切都是循环，一切都是迂回、返回、长篇大论，一切都是一连串的逗留，一切都是歌曲结尾的无穷反复。

人的存在是个怎样的螺旋啊！[①]这个螺旋中有多少颠倒

---

① 螺旋吗？从你们的哲学直观中排除几何学成分，螺旋就很快重现了。

的动力论！我们不再能够立刻知道我们是在奔向中心还是在逃逸。诗人很了解这个处于犹豫不决的存在状态的存在。让·塔迪厄（Jean Tardieu）[1]不是写道：

> 为了前进，我绕着自身旋转
> 我是稳定居所周围的龙卷风。
>
> 让·塔迪厄：《看不见的证人》，第 36 页。

在另一首诗中，让·塔迪厄还写过（前引书，第 34 页）：

> 可是在内部，再没有疆界！

因此，螺旋形的存在，表面上自称有很确定的中心，其实却从来不能到达它的中心。人的存在是一个变动不居的存在。任何表达都使他变动不居。在想象的领域里，一个表达刚刚被提出，存在就需要另一个表达，存在就要成为另一个表达的存在。

我们认为，应该避免词语的联合体。形而上学不需要把它的思想浇铸在语言的化石里。它应该利用现代语言的极度灵活性，但同时也要保持在母语的同质性中，恰当地遵从真

① 让·塔迪厄（1903—1995），法国诗人、剧作家、广播员。——译者

正诗人的习惯。

为了利用现代心理学的全部教益、精神分析学关于人的存在的全部知识，形而上学就应该绝对是推论的。它不应该信任属于几何学直观的明证特权。视觉把太多的东西同时告诉我们。存在不能被看见，它或许能被听见。存在不显露自己，它并不为虚无所包围。我们永远无法肯定能通过接近一个存在中心而找到或重新找到坚实可靠的存在。如果我们想要确定的是人的存在，我们永远不能肯定能通过"回到"自身之中、通过走向螺旋的中心而更加靠近自己；往往正是在存在的核心处，存在漂泊不定。有时候，恰恰是在自身之外，存在体验到一致性。同样，可以说有时候存在被封闭在外部。我们将在下文中给出一段诗歌文本，那里所说的牢笼就是外在的。

如果我们增加形象的数量，到光线和声音、热和冷的领域里捕捉形象，我们就会构思出一种更加冗长的存在论，但毫无疑问，这种存在论比建立在几何形象基础上的存在论要可信得多。

我坚持首先提出这些总体观点，因为从几何学表达的角度来看，内与外的辩证法依赖于一种强烈的几何主义，它把边界变成了壁垒。我们必须摆脱一切确定不变的直观——几何主义就是记录确定不变的直观——才能跟随诗人的大胆放纵，诗人召唤我们注意内心经验的细微之处，注意想象力的

“缝隙”，下文中我们就将这样去做。

首先必须注意到，外和内这两个用语在形而上学人类学的层面上所提出的问题是不对称的。把内部空间变得具体，把外部空间变得宽广，这似乎是想象力人类学的初始任务、首要问题。具体和宽广之间的对立不是直接的。不对称性在最细小的地方显现出来。情况总是这样：内部空间和外部空间并不以同样的方式获得修饰语，这些修饰语衡量着我们对事物的认同程度。我们无法以相同的方式*体验*附着在内部空间与外部空间上的修饰语。一切，包括巨大，都是人性价值，并且我们已经在前面的某一章中证明，缩影能够积聚巨大。它以它自己的方式变得*宽广*。

不管怎么说，想象力所体验到的外部空间和内部空间不能仅仅从它们相对立的角度来考虑；由此，我们在说出存在的最初表达时不再提到几何学，我们选择更加具体的起点、从现象学的角度说更加准确的起点，在这样做的时候，我们发觉内与外的辩证法变得多起来，并且呈现出无数的细微差别。

遵循我一贯的研究方法，我将针对一个具体的诗歌例子来讨论我的论题，我会向诗人要求一个在*存在的细微差别*中显得相当新颖的形象，从而获得一个存在论放大的借鉴。由于形象的新颖性以及它的放大，我们肯定能够在高于理性确定性的地方或者理性确定性的边缘处产生回响。

III

亨利 · 米绍（Henri Michaux）[1]在一首散文诗《阴影下的空间》中写道：[2]

> 空间，你却无法设想这个可怕的既在内又在外之物，它就是真正的空间。
>
> 特别是有些（阴影）在最后一次绷紧时，做出一次绝望的努力，试图‘存在于它们唯一的统一性中’。不走运的是，我就碰到这样的阴影。
>
> 它被惩罚摧毁以后，除了声响什么也不是，却十分庞大。
>
> 广阔的世界仍然听得见它，但它不再存在，它已变成了仅仅是并且只不过是一个声响，这个声响将继续隆隆作响几个世纪，但终将彻底消逝，仿佛从来没有存在过。

让我们学习诗人给我们的全部哲学教导。这样一页文字涉及的是什么？涉及一个失去自身“此在”的灵魂，这个灵魂甚至丧失了自身阴影的存在（*l'être de son ombre*），从而像一个空洞的声响、无法确定的流言一样处于存在的人云亦云（les on-dit de l'être）之中。它曾经存在过？它过去不就是它

① 亨利 · 米绍（1899—1984），法国诗人、画家。——译者

② 亨利 · 米绍：《异乡人的消息》，法国水星出版社，1952 年，第 91 页。

现在所变成的声响？它所受的惩罚不就是除了空洞无用的声响以外什么也不是，和过去一样？它从前难道不就是它现在所是的东西：那来自地狱拱顶的声音？它被判重复它那恶意的词语，这个进入存在之内的词语搅乱了存在。①因为亨利·米绍的存在是一个有罪的存在，它的罪过是存在。我们在地狱里，我们的一部分永远在地狱里，因为我们被世界中的恶意像墙一样围住。出于哪一种天真的直觉，我们在地狱中找到无限的恶的位置？诗人对我们说，这灵魂、这阴影、这阴影的声响，它想要自己的统一，我们从外部听见它，但不能确定它是否在内部。没有说出的话、未遂的意图就是这个"可怕的既在内又在外之物"，在它之中，存在慢慢地在自身内部消化他的虚无。他的虚无化持续"几个世纪"之久。人云亦云的存在的流言在空间与时间中延长。灵魂徒劳地绷紧它最后的力气，它变成了快要终结的存在的尾流。存在忽而是在爆裂中四散的凝聚，忽而是倒流回中心的四散。在内部和在外部都是内心的；它们随时准备相互颠覆，相互敌对。如果在这样的内部空间和外部空间之间有一个有限的平面，这一平面总是左右为难。通过体验亨利·米绍的文字，我们吸收了存在与虚无的混合物。"此在"的中心点晃

① 另一个诗人不是说："你想得到么，一个简单的词，一个名词，就足以动摇你力量的板壁？"皮埃尔·勒韦迪（Pierre Reverdy）：《风险与危难》，第23页。

动着、颤抖着。内心空间失去了全部的明亮。外在空间失去了它的空洞。空洞，那是存在可能性的物质！我们被逐出了可能性的领地。

在这一内心几何学的冲突中，我们应该居住在何处？当“此在”这个最灵活的形象在诗人的存在论噩梦中被体验过，回到自己心里从而在实存中找到位置之后，这个哲学家的建议难道没有失去其价值甚至其意义吗？让我们认真注意，这个噩梦并不是受到巨大惊吓而产生的。恐惧并不来自外部。它也不是过去的回忆造成的。它没有过去。它也不包含生理学。这个噩梦和受惊的哲学没有任何共同之处。这里的恐惧是存在本身。那么，逃往哪里？到哪里避难？我们能逃到怎样的外部空间去？我们能躲避在哪个避难所？空间不过是一个“可怕的既在内又在外之物”。

噩梦很简单，因为它彻底。我们会把经验理智化，说噩梦是由怀疑造成的，这种怀疑是从在外的确定性和在内的清晰性中感受到的。正是这个模棱两可的存在的全部时空，亨利·米绍把它作为存在的先天状态给予我们。在这个模棱两可的空间里，精神失去了它的几何学故国，灵魂四处漂流。

当然，我们可以避免从这首诗的狭窄门口进入。关于焦虑的哲学需要不那么简单化的原则。这些哲学不关心转瞬即逝的想象活动，因为它们在形象从存在心中激发焦虑之前就已经记录了焦虑。哲学家给自己焦虑，并且在形象中只看见焦虑的因果关系的显示。他们几乎不关心体验形象的存在。想象力的现象学应该承担抓住转瞬即逝的存在的任务。确切地说，现象学从形象的简洁性本身中学到很多。令人吃惊的是形而上学方面的问题就从形象这个层面产生，从这样一个形象中产生，这个形象扰乱了空间性的相关概念，而空间性通常被认为有可能化解不安情绪，并在一个无处容纳冲突的空间中使精神回到不动心的状态。

在我看来，我把诗人的形象当作实验性的轻微疯狂来接受，当作一丁点虚拟的大麻，没有它的帮助我们就不能进入想象的领域。那么，怎样接受一个夸大的形象，如果不把它再夸大一点，进行个性化的夸大？这时现象学的好处立刻显现出来：在延伸夸大时，实际上我们有机会逃离还原的习惯。确切地说，在空间形象方面，我们处在一个还原十分容易和普遍的领域里。我们总是找得到某个人，他可以消除一切困难，并迫使我们一说到空间——无论以形象化的方式还是非形象化的方式——就从外与内的对立出发。然而，如果还原很容易，夸大在现象学的层面上就只会更加有益。在我们看来，我们所提出的问题非常有利于突出反思的还原和纯粹的想象之间的对立。精神分析的解释方向虽然比古典文学批评自由得多，但仍然沿循还原的模式。为了考察、试验形象的心理学存在，只有现象学从原则上位于一切还原之前。

还原和夸大这两种动力之间的辩证法能够启发精神分析学和现象学的辩证法。毫无疑问，是现象学为我们提供了形象的心理实证性。让我们把惊讶转变为赞赏吧。让我们从赞赏开始吧。我们接着将会看到，是否应该用批评和还原来组织我们的失望。为了利用这种主动的赞赏，直接的赞赏，只要跟随夸大的实证冲动（impulsion）。我一遍又一遍地重读亨利·米绍的这页文字，把它当作一种内在空间的恐惧症，仿佛遥远的敌意早已在内心空间这个小小的单人间里使人压抑。亨利·米绍用他的诗在我们心中并列了幽闭恐惧症和旷野恐惧症。他加大了内部空间与外部空间的疆界。然而，由于这样做，从心理学的角度来说，他破坏了几何学直观的懒惰确定性，几何学直观是心理学家想要用以管制内心空间的手段。就内心空间而言，即使用形象的手段，我们也无法封闭任何东西，我们不是把一些东西装在另一些东西当中来表示那些总是突然出现的印象的深度，下面这句象征派诗人的简单诗句做出了多么漂亮的现象学注解："三色堇突然生机勃勃地冒出花冠……"①

研究想象力的哲学家应该跟随诗人直到他那些形象的极限，永远不把这种极端主义还原，因为它是诗歌冲动（élan

① 安德烈·丰泰纳（André Fontainas）：《孤独的装饰品》，法国水星出版社，1899 年，第 22 页。

poétique）的现象本身。里尔克在给克拉拉（Clara Rilke）的一封信中写道：[①]“艺术作品总是诞生于冒着危险的人，诞生的到达一种经验的尽头的人，这一尽头是没有人能够超越的极点。一个人越是行进得远，生命就越是特别，越是有个性，越是独一无二。”然而，是否有必要在写作的危险之外、在表达的危险之外寻找“危险”？诗人不是把语言置于危险之中了吗？他不是大声说出了危险的言语吗？一次次成为内心冲突的回声的诗歌难道没有获得冲突的纯粹音色吗？真正地体验一个诗歌形象，就是在这些细小心弦中的一根上体会一次存在的生成，这个存在是对*存在的不安*的意识。这里的存在是那么敏感，一句言语就会使它激动。在同一封书信中，里尔克还说：“这种我们所特有的迷惘应该进入我们的创作。”

此外，形象的夸大是那样*自然*，以至于尽管诗人有全部的原创性，在另一位诗人那里找到同样冲动（impulsion）的情况也并不少见。朱尔·苏佩维埃尔的形象可以拿到这里来和我们所研究的亨利·米绍作品中的形象相比较。苏佩维埃尔同样也并列了幽闭恐惧症和旷野恐惧症，他写道：[②]

① 《书信选》，Stock 出版社，第 167 页。
② 苏佩维埃尔：《万有引力》，第 19 页。

太多的空间令我们感到的窒息远甚于没有足够的空间。

苏佩维埃尔也体会过（前引书，第 21 页）“外部的晕眩”。他在别的作品中说到“内在的广阔性”。因此内部和外部这两种空间交换着它们的晕眩。

在苏佩维埃尔的另一个文本中，正如克里斯蒂昂·塞内沙尔（Christian Sénéchal）在他评论苏佩维埃尔的优美著作中所强调的，*牢笼是外在的*。在南美洲的大草原上跑了不知多久的马以后，朱尔·苏佩维埃尔写道：“正是由于过多的跑马和自由，还有那不论我们怎样绝望地奔跑都一成不变的地平线，大草原对我来说就像一个牢笼，比其他牢笼更加巨大的牢笼。”

IV

如果我们通过诗歌把自由的表达领域还给语言活动，我们就会开始留神已经僵化的隐喻用法。例如，当开放和封闭以隐喻的方式起作用时，我们应该使隐喻变得更僵死还是更灵活？我们是否会用逻辑学家的口气反复地说：门应该是开着的还是关着的？我们是否会在这个句子中找到一个分析人类激情的真正有效的工具？无论如何，这样的分析工具应该在各种情况下保持锋利。应该让一切隐喻都回到它表面的存在上去，让它从表达的习惯性重新上升到表达的现实性。当我们用“追根溯源”的方法来表达意思时是很危险的。

确切地说，诗歌想象力的现象学使我们能够把人的存在当作一个平面的存在进行探索，这个平面把自身的区域和他者的区域分隔开来。不要忘记，在这个敏感的平面地带，在开始存在之前，必须先说话。如果不对别人说话，至少要对自己说话。并且要一直向前。在这个方向上，言语的宇宙支配着所有存在现象，它们都是新的现象，这个宇宙扩展开来。通过诗歌语言，新颖性的波浪在存在的平面上涌动。语言本身就带有开放与封闭的辩证法。它通过意义封闭，它通过诗歌的表达开放。

把人的存在定义为二重性的存在，用诸如此类的极端表述来概括我的研究，这种做法和我的研究性质是相反的。我只会用研究细节的哲学来工作。因此，在存在的平面上，在这个存在想要自我显现又想要自我隐藏的区域里，关闭和开放的运动是那样多，那样经常地颠来倒去，那样充满着犹豫，以至于我们可以用这样一句话来总结：人是半开放的存在。

V

在这简单的一个字“门”的主题下，有多少应该分析的梦想！门是一个半开放的宇宙。这至少是半开放的宇宙的初步形象，一个梦想的起源本身，这个梦想里积聚着欲望和企图，打开存在心底的企图，征服所有矜持的存在的欲望。门是两种强烈的可能性的图解，它们清楚地划分了两种梦想类型。有时候，门紧闭着，上了闩，上了锁。有时候，门开启着，也就是说，大门洞开着。

然而，想象力最灵敏善感的时间到来了。在五月的夜晚，当许多门都已经关闭，有一扇门微微半开着。只需要轻轻地一推！铰链很好地上了油。于是一连串事件展现出来。

有多少门曾是犹豫的门！在《归来的浪漫曲》一书中，细腻温柔的诗人让·佩尔兰（Jean Pellerin）写道：[①]

> 门嗅出了我，它犹豫着。

就在这仅有的一句诗中，有多少心理活动被转移到对象上面，而一个喜欢客观性的读者从中只看到单纯的玩笑。如果这样一篇文献来自一个年代久远的神话，人们会更加轻松地接纳它。然而，为什么不把这个诗句当作自发的神话中的一个小元素呢？为什么没有感觉到，一个小小的门神化作了门？不必为了神圣化门槛而前往一个遥远的过去，一个不属

① 让·佩尔兰：《归来的浪漫曲》，N. R. F. 出版社，1921 年，第 18 页。

于我们的过去。波菲利（Porphyre）[1]恰当地说："门槛是一件神圣的事物。"[2]不需要引经据典来作这种神圣化的参照，为什么我们不能用诗歌来对这种神圣化产生回响呢，就用我们这个时代的诗歌，它们或许带有突发奇想的色彩，但符合原初的价值。

另一位诗人，不需要想到宙斯，就能很好地写作，在他自己心中发现门槛的威严：

> 我惊讶于把门槛定义为
> 父亲的家宅中
> 到来与出发的
> 几何学地点。[3]

所有单纯好奇心的门都曾对存在做过试探，不为什么，只为空无，只为一个甚至想象不到的未知物！

谁的记忆里没有蓝胡子[4]的小房间，那个不准打开甚至半开的小房间？或者说，我们不该想象这个房间打开，或者有可能半开？对于传授想象力至上的哲学家来说也是

① 波菲利（234—305），新柏拉图主义哲学家。——译者

② 波菲利：《仙女的洞穴》，§27。

③ 米歇尔·巴罗（Michel Barrault）：《主日》，第一卷，第11页。

④ 《蓝胡子》（*la barbe bleu*），法国童话作家佩罗（Charles Perrault，1628—1703）创作的短篇小说。——译者

这样。

当一个对象、一扇简单的门给出犹豫、试探、欲望、安全感、随便进入、尊重这种种形象时，灵魂世界中的一切都变得多么具体！我们会说出我们的整个一生，如果我们叙述所有我们关闭过、打开过的门，所有我们想要重新打开的门。

然而，打开门和关闭门的存在是同一个存在吗？那些让人意识到安全感或者自由的手势，有哪一个存在的深度是它们达不到的？难道不正是因为这一“深度”，那些手势如此正常地变得具有象征性？勒内·夏尔就是这样取了大阿尔贝特（Albert Le Grand）[①]的一句话作为他的诗歌动机：“在德国，有这样一些双胞胎儿童，其中一个用自己的右臂打开门，另一个用自己的左臂关上门。”这样一个传说在诗人的笔下自然不是一个简单的引用。它帮助诗人把切近的世界变得敏感，把日常生活的象征变得精致。这个古老的传说变成了崭新的。诗人为自己而采用它。他知道，门里面有两个“存在”，门在我们心中唤起幻想的两个方向，它是双重象征性的。

接着，门向哪里、对着谁打开？它们为了人类的世界还是为了孤独的世界而开启？拉蒙·戈麦斯·德·拉·塞尔纳

① 大阿尔贝特（1193—1280），多明我会修士，中世纪神学家。——译者

(Ramon Gomez de La Serna)[①]写道："向着田野开放的门仿佛在世界的背后提供自由。"[②]

VI

一旦在……内（*dans*）这个词语出现在一个表达中，我们就几乎不再从字面上来理解表达的真实性。我们把我们认为形象化的语言翻译成合乎理性的语言。在我看来，比如说，跟随一个说过去的家宅活在他自己脑海中的诗人——我将会给出相关的文献——是难以做到并且没有意义的。我们会立刻进行翻译：诗人只是想说，一个陈旧的回忆保存在他的记忆内。过分离谱的形象试图颠倒内容与容器的关系，它使我们害怕进入在可能被视为形象神经错乱的状态。如果我们跟随发烧时的自我幻视，我们就可以稍加放纵。在跟随在我们体内奔流的热度的迷宫时，在探索"热度的家宅"和填满空心牙齿的痛苦时，我们就会明白，想象力能找到剧痛的位置，并且它一次次重新进行想象的解剖。然而，我在本书中不使用那些我们可以在精神病医生那里找到的大量文献。我更愿意强调我们和因果论的决裂，摒弃一切官能因果关系。我们的问题是讨论纯粹想象力的形象，这是一种被解放

---

① 拉蒙·戈麦斯·德·拉·塞尔纳(1888—1963)，西班牙作家。——译者

② 拉蒙·戈麦斯·德·拉·塞尔纳：《样品》，绿色笔记系列，Grasset 出版社，第 167 页。

的、能解放的想象力，它和官能的刺激毫无关系。

这些绝对诗歌的文献确实存在。诗人自己在各种嵌套动作的颠倒面前毫不退缩。他甚至没有想过他在诬蔑合乎理性的人，尽管他仅仅是出于好意。他体验到大小的颠倒，内与外的视角的翻转。

形象的异常特征并不意味着它是人为制造的。想象力是最自然的天赋。毫无疑问，我将要考察的形象不可能被纳入投射心理学，不论这是不是想象的投射。一切投射都是形象和思想的组构，它假设了对实在的掌控。所以我们不应该在纯粹想象的领域中设想它。继续一个形象是无用的，同样，维持一个形象也是无用的。对我们来说，它存在，这就够了。

让我们在现象学的彻底简单性中来研究诗人们提供的文献吧。

特里斯坦·查拉（Tristan Tzara）[1]在他的著作《狼在哪里喝水》中写道：

> 一种迟缓的卑微感透进我的卧室
> 它居住在我心中，在休息的掌心。

① 特里斯坦·查拉（1896—1963），原籍罗马尼亚的法国作家，达达主义运动创始人。——译者

为了利用这一形象的梦境特性，毫无疑问我们应该先把自己放在“休息的掌心”，也就是说聚集在自身之中，凝聚在休息的存在中，这一存在是我们毫不费力“握在手中”的财富。于是，来自寂静卧室的单纯卑微感的巨大源泉在我们心中流淌。卧室的内心变成了我们的内心。相应地，内心空间变得如此安静、如此简单，因而在它里面安定着、集中着卧室的全部安静。卧室根本上是我们的卧室，卧室在我们心中。我们不再看见它。它不再限制我们，因为我们处在它的休息最深处，在它赐予我们的休息中。所有往日的卧室都嵌套在这个卧室里。一切都是那么单纯！

特里斯坦·查拉还写过这样一页文字，它在合乎理性的头脑看来更加神秘莫测，但对于能敏锐感觉形象在场所分析中的颠倒的人来说更加清晰：

> 太阳的集市进入了我的卧室
> 卧室进入了我嗡嗡作响的脑袋。

为了接受形象，为了听见形象，必须体验这一奇怪的太阳的沙沙声，它进入我们独处的卧室，因为第一道光线敲打墙壁，这是一个事实。这些声响，另一种人在事实之外的领域中同样能听见它们，这种人知道每一道太阳的光线都传送着蜜蜂。于是一切都嗡嗡作响，脑袋是一个蜂箱，充满太阳声响的蜂箱。

查拉的形象起初承载了过多的超现实主义。然而，如果我们再给它加上更多，如果我们增加它的形象负载，毫无疑问，如果我们跨越批评、一切批评的栅栏，那么我们就真正进入了纯粹形象的超现实行动。形象的极端之所以显得如此主动、可以交流，是因为它的起点很恰当：洒满阳光的卧室在梦想者的脑袋里嗡嗡作响。

心理学家可能会说我们的分析只不过详述了大胆的、过于大胆的“联想”而已。精神分析学家可能会同意——他有这个习惯——去“分析”这一大胆。心理学家和精神分析学家如果把形象当作“症状性的”，他们就会试图为形象找到理由和原因。现象学家以另一种方式对待这些东西；更准确地说，他如其所是地对待形象，如诗人创造形象那样，并且他试图把形象变成自己的，从这个稀有的果实中获得滋养；他把形象带到他所能想象的一切的边界。尽管他远不是一位诗人，他仍然尝试为自己重复创造，尝试尽其所能地将夸大继续。于是，联想不再是被遇见、被经受的。它是被寻找、被需求的。它是一个诗歌的、专属诗歌的构造。它是一种升华，这种升华彻底摆脱了我们想要抛弃的官能或心理的重量，简而言之，它对应着我们在导言中所说的纯粹升华。

毫无疑问，这样一个形象，我们并不每天以同样的方式接受它。从心理学上说，它从来不是客观的。别的评论可以给它换上新的面貌。为了很好地接受它，我们还应该处在超想象（sur-imagination）的幸福时光里。

一旦分沾到超想象的好处，我们就能在一些更加简单的形象面前感受到超想象，外部世界通过这些形象把色彩斑斓的虚拟空间赋予我们的存在内部。皮埃尔-让·茹弗就是借助这样的形象来*构造*他的隐秘存在。他把自己放在内心的单人间里：

> 我自己的单人间充满了惊讶
> 墙壁涂上了我的秘密的石灰。
>
> 《婚礼》，第 50 页。

诗人进行这种幻想的卧室很可能并未“涂上了石灰”。然而，这间卧室，人们进行写作的卧室，它是那么安静，它的确配得上它的名称“孤独”的卧室！我们借助于形象住在那里，就好像我们住在一个“想象中”的形象里。写作《婚礼》的诗人住在*单人间的形象*里。这个形象不转移现实。向梦想者询问它的尺寸是可笑的。它抗拒几何学直观，但它恰当地包围住隐秘的存在。隐秘的存在感到自己被石灰浆的白色所护卫，而不是被坚固的墙壁所护卫。秘密的单人间是白色的。只需一种价值就能够协调许多的梦想。情况总是这样，诗歌形象受被抬高了价值的性质所主宰。墙的白色独自保护着梦想者的单人间。它比一切几何学更坚固。它属于内心空间的单人间。

这类形象是不稳定的。一旦人们离开原来的表达，也就是作家完全自发地向我们提供的表达，人们就有危险重新掉进直白的意义，无法在阅读中凝聚形象的内心空间，因而感到厌倦。需要怎样的关门自省，才能阅读在莫里斯·布朗肖(Maurice Blanchot)[①]的这页文字中进入写成作品的那种存在的音色："从这间深入最巨大的黑夜中的卧室，我体会到一切，我渗透了它，我把它化为自身，我使它活着，它的生命不是生命，但却比生命更强大，世界上的任何力量都不能战胜它。"[②]在这些重复中，或者更准确地说，在这些我们渗入其中的形象——而不是我们进入其中的卧室——的反复加强中，我们难道没有感觉到一个被作家化为自身的卧室，这个卧室被作家赋予了生活中并不存在的生命；是的，我们难道没有看见，作家想说的不只是他熟悉的居所的样子？记忆会纠缠这个形象。它会在形象里装满了复合的回忆，这些回忆来自好几个年代。而这里的一切都更加简单，更加彻底地简单。布朗肖的卧室是一个内心空间的居所，它是他的内在

① 莫里斯·布朗肖（1907—2003），法国小说家、文学批评家。——译者
② 莫里斯·布朗肖：《死亡的停止》，第124页。

卧室。我们分享作家的形象，借助于那应该被称为普遍形象的东西，我们的分享阻止我们把这个形象和普遍观念混淆起来。这个普遍形象会马上被我们特殊化。我们居住在这个普遍形象里，我们穿透它，就像布朗肖穿透他自己的形象一样。词语尚不足够，观念尚不足够，作家必须帮助我们颠倒空间，帮助我们远离那些人们为了更好地体验休息的等级而试图描述的空间。

常常正是通过缩得最小的内心空间的紧缩本身，内与外的辩证法获得其全部力量。我们在沉思里尔克的这段文字时会感受到这一伸缩性（《笔记》，法译本，第106页）："这里几乎没有空间；你几乎心平气和地接受这个念头，某种太大的东西不可能被容纳在这一狭小之中。"懂得在狭小空间中静下心来是一种安慰。里尔克在内心中——在内部空间中——实现了这一狭小，在那里一切都和内心空间相称。于是，在稍后的一句话中，文本经历了辩证法：

> 然而外部，外部完全没有尺度。当层面上升到外部时，它自身也在提高，不是在部分受你控制的容器里，或者在你的器官最沉着的冷静中：而是在毛细血管里，它被吹向高处，直到你那无穷分叉的存在的末梢分支。它上升到那里，它在那里溢出你之外，比呼吸更高，最后，你上气不接下气地寻找避难

所。啊！接下去是哪里，接下去是哪里？你的心把你驱赶出你自身，你的心追赶着你，你几乎已经在自身之外，你不行了。就像是踩到了甲虫，你滑到自身之外，你那一丁点的坚硬性或伸缩性再无任何意义。

哦，空无一物的夜晚。哦，外面一片凝重的窗户，哦，要小心地拿东西；这个古代流传下来的规矩，被传递、被证实，但从未被完全理解。哦，楼梯上的寂静，隔壁房间里的寂静，天花板上面的寂静。哦，母亲，哦，唯一的你，你在所有的寂静面前，你在我还是个孩子的时候。

我完整地引用了这段长长的文字，因为确切地说它有一种动力的连续性。内部空间和外部空间并没有停留于它们在几何学上的对立。存在的实体从哪一种分叉的内在空间的满溢中流淌出来？外在空间是否在呼唤？外在空间难道不是一个消失在记忆的阴影中的古老的内心空间？楼梯在怎样的寂静中发出鸣响？在这一寂静中有放轻的脚步：母亲回来看望她的孩子，和从前一样。寂静把具体而熟悉的意义重新赋予所有模糊而不真实的声响。漫无边际的黑夜不再是空洞的空间。里尔克的文字虽然被那么大的惊恐所困扰，但还是找到了它的平和。然而兜了多大的圈子！为了在形象的现实中体验它，似乎必须不停地跟随内心空间与不确定的空间之间的相互渗透。

我已经给出了尽可能多种多样的文本来证明，存在着一些价值的相互作用，它们使一切属于单纯空间规定的东西都变得次要。内部空间与外部空间的对立不再以它的几何学明证性作为系数。

为了结束这一章，我将要考察一个巴尔扎克的文本，作者定义了一种与面前的空间作对的意愿。这个文本因为巴尔扎克认为应该对它进行修正而显得更加有趣。

在《路易·朗培尔》的第一版中，我们读到："当他这样用出他的全部力气时，从某种程度上说，他失去了对他的物理生命的意识，他只凭借内在器官的极为强大的作用而生存，这些器官总在他的控制之下，用他那令人赞赏的话来说，他使他面前的空间退缩。"[①]

在最终的版本里，我们只读到这样一句："用他的话来说，他把空间留在了身后。"

这两种表达方式多么不同！从第一种形式到第二种形式，存在面对空间所具有的能力衰退得多么厉害！巴尔扎克怎么会做出这样的修改。简言之，他重新回到了"无动于衷的空间"。在对存在的沉思中，我们通常把空间抛在一旁，换句话说，我们把空间"留在我们身后"。在迷路的存在所留下的音色踪迹中，我们要注意，"赞赏"已经结束了。作

① Jean Pommier 编：*Corti*，第 19 页。

者承认，第二种表达方式不再令人赞赏。因为这一使空间退缩的能力的确是令人赞赏的，它把空间放到外部，把整个空间放到外部，从而让沉思的存在自由地思想。

第十章
圆的现象学

I

当形而上学家简洁地言说时，他们能够通达直接的真理，证明可能会磨损这个真理。于是我们可以把形而上学家比作诗人，把他们和诗人联系起来，诗人用一首诗为我们揭开内心之人的真理。因此，从雅斯贝斯（Jaspers）[①]的宏篇巨著《论真理》（*Von der Wahrheit*）中，我摘录了这个简短的判断（第 50 页）："Jedes Dasein scheint in sich rund."（每一个此在本身看起来都是圆的。）作为对这个真理的支持，不用形而上学家的证明，我将给出几个文本，它们以完全不同于形而上学思维的方式来表述。

就这样，不做任何评论，凡·高写道："生活几乎是圆的。"

若埃·布斯凯在不知道凡·高这句话的情况下写道："人们对他说，生活是美好的。不！生活是圆的。"[②]

最后，我记得拉·封丹（Jean de la Fontaine）[③]在哪里

说过："一颗胡桃把我变得滚圆。"

凭借这四段来源如此不同的文本（雅斯贝斯、凡·高、布斯凯、拉·封丹），现象学问题似乎已清晰地提出了。我们解决这个问题的方法应该是用其他例子丰富它，把其他材料堆积在它上面，精心保留这些"材料"作为内心材料的特征、独立于外在世界相关知识的特征。这类材料所能从外在世界获得的只是*图解*。甚至必须小心提防图解的过于鲜艳的色彩使*形象的存在*失去原初的光芒。头脑简单的心理学家在这个问题上只能保持沉默，因为必须颠覆心理学研究的视角，可以证明这类形象的并非知觉。我们也不能把它们当作隐喻，好像我们说一个坦率单纯的人是"滚圆"的那样。这一存在的圆形，或者说雅斯贝斯所提到的存在的圆形只能通过最纯粹的现象学沉思显现于它的直接真理中。

我们同样也不能把这类形象转移到任意一个意识中。毫无疑问，有些人想要"理解"，而应该做的是首先在形象的起点上抓住它。特别是有这样一些人，他们故意卖弄地宣称他们不理解；他们反驳说，生活肯定不是圆形的。他们感到惊讶，我们想要突出其内心真理的这个存在同样也被我们天

---

① 雅斯贝斯（1883—1969），德国哲学家。——译者

② 若埃·布斯凯：《搬月亮的人》，第174页。

③ 拉·封丹（1621—1695），法国诗人寓言作家，著有《拉·封丹寓言集》。——译者

真地交给了几何学家，这个外在世界的思考者。来自各个角度的反对意见都大量堆积，试图立刻阻止这一争论。

然而，我们刚刚记录下来的表达就在那里。它们从通常的言语活动中突显出来，包含一种特有的含义。它们并不来自言语活动的放纵无度， 也不来自于言语活动的笨拙。它们不是从使人惊讶的意图中产生的。它们的超乎寻常毫无用处：它们标志着原始性。它们诞生于突然之间，并立刻完成。在我看来，这就是为什么这些表达是现象学的奇迹。它们迫使我们采取现象学的态度，为了判断形象、喜爱形象并把形象变成我们自己的。

这些形象抹去了世界，它们没有过去。它们不来自任何先前的经验。我们十分肯定，它们是元心理学的（métapsychologique）。它们为我们提供了孤独的借鉴。我们应该在一瞬间只为自己一人抓住这些形象。如果我们完全突如其来地抓住这些形象，我们就会觉察到，我们只想着它们，我们完全处在这一表达的存在当中。如果我们顺从这类表达的催眠力量，我们就把自己完全保持在存在的圆形之中，我们在生活的圆形中生活，就像胡桃在它的壳里把自己变圆一样。哲学家、画家、诗人和寓言作家都为我们提供了纯粹现象学的文献。现在该由我们来利用这些文献，学习存在在自己中心的汇聚；也应该由我们来增加文献的变奏从而把它变得感性。

II

在提出其他补充例子之前，我们认为应当从雅斯贝斯的那句话中减掉一个词，从而使它在现象学方面变得更为纯粹。于是我们说：das Dasein ist rund——此在是圆的。因为加上一个词，它*看起来像*圆的，这就保留了存在与表象这组对偶词；而我们想要在存在自己的圆形中言说存在。实际上，问题不在于静观，而是在存在的直接状态中体验它。静观在进行静观的存在和被静观的存在之间一分为二。在我们所研究的现象学的有限范围里，现象学应该消除一切中介，一切多余的职能。为了获得最大的现象学纯粹性，就应该从雅斯贝斯那句话中除去一切遮蔽其存在论价值的词，一切可能将它的根本含义弄复杂的词。正是在这样的条件下，“存在是圆的”这句表述在我们看来变成了一个工具，它使我们能够认出存在的某些形象的原始性。又一次，*浑圆*的形象帮助我们汇聚到自身之中，帮助我们赋予自己最初的构造，帮助我们在内心里、通过内部空间肯定我们的存在。因为，从内部被体验、没有外在性的存在只能是圆的。

现在这个时机适合提到前苏格拉底哲学，提到巴门尼德式的存在，也就是巴门尼德的“球体”（sphère）吗？更宽泛地说，哲学传统能否成为现象学的预备教育呢？似乎不能。哲学让我们面对一些过于紧密相连的观念，使得我们无法像现象学家所应该做的那样，在从一个细节转向另一个细节时，总是一次次重新回到起点的情境中。如果一门关于观念之间连接的现象学是可能的，就必须承认它只能是一门基础的现象学。这就是我们在关于想象力的现象学中所能找到的基础性的好处。一个被研究的形象丧失了它的原初性质。因而，巴门尼德的“球体”实在经历太多沧桑，使得它的形象不再停留在其原始性中，因此它不再能作为一个恰当的工具帮助我们关于存在形象的原始性的研究。我们怎能忍住不用球体这个几何学存在所具有的各种完美来丰富巴门尼德的存在形象？

然而，我们为什么在说到丰富一个形象的同时，又把这个形象固定在几何学的完美当中呢？我们或许可以给出一些例子，其中赋予球体的完美价值是完全口头上的。这里就有一个例子，它可充当一个反例，它表现了对所有形象的价值的无知。阿尔弗雷德·德·维尼（Alfred de Vigny）[①]笔下的一个人物，一个年轻参议员在自学的时候阅读笛卡儿的《沉思集》。维尼说：[②]“有时候，他拿起放在他身旁的一个地球仪，长时间用手指转动它，深深陷入最深刻的科学梦想之中。”我们很想知道是怎样的梦想？作家没有说。他是不是

① 阿尔弗雷德·德·维尼（1797—1863），法国浪漫主义诗人、小说家、剧作家。——译者

② 阿尔弗雷德·德·维尼：《三月五》，第16章。

以为如果读者愿意长时间地让一颗小球在手指下转动，就能帮助阅读笛卡儿的《沉思集》？科学思维在另一个领域里展开，而笛卡儿的哲学不能从一个物体上学到，即使它是一个球体。在维尼的笔下，情况常常是这样，深刻这个词语是对深度的否定。

此外，谁没有看见，几何学家在谈论体积的时候只探讨限定这个体积的那些表面？几何学家的球体是空的球体，本质上是空的。对我们来说它无法成为一个合适的符号来帮助我们关于浑圆的现象学研究。

III

这些准备性的评论毫无疑问带有大量未言明的哲学。但我们应该简要地将它们指出，因为它们对我们个人而言有过用处，而且现象学家应该说出一切。它们帮助我们把自己“去哲学化”（déphilosopher），远离所有文化传统的相关内容，使自己超出从对科学思维的长期哲学考察中所获得的那些信念。哲学使我们太快地成熟，并且它把我们在成熟的状态中固定成形。因而，如果不把自己“去哲学化”，怎么能指望体验存在从崭新的形象、这些总是年轻存在的现象的形象中接受到的震撼？当我们处在想象的年龄时，我们说不出我们如何想象，为何想象。当我们能说出我们如何想象的时候，我们已不再想象。因此必须使自己去成熟化。

然而，既然我们出于偶然地走上了发明新词的道路，就让我们接着说，作为浑圆形象的现象学考察的开场白，在这里和在许多其他场合一样，我们感到把自己“去精神分析化”的必要性。

实际上，在五年或十年之前，在对圆形形象、特别是对浑圆形象的心理学考察中，我们停留于精神分析学的解释，并且我们毫不费力地汇集了巨量的材料，因为一切圆的东西都唤起爱抚。这类精神分析学的解释当然拥有广大的有效范围。然而，它们怎么可能说出一切，尤其是，它们怎么可能进入存在论规定的方向上。当形而上学家告诉我们存在是圆的时候，他一下子就移走了所有的心理学规定。他使我们摆脱幻想和思想的过去。他召唤我们进入存在的现实性。精神分析学家几乎从不关注这种紧紧裹在表达的存在本身之中的现实性。他由于这种表达的极端稀有而判定它对人来说微不足道。然而，正是这一稀有唤起了现象学家的注意力，并且现象学家提请精神分析学家用全新的眼光，从形而上学家和诗人所指明的存在视角去看。

IV

我们来举一个例子，它有关一个超出一切现实主义、心理学和精神分析学含义的形象。

米什莱在毫无铺垫的情况下，确切而言，在形象的绝对性中说："鸟几乎（是）完全球形的。"让我们去掉这个"几乎"，它毫无用处地修饰这个表述，它是对以貌取物的观点的让步。于是我们就明显地分享了雅斯贝斯的"圆形存在"的原则。在米什莱看来，鸟是一个浑然的圆形，它是圆形的生命。米什莱的评论用短短几行就赋予了鸟"存在模型"的含义。[①]"鸟，几乎完全球形的鸟，显然是活生生的聚集所形成的崇高而神圣的顶峰。人们无法看见，甚至也无法想象比这更高程度的统一性。过度的聚集形成鸟自己的巨大力量，但也包含着它的极端个体性，它的孤立，它的交际弱点。"

这几行文字自身也以彻底的孤立出现在书中。我们感到作家自己也服从了"聚集"的形象，他开始进入沉思的层面，他将在那里体会生命的"发源地"。毫无疑问，他高于一切描述性的考虑。几何学家在这里将又一次感到惊讶，特别是因为在这里，鸟在它的飞行中，完全在空中被沉思，因此箭头的形象本应该来到这里和对动力的想象一起发挥作用。然而，米什莱在宇宙空间的情境中把握鸟的存在，把它作为从各个方面都被保护的生命的聚集，紧闭于一个活生生的球里，最大程度地通过它的统一性而紧闭。所有其他形象，不论它们来自形状、颜色、运动，都在应该称作绝对的

① 朱尔 · 米什莱：《鸟》，第 291 页。

鸟、圆形生命的存在的东西面前陷入相对主义。

存在的形象——因为这是一个存在的形象——刚刚出现在米什莱的文字中的存在的形象是异乎寻常的。正因为如此，它会被当作微不足道的东西。文学批评并没有比精神分析学给予它更多的关注。可是，它被写了下来，并且它在一部伟大的书中。它会变得有趣和有意义，只要研究宇宙空间想象力的哲学能被建立起来，去寻找宇宙空间的中心。

圆形这个仅有的称呼，在它的中心、在它的简洁中被把握，可它是多么完整！提到它的诗人们即使不相认识也能互相回应。就这样，根本没有想到过米什莱的里尔克写道：①

……这声鸟儿的圆形鸣叫
休息在孕育它的瞬间
大得像枯萎森林上方的天空
一切都乖乖地在这声鸣叫中排好
整个风景似乎都在其中休息。

对任何一个向形象的宇宙空间性开放的人来说，显然鸟这个本质上的核心形象在里尔克的诗中和在米什莱的诗中是同一个形象。它只不过以另一种方式被表达。圆形存在的圆

① “不安”，里尔克：《诗集》，Betz 译，第 95 页。

形鸣叫把天空变成了一个圆屋顶。在这变圆的风景里，一切似乎都在休息。圆形的存在扩散了它的圆形，扩散了一切圆形所具有的平静。

在一个语词的梦想者看来，圆这个词语中有怎样的平静啊！它是如此平静地把嘴、嘴唇、气息的存在变圆！因为这也应该由相信言语的诗歌实体的哲学家来说。在开始一堂和所有此在相决裂的形而上学课时，当我们说“此在是圆的”，这是怎样一种讲授的喜悦、音响的喜悦。存在是圆的。然后期待这个教条的雷声的轰响在听得出神的学生心中平复下去。

然而，现在让我们回到更加卑微、更加难以捉摸的圆形上来。

V

实际上，有时候，一个形状引导并封闭着最初的梦想。在一个画家看来，树以圆形构成。然而，诗人从更高处重新开展梦想。他知道自我孤立的事物会变圆，采取聚集在自身之中的存在形象。在里尔克的《法语诗歌》中，胡桃就是这样生活和自我改变。同样，在单独的树、一个世界的中心周围，天空的圆屋顶将会根据宇宙空间的诗歌规则变圆。在第169页上，我们读到：

树，总是在中央
在环绕它的一切中央
树享用着
天空的整个拱穹。

毫无疑问，诗人眼中只有平原的树；他从不幻想传说中的世界之树（ygdrasil），这种单独一棵就是整个宇宙的树，它连接着大地和天空。然而，对圆形存在的想象遵照规律：既然胡桃像诗人所说的那样是“骄傲地变圆的”，它就能够享用“天空的整个拱穹”。在圆形存在周围的世界是圆的。

在渐渐推进的诗句中，诗人扩大着、增大着他的存在。树是活生生的，会思考的，朝向上帝：

上帝将向它显现
但是，为了使自己确信
它把自己的存在向圆形转变
向他伸出成熟的手臂。

树或许能够
在内部思考。
树主宰自己

他慢慢地给自己
将风的变化无常
化为乌有的外形。

我还会找到比这更好的现象学文献，来研究既在圆形中建立又在圆形中发展的存在吗？里尔克的树用绿色的星球扩散开圆形，这一圆形战胜了形状的偶然性和反复无常活动的事件。在这里，生成具有千种形状、千片树叶，但存在没有经历任何分散：但愿我能在一个广阔的形象全体中收集起所有存在的形象，所有多样、多变的形象，它们不管怎样都是存在的永恒性的图解，里尔克的树将在我的具体形而上学的影集中开启一个重要的章节。

图书在版编目(CIP)数据

空间的诗学 /（法）巴什拉(Bachelard,G.)著；
张逸婧译. —上海：上海译文出版社，2013. 8（2025.7 重印）
（译文经典）
ISBN 978 - 7 - 5327 - 6191 - 3

Ⅰ. ①空… Ⅱ. ①巴… ②张… Ⅲ. ①哲学理论—法
国—现代 Ⅳ. ①B565. 59

中国版本图书馆 CIP 数据核字(2013)第 113369 号

Gaston Bachelard
La Poétique de l'Espace

图字：09 - 2005 - 628 号

空间的诗学
〔法〕加斯东·巴什拉 著　张逸婧 译
责任编辑/莫晓敏　装帧设计/张志全工作室

上海译文出版社有限公司出版、发行
网址：www. yiwen. com. cn
201101　上海市闵行区号景路159弄B座
山东临沂新华印刷物流集团有限责任公司印刷

开本 787×1092　1/32　印张 11　插页 5　字数 166,000
2013 年 8 月第 1 版　2025 年 7 月第14次印刷
印数：37,001—40,000 册

ISBN 978 - 7 - 5327 - 6191 - 3
定价：58. 00 元